국경을 넘는 문화

국경을 넘는 문화

벚꽃 · 녹차 · 테니스 · 골프의 문화접변

책머리에

 문화는 끊임없이 변한다. 인간이 살아가기 위해 고안한 생활양식의 총체인 문화는 사람과 환경과의 상호 작용 속에서 만들어지기 때문이다. 문화는 서로 영향을 미치며 서로를 변화시킨다. 다른 문화와의 접촉을 통해 계속해서 변화하는 것이다.
 이 책은 바로 이러한 문화의 접촉과 변용, 문화접변(acculturation)의 역동적인 메커니즘을 이해하고자 한다. 이를 위해 히라노 겐이치로(平野健一郎)가 "국제문화론"에서 제시한 문화접변의 과정을 채용해서 근현대 한국의 문화접변을 벚꽃·녹차·테니스·골프를 사례로 분석했다.
 필자는 유학 중 히라노 교수의 세미나 수업을 통해 국제문화론을 접할 수 있었다. 그는 이론적 틀과 개별 사례를 능숙하게 조합하고 보편의 가치와 개별적 상황을 함께 고려하며 인류 보편사적 맥락에서 동아시아 역사와 국제문화 현상에 애정을 갖고 탐색하는 학자였다. 히라노의 세미나 수업에는 동아시아 국제관계사와 국제문화를 전공하는 학생들이 참여했다. 한일관계사를 세부 전공한 필자는 국제문화 전공 학생들의 발표를 들으며 어깨너머로 국제문화론을 익혔다.

　유학에서 돌아와 학부와 대학원에서 국제문화론을 강의했다. 문화로서 국제관계를 파악하는 국제문화론이 권력과 국가이익이나 경제적 상호의존 등을 강조하는 주류 국제관계학의 관습적 시각을 일깨워, 국제관계와 동아시아의 존재 양태를 다른 관점에서 볼 수 있는 신선한 충격을 줄 것임을 확신했기 때문이다.

　수업 과제로 수강생들에게 문화접변 사례연구를 부과했다. 그를 통해 히라노 이론에 대한 이해를 넓히고 나아가 이론의 적실성을 확인할 수 있었다. 이후 필자가 직접 사례연구 결과를 선보인 것은 2008년 발표한 "식민지기 차(茶)의 문화접변"이다. 1980년대 학부 재학 시절 전통 녹차 문화의 계승과 보급 등을 내걸고 활동한 다회 써클(동아리)에 몸담았던 필자에게 녹차를 마시는 일은 매우 소중한 일상의 취미로 자리했다. 그 인연으로 식민지기 정치사를 공부하면서 차와 관련된 자료를 산발적으로 발견할 때마다 짜릿한 기쁨을 느끼며 언젠가는 논문으로 정리할 생각이었다. 정치사에서 좀처럼 보여주기 힘든 식민지기를 살아가는 사람들의 모습을 좀 더 드러낼 수 있을 것으로 기대했기 때문이다.

　발표 논문은 문화접변에 관한 첫 작업이라 많이 부족했음에도 주위로부터 예상 밖의 관심을 받고 고무되었다. 이후 주전공인 일본제국주의와 식민지 조선에서의 정치참여에 관한 연구도 나름대로 마무리되어 2017년경부터 본격적인 문화접변 연구에 착수하였다. 연구 사례로 벚꽃, 녹차, 테니스, 골프를 택한 것은 순전히 개인적인 기호·취미에 의한 것이다. 이들 문화요소는 지금까지 필자의 삶에 커다란 활력을 주었고 앞으로도 계속 그러기를 소망하기에 식민지기와 해방 후의 정착 과정을 그려가는 과정은 너무나 즐거운 여정이었다.

이 글을 통해 좀 더 많은 사람들이 글로벌 시대에 국경을 넘어 빈번하게 행해지는 문화접변의 메커니즘을 이해하고, 벚꽃·녹차·테니스·골프에 관해 흥미를 갖게 되길 바란다. 현재 이들 문화요소를 기호·취미로 삼고 있는 사람들에게는 약간의 새로움을 전할 수 있었으면 한다. 또한 아직 이 문화요소들을 기호·취미로 갖지 못한 사람들이 선택해서 즐기는 계기가 되었으면 하는 바람이다.

2025. 6
김동명

차례

책머리에   5
들어가며   12

벗꽃 이야기

자연경관에서 인공시설로

우이동 벚꽃구경   27
가까이에서 벚꽃을 즐기고 싶어   30
도쿄 우에노공원 벚꽃놀이처럼   36
벚꽃은 사쿠라가 아니다   43
꽃구경보다 불구경이 좋다는 창경원   47
창경원 벚꽃놀이   50

닫힌 공간에서 열린 거리로

창경원 벚꽃놀이   55
일제 잔재는 청산해야   58
워싱턴 포트맥강변 벚꽃축제처럼   63
국회 주변에는 무궁화를 심어야지   68
벚꽃의 원산지는 한국이다   72
여의도 벚꽃축제   76

녹차 이야기

끊어진 전통에서 새로운 근대로

침체된 녹차문화	81
외부에서 녹차문화를 도입하자	83
조선에서도 녹차를 마시려는 일본인	85
녹차를 찾는 조선인	90
일본식 다도는 조선에 맞지 않아	94

외국산 인스턴트에서 국내산 수제로

커피문화	103
커피는 외국산이며 건강에 해롭다	106
중국과 일본의 녹차처럼	108
녹차는 너무 비싸고 격식을 따진다	114
녹차문화는 한국의 전통문화이다	119
녹차문화	128

차례

테니스 이야기

딱딱한 공에서 말랑말랑한 공으로

경식정구 135
저렴한 연식정구가 더 좋아 139
연식정구를 즐기는 일본인처럼 142
국제적인 경식정구를 시작하라 147
인산인해를 이루는 정구대회 153
연식정구 162

열도와 반도에서 국제무대로

연식정구 169
국제무대를 향해 전향하는 연식정구 선수들 170
데이비스컵 최다 우승국 미국처럼 173
국제대회를 반납하는 한국 178
아시안게임 금메달 획득과 데이비스컵 본선 진출 185
테니스(경식정구) 191

골프 이야기

정치에서 스포츠로

내선융화구락부	197
관광 수입을 올리려는 총독부	201
중국 다롄의 호시가우라 골프장처럼	204
골프는 배부른 양반들의 놀이이다	213
영친왕의 골프 사랑과 군자리 골프장 개장	216
골프구락부	223

폐쇄적 소수에서 개방적 다수로

사교골프	233
미군에게 골프장을 제공하라	235
미국과 일본처럼 골프를	238
골프장에 어린이 공원을 조성하라	243
대한체육회에 가맹하다	251
스포츠골프	260
미주	266
참고문헌	297

들어가며

이 책은 히라노 겐이치로가 "국제문화론"에서 제시한 문화접변의 과정을 채용해서 벚꽃·녹차·테니스·골프를 사례로 근현대 한국의 문화접변을 분석했다. 문화접변은 서로 다른 문화를 가진 집단이 지속적인 직접 접촉을 행하여 어느 한쪽 또는 양쪽 집단의 원래 문화 형태에 변화를 발생시키는 현상이라고 할 수 있다.

히라노는 원래 국제관계론 분야에 속해 근대 아시아의 국제관계사를 전공했다. 그가 문화인류학으로부터 문화접변론을 받아들이게 된 것은 박사논문을 집필할 때였다. 그는 박사논문에서 '왜 일본은 1931년에 만주사변을 일으켰을까'라는 의문을 풀려고 했는데, 그 의문을 풀기 위해서는 러일전쟁부터 만주사변까지 25년간 일본인이 만주에서 중국인과 어떠한 관계를 가졌었는지를 밝히면 된다고 생각했다. 그 결과 일본과 중국 간의 문화적 관계에 착안해, 함께 근대 서양의 충격을 받으면서 일본과 중국 사이에 근대화라는 문화변화의 경쟁이 일어나 투쟁이 전개되었다고 본 것이다.[1]

이러한 그의 생각은 마침내 만주와 일본과 중국 관계뿐만 아니라 국제관계의 시각으로서 일반화하기에 이르렀다. 이후 그는 도쿄대학에서 약 30년간에 걸쳐 문화접변론과 국제문화론을 강의하는 과정에서 문화접변 모델을 만들었다. 이는 국제관계론 분야에서 국제문화론이라는 독특한 영역을 개척했다는 평가를 받아, 2000년에 『국제문화론』(일본 도쿄대학출판회, 장인성·김동명 옮김, 풀빛, 2004년)으로 출간되었다. 아래에서는 히라노의 국제문화론과 문화접변론의 핵심 내용을 소개하고자 한다. 좀 더 자세한 내용은 히라노의 원저를 참고하기 바란다.

국제문화론[2]

국제문화론은 문화적인 국제관계론, 더 정확히 말하면 국제관계를 문화의 관점에서 보는 것이다. 영어로는 international cultural relations가 될 것이다. 이것은 국제문화관계론과는 다르다. 국제적인 문화교류나 문화협력 등 흔히 국제문화관계라 부르는 문화적 측면의 국제관계가 증가하고는 있지만, 국제문화론은 그러한 국제문화관계뿐 아니라 그 이상의 것을 고찰한다. 국제관계 자체도 하나의 문화로 보고 국제관계 전체를 문화의 관점에서 이해하고자 한다.

오늘날 국제관계는 다양한 행위 주체가 국경을 넘어서 만들어 내는 관계로 파악할 수 있다. 물론 아직도 국경은 매우 확연하게 존재한다. 하지만 최근 국경을 넘는 행위가 이전과는 비교할 수 없을 정도로 양과 질 모든 면에서 급증하고 있고, 특히 그 행위의 주체로서 개인(사람)이 중요한 역할을 하고 있다. 또한 문화란 인간의 생활양식의 총체로, 사람이 살아가기 위해 필요로 하는 것이라는 보편적인 측면과, 각 사회에는 제각기 특유한 문화가 뿌리내리고 있다는 개별적인 측면을 함께 갖고 있다. 따라서 국제문화론에서는 국제관계를 국경을 넘는 모든 행위가 만들어 내는 관계로 보고, 개인도 그 행위의 주체가 될 수 있다는 입장에서 문화를 폭넓게 파악한다.

이처럼 국제관계를 문화로 보려는 시도는 무모한 것일지도 모른다. 거대하고 망막한 것을 거대하고 망막한 것으로써 이해하려는 것이기 때문에 핵심 없는 설명으로 끝나버릴지도 모른다. 그렇게 되는 것을 피하려고 분명한 포인트를 설정한다. 제1의 포인트는 문화의 보편성이다. 국제관계의 변화는 모든 사람들이 살아가기 위해 필요한 것이다. 제2의 포인트는 다양한 변화에도 불구하고 국경은 사라지고 있지 않다는 사실이며, 국가도 앞으로 오랫동안 없어지지 않을 것이라는 예측이다. 제3의 포인트는 사람(개인)을 포함한 다양한 행위 주체가 국제관계에 참가하고 있다는 사실이다. 제4의 포인트는 문화의 개별성이다. 각 사회에는 각기 고유한 문화가 있다는 전제하에 다양한 행위 주체(사회)가 국제관계에 참가하는 모습을 고찰하면 문화라는 통일적 시점에서 국제관계를 이해하게 될 것이다. 마지막 포인트는 역사적 고찰이라는 확고한 기반이다. 아무리 급격한 변화로 보일지라도 현대의 변화는 근대의 변화에 연속하는 것이다.

최근 지구화(globalization)가 급속히 진행되어 세계 구석구석까지 미치고 있음을 전 세계 사람들이 몸으로 느끼고 있다. 원래 지구화는 경제의 국제화가 극도로 진행된 결과 발생한 변화를 나타내는 말로 사용되었는데, 그 영향을 받는 전 세계 사람들에게 지구화는 단순히 경제적 변화보다는 생활문화의 변화일 것이다. 지구화라는 이름의 현상으로 어떤 강력한 문화가 침투하여 그 지역의 문화를 가차 없이 파괴하고 사람들의 생활을 거침없이 변화시킨다. 무엇인가 외부의 보이지 않는 힘에 의해 사회와 문화가 끊임없이 변해가는 것이다. 제어 불가능이라 여겨지는 이 변화는 도대체 어떠한 변화일까. 이 변화의 메커니즘을 이해할 수 있다면 변화를 제어하고 변화의 방향을 통제할 수 있을 것이다.

앞으로 지구화는 세계의 문화를 똑같이 만들어 지구문화(global culture)를 만들어 낼 것인가. 세계의 다양한 문화는 소멸하게 될 것인가. 국제관계를 문화로 보는 한 그렇게 되지는 않는다고 말할 수 있다. 문화의 다양성을 유지하기 위한 조건은 우리가 국제적인 시점에 서서 문화의 변화 메커니즘을 이해하는 데 달려 있다. 따라서 국제문화론의 구체적 내용은 문화접변론이다. 이것은 문화요소가 국경을 넘어 이동하면서 생기는 문화접변이라는 현상을 고찰하는 것이다. 이동하는 문화요소가 국제관계를 만들어 내기 때문이다.

문화접변의 과정[3]

문화접변은 문화를 창조하는 행위이다. 그 시대 그 공간을 살아가는 사람들에게 알맞은 문화를 만들어 내기 때문이다. 오늘날 국제적인 문화접변이 하도 빨라서 받아들인 문화요소에 저항은커녕 선택의 여유조차 없다고 분명 느낄 수 있다. 문화접변에 입각한 설명에 회의적인 생각마저 든다. 그러나 문화접변을 받지 않는 문화는 진정한 문화로 자리할 수 없고 단지 거기에 부유하고 있을 뿐이다. 문화요소가 정착하기 위해서는 반드시 문화접변을 경험해야 하며 문화요소가 정착했을 때 그 문화는 개별적이다. 문화의 다양성은 활발한 국제적 문화관계 속에서 하나하나의 문화가 개별성을 유지할 때 비로소 유지된다. 문화의 다양화야말로 바로 문화의 보편성이다.

문화접변은 하나의 과정이다. 시간의 흐름에 따른 변화의 과정으로 흐름도로 나타낼 수 있다. 그림에서 볼 수 있는 것처럼 문화접변은 기본적으로 하나의 문화가 구(舊)평형의 상태에서 신(新)평형의 상태에 이르는 과정이다. 문화를 하나의 시스템으로 본다면 그 변동은 이러한 흐름이 시스템 곳곳에서 반복해서 발생하고 있다. 어느 한 시점을 보더라도 문화는 결코 고정적인 것이 아니다. 문화는 끊임없이 움직이며 항상 어딘가에 변화가 일어나고 있지만, 전체로서는 대체로 안정 상태이며 계속성은 유지된다. 그러나 안정이 크게 무너지면 사람들의 생활을 지탱한다는 문화의 의의 그 자체가 없어지게 되므로 혼란 상태를 일시적인 것으로 보고 새로운 안정, 즉 평형상태를 획득하려는 움직임이 문화 내부에서 생긴다. 다음 그림은 바로 문화의 일부에 혼란이 시작되어 어떻게 안정되는지를 보여준다.

구체적인 문화접변 과정은 구평형, 부분적인 해체의 개시, 외래문화요소의 전파와 제시, 필터, 선택과 외래문화요소의 수용, 문화적 저항, 외래문화요소의 재해석, 문화의 재구성, 신평형 순으로 흘러간다.

첫째, 구평형은 어떤 문화가 전체로서 안정되어 평형을 이룬 상태이다. 문화는 끊임없이 움직이며 항상 어딘가에 변화가 일어나고 있음에도 일시적으로 안정을 유지하고 있는 것이다.

둘째, 문화의 부분적인 해체의 개시는 문화의 어떤 부분에 존

문화접변의 과정

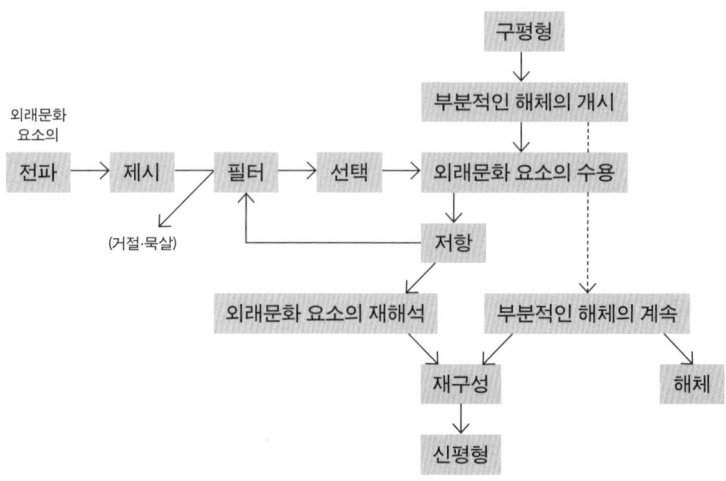

출처: 平野健一郎(장인성·김동명 옮김), 『국제문화론』, 풀빛, 2004년, 89쪽.

재하는 문화요소가 종전 방식 그대로는 목적을 달성하지 못하고 기능을 수행할 수 없게 되었을 때 그 상태를 개선하는 데 필요한 변화가 도중에 중단되고 그대로 방치될 때 일어난다. 부분적인 해체가 계속되면 그 문화는 결국 해체되기 때문에 그것을 피하기 위해서 문화를 변화시키는 것이다. 부분적인 해체가 일어나는 원인은 인간의 살아가기 위한 고안인 문화가 그것을 둘러싼 환경을 바꾸면 환경으로부터 문화를 바꾸는 힘이 되돌아오기 때문이다.

셋째, 외래문화요소의 전파와 제시는 외인에 의해 문화변화가 진행되는 경우이다. 문화와 환경과의 관계로 인해, 사람들의 욕구에 의해 문화는 끊임없이 부분적인 해체를 일으킨다. 그 부분적인 해체가 문화 전체의 해체에 이르는 것을 막기 위해서는 새로운 문화변화를 일으켜야 한다. 기능부전을 일으킨 문화요소를 대신하는 것으로 다른 문화로부터 새로운 문화요소가 전파, 제시되는 것이다.

넷째, 필터는 수용자측 문화에 있는 새로운 문화요소의 필요성과 적합성이라는 조건이다. 전파·제시된 외래문화요소가 반드시 선택되는 것이 아니며 수용자측 문화에 있는 필터를 통과해야 한다. 필요성은 사람들이 실제 생활에서 필요하다고 느끼는 것이고, 적합성은 외래문화요소가 선택되고 수용되었을 때 그것과 관련을 갖게 되는 문화요소군과의 적합성 또는 그 예상이다. 말하자면 필터는 전통이나 사람들의 선호 또는 가치라고 할 수 있다. 외래문화요소가 필터를 통과하지 못하고 거절이나 묵살의 쓰라림을 맛보기도 한다.

다섯째, 필터를 통과해 선택되면 외래문화요소는 일단 수용된다. 선택은 앞에서 말한 수용자측 문화에 있는 새로운 문화요소의 필요성과 적합성이 조합함으로써 결정된다. 또한 외래문화요소가 제시된 후 필요성과 적합성을 기준으로 비교적 단기간 내에 실행된다. 기능부전을 일으킨 문화요소로 인해 이미 문화의 부분적 해체가 진행 중이므로 그것을 대체할 새로운 문화요소가 시급히 필요하기 때문이다. 따라서 선택의 단계에서는 필요성의 유무가 적합성 여하의 판단보다 우선되며 수용자측 문화의 특성이 분명하게 나타난다.

여섯째, 문화적 저항은 새로운 문화요소를 수용한 후 얼마 안 있어 발생한다. 처음에는 외래문화측이 변화할 것으로 생각되지만 조직적 적합성을 높이기 위해 수용자측 문화요소도 변화해야 한다는 것이 곧 밝혀지기 때문이다. 나쁜 부분은 당장 해체하고 싶지만 그 주변은 그대로 두고 싶다는 것이다. 주변의 문화요소까지 바꾸어야 한다면 사람들은 이전대로라도 좋으니 새로운 문화요소를 받아들이는 것을 멈추고 싶어 한다. 새로운 문화요소가 일단 수용자측 문화속에 받아들여져 효과를 발휘하기 시작하면, 종래의 문화요소에 의해 생활하던 사람들의 일부는 마치 생업을 빼앗기거나 삶의 보금자리를 잃은 것처럼 느껴서 새로운 문화요소에 격렬한 적의를 품고 배척하게 된다.

일곱째, 외래문화요소가 충분히 수용되려면 그 문화요소의 의미가 재해석되어야만 한다. 외래문화요소의 재해석은 외래문화요소가 수용자측 문화에 의한 저항을 극복하고 조직적 적합성이 생겨났을 때 성립한다. 새로운 외래문화요소는 제공자측 문화의 체계 속에서 갖고 있던 기능과 의미 때문에 선택된 것이지만, 그대로는 수용자측 문화의 체계에 적합하지 않기 때문에 어느 정도 그 의미를 바꾸게 되는 것이다. 또한 수용자측 문화에서도 새로운 문화요소가 들어왔으므로 그 압력을 받아 주변의 문화요소가 변한다. 외래문화요소만이 기능과 의미를 바꾸어버리면 치환의 의미가 없어지기 때문이다.

여덟째, 문화요소의 재해석이 일정한 곳에 이르러 잠잠해지면 문화는 새로운 문화요소를 완전히 받아들여 문화 전체가 새로운 활력에 충만한 문화로 되살아난다. 즉 문화는 새로운 요소를 포함해서 재구성되고 새로운 평형상태에 이르며 비로소 문화 전체의 해체 과정이 중지된다.

근현대 한국의 문화접변[4]

19세기 후반에서 20세기에 들어서 국제관계가 긴밀해지면서 복수의 개별문화 사이의 접촉이 끊임없을 정도로 빈번해지고 이러한 접촉에 의해 각 문화는 격심한 변화를 겪게 되었다. 특히 근대 문명의 전파라는 이데올로기를 내걸고 세력을 팽창한 제국주의는 자신들의 필요에 따라 강압적으로 식민지 지역의 문화를 크게 변화시켰다. 이후 제2차 세계대전이 끝나고 탈식민지화가 이루어지면 독립된 지역의 주민들은 그들의 자발적인 필요와 노력으로 다시 문화를 변화시켰다.

제국주의의 지배 아래 있는 식민지에서의 문화접변은 강제적인 접촉 상황에서 일어난다. 기본적으로 지배 당국의 강력한 정치적 압박과 지배자들의 필요에 따라 문화접변이 행해지는 것이다. 따라서 식민지민은 그들의 자발적인 필요와 노력에 의해서가 아님에도 제국주의 지배 세력에 의해 강제로 전파·제시되는 완전히 다른 문화요소도 일단 받아들인다. 하지만 이러한 강제적 문화접변도 비강제적인 경우와 마찬가지로 문화의 논리에 따라 변용 과정을 밟아간다. 이 때문에 식민지에서의 문화접변은 대부분 성공적이지 않았다. 특히 식민지민이 어쩔 수 없이 받아들여 행해진 문화요소의 문화접변은 순조롭게 이루어지지 않았다.

제2차 세계대전이 끝나고 탈식민지화가 이루어져 제국주의의 정치적 영향력이 쇠퇴하면 독립한 지역에서는 식민지기에 정착한 문화요소가 빠르게 사라졌다. 물론 식민지민이 적극적으로 받아들인 문화요소는 비교적 오랫동안 지속되어 관습처럼 남았다. 하지만 시간의 정도 차는 있더라도 식민지기에 이루어진 문화접변에 의해 정착한 문화요소는 대체로 해체되고 주민들의 새롭고 자발적인 필요와 노력으로 다시 문화접변이 행해졌다. 따라서 탈식민지기에 행해진 문화접변에 의해 새로 정착한 문화요소는 식민지기의 그것과는 전혀 다른 것이다.

근현대 한국의 문화접변 역시 이러한 문화접변의 논리에 의해 진행되었다. 한국은 1876년 개항 이후 근대적 국제관계에 본격적으로 편입하면서 외국과의 관계가 점점 긴밀해졌다. 이에 따라 한국에서도 근대문명을 수용하려는 움직임 속에 한국인의 자발적인 필요와 노력으로 다양한 부문에서 문화접변이 시작되고 있었다.

그러나 1910년 일본제국주의(이하 일제)의 식민 지배가 시작되면서 식민지기 한국에서의 문화접변은 강제적인 접촉 상황에서 진행되었다. 특히 일제는 동화주의를 지배이데올로기로 채택했기 때문에 급격하게 한국의 기존 문화를 일본식으로 바꾸려 하였다. 이 때문에 식민지기 한국에서는 개항 이후 한국인의 자발적인 필요와 노력에 의해 시작된 문화접변이 멈춰지고 일제의 정치적 압박 속에서 주로 일본인들의 필요에 따라 강제적으로 문화접변이 광범위하게 진행되었다.

1945년 일제가 한국에서 퇴각하자 일제의 정치적 영향력이 빠르게 사라지고 한국인의 자발적인 필요와 노력으로 새롭게 문화접변이 일어났다. 식민지기에 이루어진 문화접변에 의한 문화요소는 시간의 빠름과 늦음의 차는 있었지만 결국 해체되고 다시 문화접변이 진행되어 식민지기와는 다른 새로운 문화요소가 정착하였다.

이 책은 이처럼 근현대 한국에서 전개된 문화접변을 식민지기와 해방 후로 나누어 벚꽃·녹차·테니스·골프를 분석한다. 먼저 일제의 정치적 압박과 일본인의 주도 아래 강제적 접촉 상황에서 행해진 식민지기의 문화접변 과정을 고찰했다. 이어 해방 후 한국에서 한국인의 자발적인 필요와 노력으로 다시 문화접변이 진행되어 식민지기와는 다른 문화요소가 정착하는 과정을 밝혔다.

한편, 각각의 글은 처음 논문으로 발표할 때의 문제의식에서 출발해 구체적인 개별 시각에서 서술되었기 때문에 문제의식과 논리 전개가 다소 어긋나거나 서술 내용이 약간 중첩되는 경우가 있다. 이에 수록하면서 가능한 한 문제의식과 논리를 통일하고 서론과 결론 등을 삭제했다. 또한 읽기 쉽도록 문단의 각주를 통합하고 직접 인용은 가능한 자제했다. 다소 부족한 점은 양해를 구하며 세세한 내용은 책 끝부분에 밝힌 최초 발표 논문을 참고했으면 한다. 그리고 식민지기의 경우 조선, 조선인 등은 당시의 용어를 그대로 사용했으며 어려운 고어는 의미를 훼손하지 않은 범위 내에서 현대어로 고쳐 썼음을 미리 알려둔다.

이야기

자연경관에서　　　　**인공시설로**

우이동 벚꽃구경

> 벚꽃은 조선 각지에 있지만은 서울 부근으로는 우이동 것이 대표적이다 … 창경원 사쿠라가 나비에게 처녀 향을 맛볼만한 시기에 도달하기 전만, 즉 지금으로부터 10여 년 전만 해도 서울 부근에서 앵화 명소라 하면 으레 우이동을 제일로 꼽았다.[1]

구평형은 우이동 벚꽃구경이다. 언제부터 우이동이 벚꽃의 명소로 알려져 벚꽃구경이 시작되고 정착되었는지 그 과정과 시기를 특정할 수 없다. 예부터 우이동을 비롯한 조선 각지에 벚꽃은 자생하고 있었으며 벚꽃으로 봄을 즐기는 사람들은 있었을 것이다. 하지만 일반 대중이 대규모로 이동해서 같은 장소에 운집하여 함께 상춘하는 벚꽃구경은 1910년대 초에 우이동에서 처음 정착한 것이 확실하다. 이즈음 일반인들은 물론 학생, 관리, 종교계, 왕족, 총독에 이르기까지 경성 부근의 사람들에게 우이동의 벚꽃구경은 연중행사 중 한 가지가 되었다.[2]

우이동이 벚꽃구경의 명소로 떠오른 것은 개항 이후 일제의 조선에 대한 영향력이 확대되면서 조선에 이주한 일본인(이하 재조일본인)이 증가하면서부터이다. 일본에서 벚꽃구경을 즐기던 일본인들은 조선에 이주해 오자 벚꽃이 집중적으로 식재된 우이동을 찾았고 이에 조선인도 가세했다. 특히 1911년 경원선의 부분 개통으로 우이동에 쉽게 접근할 수 있는 창동역이 생기면서 우이동의 벚꽃구경은 더욱 많은 사람들을 끌어들였다. 이에 철도국에서는 창동역에서 우이동에 이르는 좁고 울퉁불퉁한 도로를 넓히고 정비해서 벚꽃구경 오는 사람들에게 편의를 제공했다.[3] 1913년 우이동 벚꽃구경의 모습이다.

> 재작일은 일요일이라 … 무려 사오천 명 되는 일본인과 조선인은 혹은 기차로 창동역에서 내리어 걸어오는 사람도 있고 혹은 자동차로 오는 사람도 있고 일가족을 동반하여 마차로 나오는 사람도 있으며 각 학교 학생들은 이삼인씩 무리지어 짚신 신고 벤또 싸서 들고 오는 사람들도 있는데 모든 사람들은 일주일 동안은 공부하는 사람은 공부하고 일하는 사람은 열심히 일하다가 청명한 일요일을 맞아 경성 명승지 우이동의 사쿠라꽃이 아마 잘 피었으리라 생각하고 이곳에 이르러 … 각 상점에 매점은 이 골짜기 저 골짜기에 장막과 포렴을 치고 간혹 유성기도 들리며 소나무 아래에 늙은 부부 두 사람은 술잔을 서로 권하면서 "여보 영감, 조선도 이렇게 좋은 데가 있구려" 하며 말하기 좋을 만큼 취한 사람도 있고 … 내지 기생들은 삼삼오오 사쿠라 나무 아래에서 꽃에 취하여 샤미센을 뜯으면서 춤추는 모양을 옆에 둘러앉아서 술상을 벌이고 맥주병으로 나발을 불고 있던 사람은 "좋다~ 잘 춘다" 하는 말에 더욱 신이 나는 모양이다. 제국 국기와 만국 국기가 바람에 번득이는 아

래에는 넓은 마당에서 내지 남녀들은 수건으로 눈을 가리고 어린아이 시절에 유치원이나 소학교에서 하던 숨바꼭질도 하며 흉허물없는 한 집안처럼 노는 것은 보는 사람들도 스스로 즐거운 마음이 생기는데……[4]

서울 도심 근교에 여러 교통수단을 이용해서 다양한 직업과 계층의 사람들이 주말 여가를 즐기고 있는 모습이다. 조선인과 일본인이 함께 모여들고 있으며 임시 매점이 들어서고 유성기와 만국기가 상춘 분위기를 고조시키는 가운데, 일본인들이 기생과 더불어 음악과 함께 술을 마시며 춤을 추고 숨바꼭질을 하는 등 조선인보다 더 활동적인 감이 든다.

1910년대의 우이동 벚꽃구경은 도심에서 떨어진 자연적으로 벚꽃이 군집한 곳에 많은 사람들이 운집해 특별한 인공설비 없이 벚꽃을 중심으로 주간에 음악과 술과 놀이 등을 곁들여 봄을 즐기는 활동이라고 할 수 있다.

우이동 중심의 벚꽃구경은 점차 창경원을 중심으로 한 벚꽃놀이로 바뀌어갔다. 물론 여전히 우이동을 찾는 사람들도 있었지만 어느 순간 우이동의 벚꽃구경에 만족하지 못하고 새로운 형태의 벚꽃놀이를 갈구하는 사람들이 생겨났다.

가까이에서 벚꽃을 즐기고 싶어

우이동 벚꽃구경의 부분적인 해체는 일본인의 조선으로의 이주 증가, 일제의 관제문화 조성과 주민들의 호응, 그리고 교통 불편, 일상으로부터의 탈출 욕구, 밤벚꽃놀이의 필요성 등에 의해 시작되었다.

우이동 중심의 벚꽃구경은 재조일본인이 점점 더 증가함에 따라 더 이상 벚꽃구경의 명소 자리를 지킬 수 없었다. 그들은 처음에는 우이동을 찾았으나 거기에 만족하지 않고 주거 환경 가까이에 벚꽃을 본격적으로 심기 시작했으며 접근이 편리한 도심에서 벚꽃을 즐기려 했기 때문이다.[5]

1909년 병합 직전 조선에 이주한 일본인들의 입장을 대변했던 일간지의 사설을 보자.

> 벚꽃은 일본인에 대해서 일종의 인상을 주고 벚꽃이 있는 곳은 반드시 일본인의 용기를 북돋아 벚꽃의 번식은 곧 일본인의 번식을 의미하는 것이다. 원래 한반도에는 벚나무가 적어 우리들은 재주 방인의 증가와 함께 벚나무를 이식할 필요가 있다고 생각한다.[6]

벚꽃이 일본의 상징이며 일본인의 생활에 활력을 주고 일제의 세력 확대를 의미하기 때문에 벚나무를 심을 필요가 있다는 것이다.

1911년 조선에 건너와 충청남도 등지에서 15년간 주로 지방행정 실무를 담당했던 일본인 관리의 말을 들어보자.

> 벚꽃은 일본의 대표 꽃이다 … 일본을 표상한다. 무사도를 생각하고 요시노를 연상하며 불의 명분에 맞서는 바로 국화로 보아야 한다 … 고향을 멀리 두고 조선에서 일하고 있는 모국인의 향수를 누그러뜨리고 그 땅에 친밀함을 갖게 하고 내지 연장의 싹을 키워서 안주할 생각을 굳히는 데 벚꽃은 없어서는 안 되는 국화이어야 한다.[7]

역시 벚꽃이 일본의 상징이며 고향을 떠나 생활하는 일본인을 위해 그리고 일제의 세력 확대에 반드시 필요하다는 것이다.

또한 13년간 조선을 경험한 일본인 신문기자의 이야기도 비슷하다.

> 봄을 대표하고 봄을 가치 있게 하는 것은 말할 것도 없이 꽃이며 … 벚꽃이야말로 실로 봄이 갖는 최대의 자랑이며 꽃 중의 왕이다. 그러나 조선에는 일본처럼 많은 벚꽃의 명소가 없다. 거기에는 예부터 이 나라 사람들이 벚꽃에 대한 감상의 생각이 부족했던 원인도 있다. 벚나무는 겨우 군사의 활을 만드는 데 썼기 때문에 경성 교외 가오리나 우이

동에 식재 된 이외에는 별로 밀식된 곳도 없는 것이다 … 그런데 병합 이래 내지인의 이주가 점차 증가함에 따라 그들은 거의 그 국민성이라고도 할 만큼 벚꽃의 동경을 버리지 못하니 고국의 봄을 생각할 때도 조선에 벚꽃이 없음을 얼마나 쓸쓸하게 느꼈을까. 그 결과 백 그루 이백 그루라는 식으로 시험적으로 요시노자쿠라의 이식을 시도하는 자가 나와 그 성적이 좋음이 실증되자 각지에서 다투어 이식하게 되었다. 그리하여 점차 벚꽃 명소가 곳곳에 생겨 봄에 더 많은 번창과 광명을 가져온 것이다.[8]

재조일본인들은 벚꽃을 일본을 상징하는 꽃으로 인식하고 일본에서 즐기던 벚꽃문화를 조선에서도 즐김으로써 일본인으로서의 아이덴티티를 확보하고 고향에 대한 향수를 달래며 일제의 세력 확장의 징표로 삼으려 하였다.[9]

그러나 조선에는 일본과 달리 우이동 이외에 벚꽃이 다량 식재된 곳이 거의 없었기 때문에 그들은 주거 환경 근처에 더 많은 벚꽃 명소를 필요로 하였다. 재조일본인 수가 늘어날수록 이러한 요구는 점점 더 거세어졌다.

병합 이후 1910년대 일제는 지배의 안정을 위해 조선 주민의 정치적 요구를 압살한 대신에 관제문화를 조성해 순응시키려 했다. 개인의 삶을 안정시킨다는 정치선전은 비록 실제와 일치할 수 없었지만 주민들에게는 자신들의 삶의 위험과 불안정을 제거하는 것이 무엇보다도 중요했다. 이에 일제가 적극적으로는 취미·쾌락·여가·오락이라는 새로운 기준을 추천하고 강요하자 거기에

벚꽃 아래에서 춤추는 일본인들
매일신보, 1917년 5월 1일, 3면.

호응하는 주민들이 생겨났다. 왜냐하면 그들은 안정된 생활 기반을 축적하면서 저마다 쾌락을 추구함으로써 삶의 의의를 확대해 갈 수 있다고 생각했기 때문이다. 예를 들면 일제는 원근 각지로의 여행, 운동회와 백일장, 자전거경주와 활쏘기대회, 벚꽃구경과 불꽃놀이, 그리고 연극과 영화 관람, 관광과 도서관, 음악당, 공원, 동물원, 스포츠 등을 취미, 쾌락, 여가, 오락으로 제시하고 지원했다.[10]

벚꽃구경의 경우 매일신보 지상을 통해 "꽃구경 갑시다, 꽃의 가오리에 갑시다 - 30일의 일요일 정히 좋은 때, 우이동에, 가오리에 - 사쿠라 구경에 제일 좋은 날" 등과 같이 적극 권장되었고 임시 관앵열차가 운행되는 등 제도적 지원이 이루어졌다. 이에 벚꽃을 즐기려는 사람들이 점차 늘어나면서 우이동 벚꽃구경만으로는 그 수요를 감당할 수 없게 되었다.[11]

우이동은 지리적으로 서울 도심에서 떨어져 있어 벚꽃구경을 가는 사람들은 임시열차와 자동차 그리고 마차를 이용했다. 당시 자동차를 소유한 사람이 그리 많지 않았고 마차의 경우 속도가 느리며 양자 모두 한정된 탑승 인원으로 인해 일반인들은 주로 열차를 이용했다. 1911년 10월 경원선의 용산·의정부 구간이 부분 개통되자 우이동으로 벚꽃구경 가는 승객을 위해 휴일에 임시 관앵열차를 운행했다. 1912년부터 남대문과 창동 간에 대체로 하루 한 번 운행했는데 왕복승차권도 발매하였다.[12]

임시열차 운행 시간을 보면, 우이동행은 남대문발 오전 8시 43분, 용산발 오전 8시 52분, 창동착 오전 9시 28분이었으며, 서울로 돌아오는 시간은 창동발 오후 4시 24분, 용산착 오후 5시

30분, 남대문착 오후 5시 39분이었다. 소요 시간은 남대문과 용산에서 각각 36분과 45분이었다. 하루에 한 번 운행에 그것도 거의 40~50분을 전차로 이동해서 온종일 머물러야 했다. 더구나 점차 벚꽃구경 가는 인파가 늘어나면서 탑승객이 너무 많아 남대문역에는 사람사태가 날 정도로 과잉 상태였다. 이에 우이동 벚꽃구경을 가는 사람들 중 일부는 교통 불편을 느끼며 접근하기 쉽고 자유로운 시간에 벚꽃구경을 할 수 있는 곳을 찾게 되었다.[13]

많은 사람들은 일주일 동안 일하다가 일상생활에서 탈출해 휴일을 즐기기 위해 벚꽃구경에 나섰다. 분주한 도회 생활에서 지칠 대로 지친 서울 시민들은 심신의 피로를 위로받기 위한 축제가 필요했다. 그들은 매연과 잡음 속에서 절기조차 이미 잃고 살아갔기 때문에 힘겨운 일상에서 탈출하기 위해 봄을 맛볼 수 있는 가까운 장소가 필요했다. 또한 밤벚꽃놀이를 할 수 있는 공간이 필요했다. 우이동의 경우 서울 도심에서 떨어져 있고 자연경관이었기 때문에 밤벚꽃놀이에 필요한 전기 및 안전 설비 등을 갖추기가 어려웠다. 이 때문에 일본에서 이미 밤벚꽃놀이의 매력을 경험한 재조일본인과 일부 조선인은 밤벚꽃놀이가 가능한 도심의 장소를 원했다.[14]

도쿄 우에노공원 벚꽃놀이처럼

우이동 벚꽃구경이 부분적인 해체를 개시하자 그것이 벚꽃문화 전체의 해체로 이어지는 것을 막기 위해 외래문화요소로서 벚꽃놀이가 일본 우에노공원으로부터 창경원에 전파·제시되어 수용되었다.

일본에서 벚나무를 군집시켜 심기 시작한 것은 전국시대에서 17세기까지 거슬러 올라가는데 우에노의 벚꽃은 수천 그루에 달할 정도로 그 규모가 크다는 데 특징이 있다. 벚꽃의 명소로 알려진 우에노는 메이지시대에 들어서서 1873년 근대적인 공원으로 조성되기 시작했다. 1876년 정식 개원한 뒤 박물관 및 동물원 등이 세워지면서 도쿄의 대표적인 문화시설이자 오락 공간이 되었다. 메이지정부는 도쿠가와 막부와 인연이 깊은 우에노를 서양식 공원으로 만들어 에도시대가 끝나고 근대적인 새 정부가 들어섰음을 상징적으로 공표한 것이다.[15]

이후 우에노공원은 벚꽃놀이의 중심에 서게 되었다. 우에노공원의 벚꽃놀이는 우이동의 벚꽃구경과 달리 도심의 전통적 공간에 인공적으로 벚꽃을 조성하고 벚꽃만이 아닌 박물관과 동물원 등의 근대적인 오락 시설을 갖춘 복합적인 장소에서 행해졌다.

창경궁은 1418년 성종이 세 대비를 모시기 위해 창건되었는데 이후 전란과 화재로 인해 소실과 중건, 중수를 거듭하였다. 창경궁은 창덕궁과 함께 동궐로 불렸는데 두 궁이 공유하는 후원 영역은 왕의 활터나 군사 훈련장, 산책지, 시범 농사지 등으로 사용되었다. 1876년 경복궁 대화재로 왕실이 창덕궁을 사용하다가 1885년 환궁한 이후 창경궁은 거의 방치되었다.[16]

1907년 일제에 의해 고종이 강제로 폐위되고 순종이 황제에 즉위하여 덕수궁에서 창덕궁으로 거처를 옮기면서 수선 공사가 진행되고 창덕궁 동쪽에 인접한 창경궁에 박물관·동물원·식물원을 조성하기로 결정했다. 이 계획은 초대 통감 이토 히로부미(伊藤博文)의 최측근으로 당시 궁내부 차관이었던 고미야 미호마츠(小宮美保松)가 주도하였다. 그에 의하면 내각총리대신 이완용 등의 뜻을 받아들여 순종에게 건의했다고 한다. 처음에는 황실의 위락과 위엄을 위해 궁궐의 후원을 의미하는 어원을 시설한다는 명목으로 추진되었으나, 1909년 11월 동물원과 식물원이 개원하면서 일반에게 관람을 허가하고 1911년 4월부터 명칭이 창경원으로 불리게 되었다.[17]

이후 창경원은 일제의 지배정책과 맞물리며 전근대의 전통 공간에서 근대적인 취미, 스팩타클 문화, 행락문화, 상춘문화의 명소로 바뀌었다. 이러한 창경원의 성격에 중요한 역할을 한 것이 바로 벚꽃놀이였다.

창경원에 벚나무가 처음 심어진 것은 1908년부터 1909년에 걸쳐 일본으로부터 이식된 소메이요시노(染井吉野) 벚나무 300그루 정도이다. 묘목은 오사카 부근에서 가져온 접목 2년생이고 새끼손가락 굵기의 4, 5척 정도의 크기였다. 이후 매년 보식과

증식을 계속해 2천 그루 이상이 되었다. 소메이요시노는 메이지 초에 도쿄 소메이의 정원사가 팔기 시작한 품종인데 잎이 섞이지 않고 꽃만 밀집한 상태로 펴서 화려하다. 특히 접목으로 번식이 쉽고 성장이 빨라 10년 안에 꽃을 볼 수 있었다. 창경원의 벚꽃은 1918년경부터 제법 벚꽃을 즐길 수 있을 정도로 자라났다.[18]

　창경원에서 벚꽃놀이가 시작되자 이를 쉽게 받아들이지 않고 반발하는 사람들이 생겨났다. 하나는 문화의 적합성이라는 측면에서 주로 조선인이 벚꽃을 일본의 상징으로 인식하고 부정적인 태도를 취했다. 창경원 벚꽃놀이가 시작된 후에도 여전히 많은 조선인은 조선의 명화로 진달래를 생각하고 있었다.

> 무궁화를 조선의 명화라 하지만은 사실은 진달래가 조선의 대표 명화와 같은 감이 있다. 진달래는 색태가 미려하고 향취가 좋을 뿐 아니라 전 조선 어느 곳이던지 없는 곳이 없어서 여러 사람이 가장 널리 알고 가장 애착심을 가지게 되는 까닭에 조선에 있어서 꽃이라 하면 누구나 먼저 진달래를 생각하게 된다. 조선의 봄에 만일 진달래가 없다면 혹야나 태양 없는 극지보다도 더 쓸쓸하고 적막하여 그야말로 춘래불사춘을 느끼게 될 것이다. 조선 사람으로 외국에 가서 봄을 만날 때에는 먼저 진달래가 보고 싶고 또 진달래를 본다면 몸은 비록 외국에 있어도 마치 고국에 돌아온 것과 같이 반가운 생각이 난다 … 조선 사람의 진달래에 대한 애착심은 결코 일본 사람의 사쿠라에 대한 애착심 못지 않다.[19]

창경원 밤벚꽃놀이 모습
매일신보, 1932년 4월 23일, 2면.

진달래야말로 조선의 봄을 대표하는 꽃이며 조선인이 가장 애착을 갖고 고국의 향수를 느끼게 하는 꽃이라는 것이다. 특히 진달래에 대한 조선인의 애착심을 일본인의 벚꽃에 대한 그것과 비교함으로써 일본의 상징인 벚꽃에 대한 반감을 표시하고 있다. 조선인이 조선왕조의 전통적인 권위의 상징인 궁궐에 벚꽃을 심는 것을 받아들이기는 쉽지 않았던 것이다.

창경원의 벚나무 식수에 대한 직접적인 반발 자료는 찾아볼 수 없으나 지방에서는 노골적인 반발이 드러났다. 공주산성 자락의 경우 병합 직후에 일본인 관리가 벚나무를 심어놓으면 꺾어가고 소가 짓밟고 장난 반 뽑아갔다. 부역 증발에 고통받던 지방민의 증오와 한이 벚꽃에 쏟아졌기 때문이다. 결국 벚나무 아래 보초를 세워 밤낮으로 감시할 정도였다고 한다. 또한 평양 모란대에는 1907년 장차 천황의 행궁이 세워질 것을 염원하여 벚나무를 많이 심었는데 점점 뽑히어 1927년에는 겨우 몇 그루만 남았다고 한다.[20]

다른 하나는 실제 생활에서 필요성을 느끼지 않았기 때문이다. 여전히 많은 조선인들은 일제의 관제문화 조성에도 불구하고 그를 즐길 만큼 여유 있는 생활을 하고 있지 않았다. 1910년 병합 이후 제1차 세계대전의 여파로 인해 세계적인 물자 부족과 물가 등귀 등 많은 사람들이 생활고에 시달렸다. 한 되당 10전 안팎이었던 쌀값은 40전까지 폭등했고, 노동자들의 임금인상을 요구하는 시위가 끊이지 않았으며, 궁핍에 못 이겨 자살한 일가 소식도 종종 신문지상에 오르내렸다. 1918년에는 유행성 독감까지 겹쳐 전국적으로 14만 명이 희생되었다. 1920년대 초 서울에 거주하는

표1. 창경원 벚꽃놀이 참여자수(1920년대)

연도	시작	마감	일수	주간	야간	계
1924	4월 20일	4월 30일	11	69,927	61,941	131,868
1925	4월 25일	5월 2일	8	57,361	65,275	122,636
1926	4월 24일 (순종붕어로 중단)		1	2,781	7,637	10,418
1927	4월 20일	4월 26일	7	69,460	67,210	136,670
1928	4월 17일	4월 23일	7	75,957	87,370	163,327
1929	4월 18일	4월 24일	7	79,735	84,813	164,548

출처: 오창영 편, 『한국동물원 80년사(창경원편)』, 서울특별시, 1993년, 405쪽.

조선인 주민의 대부분은 영세업자, 막노동, 날품팔이, 지게 품팔이, 행상과 같은 불안정한 직업에 종사하고 있었다. 이러한 상황에서 많은 사람들은 입장료를 지불하고 한가하게 벚꽃놀이를 즐길 수 없었으며 벚꽃놀이에 대해 반감을 가지지 않을 수 없었다.[21]

그러나 창경원에 제시된 벚꽃놀이에 대한 조선인을 중심으로 한 반발에도 불구하고 거절·묵살에까지는 이르지 않고 1924년 밤 벚꽃놀이 시작을 계기로 일단 외래문화요소인 벚꽃놀이가 식민지 조선에 수용되었다.

우에노공원의 벚꽃놀이를 수용한 창경원 벚꽃놀이는 장소가 도심에 위치하고 있어 접근하기 쉬웠다. 또한 동물원과 식물원, 그리고 박물관 등을 설비하여 자연경관이 아니라 조선왕조의 전통 공간과 근대적인 인공경관에서 이루어졌다. 단순한 벚꽃구경에서 다양한 볼거리를 제공하는 벚꽃놀이로 변화한 것이다.

1918년경부터 시작된 창경원 벚꽃놀이는 갈수록 인기를 얻어 1924년 야간 개원을 하면서 정식으로 수용되었다고 할 수 있다. 개원 초기에는 주간에만 개방하였으나 일부 특권층이나 일본인들이 복잡한 낮을 피해 야간에 벚나무 아래에서 술자리를 벌이는 일이 잦아졌다. 이에 일반에게도 밤에 개방하자는 여론이 일어 1924년 4월 20일부터 밤벚꽃놀이가 시작되었다. 개장 당일은 마침 셋째 일요일로 회사나 상점 등이 공휴일이었고 벚꽃도 피기 시작해 굉장히 혼잡했다. 주간 입장자가 14,449명이었고 야간 입장자는 3,230명이었다. 야간 개방 시간은 저녁 7시부터 밤 10시 반까지였다.[22]

창경원 벚꽃놀이는 1926년 순종 붕어로 중단된 것을 제외하고 1920년대 내내 대략 1주일 간 주간과 야간 모두 꾸준히 행해졌다.

벚꽃은 사쿠라가 아니다

새롭게 수용된 창경원 벚꽃놀이에 대해 일본의 상징에 대한 조선인의 거부감, 가난한 사람들의 상대적 박탈감, 지나친 향락에 대한 반발, 무질서와 탈선에 대한 비판 등의 저항이 일어났다.

조선인들이 벚꽃을 일본의 상징으로 보고 거부감을 나타내며 일제가 심은 벚나무를 제거하기까지 했다. 조선인들은 여전히 일본의 상징인 벚꽃보다는 진달래 등에 애착을 가지고 있었다. 특히 벚꽃놀이가 활발히 행해지면서 벚꽃 대신에 사쿠라라는 일본말이 일반화될 정도로 벚꽃을 일본의 문화요소로만 인식하는 데 대해서도 강한 거부감을 나타냈다.

> 조선의 '벚꽃'이란 말은 '사쿠라'라는 새 말이 수입되는 바람에 자라 모가지 모양으로 쑥 들어가고 말았다. 어린아이와 무식 계급은 그만두고 소위 유식 계급에서도 사쿠라라면 알아도 벚꽃이라면 잘 알지도 못하게 되고, 또 사쿠라라면 의례 외래품으로만 알고 재래 조선에도 당당하게 있던 벚꽃인 줄은 알지 못한다. 근래에 각 도회지에 해마다 늘어나는 사쿠라야 물론 새로 이식한 사쿠라지만은 산간 벽지에 있는 사쿠라는 재래의 벚꽃이 마치 김서방(金書房)이 긴

> 타로(金太郎)로 변명하고 명동(明洞)이 메이지죠(明治町)로 변명한 것과 마찬가지로 본 이름을 잃고 새 이름을 얻은 것이다.²³

이전부터 있었던 조선의 벚꽃을 중심으로 자리잡은 우이동 벚꽃구경이 일본의 상징인 사쿠라로 새롭게 조성된 창경원 벚꽃놀이에 밀려 사라질지도 모른다는 불안감과 경계심을 엿볼 수 있다.

대다수 조선인은 일제가 관제문화를 조성했음에도 그것을 즐길 수 없었다. 서울과 부산 등 대도시에 거주하는 조선인조차도 대부분 궁핍한 생활을 영위하고 있었다. 벚꽃놀이는 시내에 살림을 살고 여유 있는 생활을 하는 양반들에게나 가능한 것이며 한시라도 놀고는 먹지 못하는 노동자들과 빈곤한 소작인들은 보릿고개에 허덕여 벚꽃놀이를 즐길 수 없었다. 그들에게 벚꽃놀이를 위해 지불해야 하는 입장료도 부담으로 다가왔다. 1933년의 경우 야간 입장 요금은 소인 5전, 대인 10전이었는데 1935년에는 두 배 올려 소인 10전, 대인 20전을 받아 가난한 대중은 입장할 수 없었다. 이 때문에 벚꽃놀이 자체에 대해 필요성을 느끼지 못하고 상대적 박탈감을 느껴 배척하는 사람들이 생겨났다.²⁴

창경원 벚꽃놀이가 우이동의 단순한 벚꽃구경에 머물지 않고 다양한 볼거리를 제공하자 이를 지나친 향락이라고 생각하고 반발하는 사람들도 있었다.

> 정문을 들어서면서 막바로 보이는 잔디밭 광장은 주위를 빽 두른 벚꽃의 하얀 울타리에 더 한층 흥을 돋아주나 이

> 안에 머무르는 자 별로 볼 수 없다. 다만 밤벚꽃의 짧은 시
> 간을 흥에 겨워 뛰놀자는 풍류객들이 삐루(맥주)와 월계관
> (정종)을 밀수입하야 "부어라 먹자"하며 창경원이 좁다 하
> 고 떠든다 … 이름이 밤벚꽃이지 기실은 연예의 구경인모
> 양. 옆 눈으로 보는 등 마는 등 연예장으로 걸음을 빨리한
> 다. 소녀 하나가 무대에나 타나서 촬스톤 댄스를 자유자재
> 로 뽐내어 보이자 관중은 숨을 죽이고……[25]

많은 상춘객들이 벚꽃구경에는 별로 관심이 없고 밀수입한 맥주와 정종으로 술판을 벌이고 볼거리로 제공된 연예장의 공연에만 몰두하는 향락에 대해 반발하는 것이다.

좁은 공간에 많은 사람들이 일시에 모이면서 벚꽃구경은 뒤로 밀리고 주로 취객들에 의해 질서가 무너지고 특히 학생들의 탈선이 잇따르자 그에 대한 비판이 쏟아졌다.

> 본시 창경원의 밤벚꽃을 꽃구경보다도 사람구경이요. 구경
> 보다도 구경시키러 어중이떠중이 모여들지만. 창경원을 뒤
> 집어 놓을 것 같이 떠드는 주정군의 발호란 정말 눈꼴사납
> 지 … 시내 모 중학교 학생 7, 8명이 정복 정모에 술을 얼큰
> 히 취해 가지고는 창경원을 휩쓸고 다니다가 좀 인적이 드
> 문 데서 여자만 만나면 그저 히야까시(희롱)다. 보도연맹이
> 생기고 음식점 취체령이 새로 생기어 학생 풍기를 단속한
> 다[26]

특히 학생들의 탈선에 대한 비판이 눈에 띤다. 또한 해마다 창경원 출구 옆에는 창덕궁 경찰서 임시출장소가 "어린애 찾아가시오"라는 간판을 세웠을 정도로 꽃 세계의 살풍경이 연출되었으며 실제로 매일 밤 10명 정도의 미아가 발생했고 스틱을 비롯해 유실물도 많았다. 1935년에 야간 입장료를 올린 이유도 일반 입장객들이 벚꽃놀이의 정취를 즐길 수 있도록 혼잡과 사고를 방지하기 위해서라고 할 정도로 무질서와 탈선이 난무하는 데에 대한 비판이 일었던 것이다.[27]

꽃구경보다 불구경이 좋다는 창경원

외래문화요소인 창경원 벚꽃놀이는 화려한 조명, 다양한 여흥 프로그램 제공, 관광 연계 상품 개발 등을 통해 문화요소의 의미가 재해석되어 충분히 수용되었다.

창경원 구경은 낮보다도 밤이 꽃구경보다도 불구경이 더 좋다는 말이 있을 정도로 다양한 전기조명 장치를 설치해서 점점 더 화려한 조명을 연출했다.[28]

> 원내를 살피면 선비의 등용문이던 춘당대 옛터에 영영한 봄 물결을 자랑하는 춘당지 못가에는 근래 과학의 정수를 다하여 꾸며놓은 네온의 수선탑이 현란한 오색의 채광을 자랑하는데 맨 위 첨탑에서 외로운 백광을 방사하는 수은등은 은은한 물결 속에 힘찬 투광을 하여 못 가운데 혜성을 방불케 하였고 못가 곳곳에 서있는 수양형 일루미네이션은 오뉴월 당철의 등꽃을 업신여기고 있었다. 계림팔도의 정수를 모았다는 상징으로 닭의 모형을 중천에 이고 서 있는 박물관 앞 측대 위에는 독야청청이란 듯이 벌써 사쿠라가 팔분이나 만개하여 검은 하늘을 배경 삼고 밝은 전광을 조명 삼아 연연하고도 또렷한 꽃으로서의 본체를 보여주고

있는 것이 첫 밤의 인상을 가장 깊게 하여준다.[29]

'근대 과학의 정수'로서의 전기를 이용한 네온, 수은등, 일루미네이션, 다양한 색깔의 전등 등으로 각양각색의 장식과 연출을 함으로써 우이동의 벚꽃구경에서는 느낄 수 없는 밤벚꽃놀이의 차별성을 충분히 보여주고 있다. 이는 궁궐의 권위와 엄숙함을 깨고 근대문명의 전파라는 지배이데올로기를 주입하는 데도 굉장히 효과적인 것이었다.

벚꽃놀이 참여자들의 흥을 돋우기 위해 다양한 여흥 프로그램이 동물원 및 식물원 앞 광장 등에서 제공되었다. 무대를 설치하고 연극과 춤과 음악 등을 공연했다. 때로는 값싼 레뷰(오락극)나 흔한 요술도 벌어졌다. 관중들은 우레 같은 박수를 보내면서 레뷰걸의 종아리에 흐르는 곡선에 황홀해하며 차가운 땅의 습기에도 아랑곳없이 즐거워했다. 또한 영화 상영시설을 설치해 상영 중인 영화와 함께 뉴스 영화와 만화 영화도 보여주었다.[30]

창경원 벚꽃놀이를 보기 위해 많은 사람들이 지방에서 서울에 몰려들자 관광 연계 상품이 개발되었다. 1935년의 경우 벚꽃놀이를 위해 4월 19일부터 29일까지 임시열차를 운행하였는데 무려 8천여 명의 관광단이 임시열차를 이용해서 서울에 들어왔다. 또한 28일과 29일 공휴일을 이용해서 대전철도사무소 주최의 경성관광단 1,500명과 조선철도회사, 경남철도회사 등의 연선으로부터 1,500명, 그 밖에 3,000명의 관광객이 입경하여 총 3만 명에 달했다. 그들은 길게는 2박 3일, 짧게는 1박 2일이나 당일치기로 서울에 머물렀다. 이에 경성관광협회에서는 4월 19일부터

표2. 경성 도착 벚꽃 임시열차의 시간 및 일정(1935년)

출발역	인원	경성 도착시간	경성 떠나는 날
함흥발	433	19일 오전 7시 15분	21일 밤
신북청발(함남 북청군)	730	19일 오전 8시	21일 밤
복계발(강원 평강군)	101	19일 오전 8시 25분	21일 밤
대구발	720	20일 오전 7시 55분	21일 밤
부산발	720	20일 오전 9시 20분	21일 밤
성진발(함북 성진군)	945	23일 오전 8시	23일 밤
원산발	388	24일 오전 7시 15분	26일 밤
	736	24일 오전 8시	26일 밤
대전발	1,200	25일 오전 6시 37분	26일 밤
	800	25일 오전 7시 57분	26일 밤
	400	25일 오전 9시 18분	26일 밤
	1,040	28일 오전 7시 57분	29일
조치원발	560	28일 오전 8시 27분	28일
총계	8,773		

출처: 『동아일보』, 1935년 4월 17일, 조간 2면.

25일까지 서울로 올라오는 각 철도사무소 주최의 경성관광단체에 대해서 일본여관, 조선여관, 선사품 판매점, 유람버스, 백화점, 카페, 조선요리점, 내과의원, 여행용품상점, 사진관, 조선인삼 등의 할인권을 인쇄하여 배급했다.[31]

창경원 벚꽃놀이

1930년대에 들어서면 이전보다 더 많은 사람들이 꾸준히 창경원 벚꽃놀이에 참여하고 있다. 이는 창경원 벚꽃놀이가 재구성되어 식민지 조선에서 상춘문화로서 신평형 상태에 이르렀음을 보여 준다.

> 1933년 4월 새파란 잔디가 질펀히 깔린 바닥에 진달래가 붉었고 개나리가 누렇고 벚꽃까지 만발한 창경원의 꽃동산 엔 전기조명이 휘황찬란하고 행락에 주린 장안 사람들이 전차마다 다닥다닥 매달려 홍화문과 선인문으로 미어져 들 어왔다. 제3일인 26일은 날씨도 쾌청하고 전날 밤 내린 소 낙비에 꽃은 만개하여 낮부터 10,860명이 몰려오고 밤에는 30,843명이 찾아와 야간 개원 이래 최고를 기록했다. 야간 입장객 중 조선인이 반 이상이고 부인네도 많았다. 갓 쓴 손님, 바스켓을 든 손님, 이상한 옷을 입은 젊은 여자 등 각 양각색의 사람들이 눈길을 끌었다. 29일은 휴일이라 낮에 도 27,900여명이 찾아와 24일 개방 이래 최절정에 달했다. 30일부터는 꽃이 지기 시작했는데 성화보다는 낙화의 정취 가 있다 하여 술병을 허리에 차고 몰려드는 등 성황을 이루 었다. 서울 사는 사람 모두 한 번씩은 창경원 벚꽃의 유혹

표3. 창경원 벚꽃놀이 참여자수(1930년대)

연도	시작	마감	일수	주간	야간	계
1930	4월 12일	4월 20일	9	82,248	114,569	196,817
1931	4월 23일	4월 30일	8	73,842	104,550	178,392
1932	4월 21일	4월 30일	10	112,330	153,660	265,990
1933	4월 24일	5월 1일	8	114,260	145,953	260,213
1934	4월 20일	4월 30일	11	125,543	179,362	304,905
1935	4월 11일	4월 21일	11	105,558	135,372	240,930
1936	4월 28일	5월 7일	10	162,001	158,286	320,287
1937	4월 18일	4월 27일	10	157,022	176,374	333,396
1938	4월 19일	4월 26일	8	134,343	116,972	251,315
1939	4월 17일	4월 24일	8	116,090	128,504	244,596

출처: 오창영 편, 『한국동물원 80년사(창경원편)』, 서울특별시, 1993년, 405쪽.

을 받은 셈이다.[32]

이제 창경원 밤벚꽃놀이는 경성 시민에게 해마다 내리는 동원령이 되어 사람들은 그저 시간이 바쁘면 하던 설거지도 던져버리고 창경원으로 창경원으로 향했다. 그들은 얼음도 녹지 않은 입춘 전부터 촉각을 곤두세우고 봄을 기다리다가 창경원에 꽃소동이 나야만 비로소 봄을 깨닫고 봄에 취하는 버릇이 생겼다. 1937년 중일전쟁이 발발하면서 비상시국에서도 창경원 밤벚꽃놀이는 네온장치와 연예장 없이 일반 조명과 뉴스와 만화 영화 등을 상영하며 이어졌다.[33]

식민지 조선에서 일어난 벚꽃의 문화접변은 주로 재조일본인의 필요성과 지배 당국의 관제문화 조성 정책 등 기본적으로 일제의 지배라는 강제적인 접촉 상황에서 이루어졌다. 창경원의 벚

벚꽃 찬란한 창경원
매일신보, 1934년 4월 29일, 6면.

꽃놀이가 전통적이고 근대적인 폐쇄된 공간에서 행해졌다는 사실이 이를 잘 보여준다.

닫힌 공간에서　　　　　열린 거리로

창경원 벚꽃놀이

> 1971년 봄, 마침 재일동포 한 분이 벚꽃 묘목 2,400주를 서울시에 기증했다. 당시의 벚꽃 묘목은 결코 싸지 않았다. 나는 양시장에게 그것을 여의도 윤중제에 심을 것을 건의했다. 워싱턴 포토맥강변의 벚꽃거리를 닮게 할 생각이었다 … 지금 윤중제 벚꽃이 서울 명소의 하나가 되었으니 당시의 감회가 새로워진다.[34]

구평형은 창경원 벚꽃놀이이다. 교통이 편리한 도심 한가운데 위치한 전통적인 권위의 상징인 궁궐에, 근대적인 박물관·동물원·식물원 등의 위락 시설과 각종 인공설비를 갖추고, 입장료를 받고 운영하는 폐쇄적인 복합공간에 머물면서 벚꽃을 감상하면서 음식과 가무 등을 즐기는 상춘문화라고 할 수 있다.

1945년 8월 일제의 식민지 지배라는 정치적 상황이 사라졌다. 그러나 창경원 벚꽃놀이는 해방 이후 한동안 지속되었다. 없어지기는커녕 더욱 확대하는 경향마저 보였다. 해방 직후인 1946년에 창경원은 시민들을 위로한다며 일주일간 식물원 광장에 야외 특설무대를 설치하고 벚꽃놀이를 열었다. 이후에도 벚꽃의 개화 시기를 주요 뉴스로 전달하고 다양한 프로그램을 제공하는 등 벚꽃놀이를 이어갔다.[35]

전쟁이 채 끝나지도 않은 1952~1953년에도 벚꽃놀이가 행해질 정도로 1950년대에는 물론, 1960년대에도 4월 15일경부터 20여 일간 성황을 이루었다. 1970년대에는 한 달 이상 계속되었으며 참가 인원도 점점 늘어 100만 명이 넘는 인파가 몰려들었다. 1972년과 1973년에는 120만 명을 넘어섰으며, 1974년에는 무려 2백여만 명에 달했다[36].

당시 신문기자가 전하는 벚꽃과 더불어 만발한 창경원의 행락 모습을 보자.

> 서울의 행락은 창경원에서 시작되고 창경원에서 만발하며 창경원에서 끝나는 것 같다. 약 2천 그루의 벚꽃, 수백 무더기의 개나리, 하나의 세계가 열리듯 드문드문 의젓하게 핀 목련, 흐드러진 꽃들 사이를 걷는 사람들의 마음들도 꽃처럼 흐드러지게 피고 또한 진다 … 아침 8시 반 창경원의 문이 열리면 휴일 아닌 평일도 1백여 명의 관객이 대기했다가 들어오고 11시~오후 2시에 이르면 찾아오는 인파는 한층 고조를 이른다. 지난 일요일에는 13만 명이 몰려들었고 그 후 날마다 낮 관광객 3~4만 명을 헤아렸다 … 만발한 대낮의 행락은 기어드는 밤의 어두움 속으로 녹아들며 가라앉아간다. 그리고 이내 현란한 불빛들이 넓은 창경원의 천지를 고비고비 비친다 … 창경원은 밤의 야기 속으로 가라앉으며 그리고 현란한 밤의 등불들 사이로 떠 올라온다. 대낮의 창경원의 행락은 밤의 야기 속에서 은은하며 또한 시끄러운 환락으로 변신한다.[37]

창경원 벚꽃놀이가 일제의 지배가 끝난 후에도 사라질 줄 모르고 오히려 번창한 이유는 무엇보다도 식민지기에 조선인들이 벚꽃놀이를 비교적 적극적으로 받아들여 상당히 뿌리 깊게 정착했기 때문이다.[38]

실제로 창경원 측은 더 많은 사람들을 창경원에 모으기 위해 노력하고 있었다. 1960년 구황실재산 사무총국이 창경원 경내 전역에 전등을 가설하고 텔레비전을 설치했으며 간단한 여흥을 위해 소형 노천 무대 장치를 마련했다. 1963년에는 어린이놀이터를 새로 만들고 매점과 오락장을 새로 단장하며 전등을 수은등으로 갈아 밤벚꽃놀이를 화려하게 장식했다. 또한 늙고 병든 벚나무를 뽑아버리고 8, 9년생 벚나무 600그루로 세대교체 했다. 같은 해부터 육해공군 군악대의 연주가 이루어졌다. 1968년에는 문화영화 상영, 국악 연주, 공개방송, 동물영화 상영, 시민위안회, 신작 고전무용발표, 경찰대 연주, KBS주최 민속잔치 등의 다채로운 행사가 야외무대에서 벌어졌다. 1973년에는 시립국악관현악단이 야외무대에서 위안공연을 열었다.[39]

식민지기에 정착한 창경원 벚꽃놀이는 1984년 중지될 때까지 표면적으로는 구평형이 유지되었다고 할 수 있다. 하지만 그 이면에는 창경원 벚꽃놀이에 만족하지 못하고 새로운 형태의 벚꽃놀이를 찾는 사람들이 생겨나고 있었다. 즉 창경원 벚꽃놀이만으로는 더 이상 벚꽃문화가 기능하지 못하고 그것을 개선하기 위해 부분적인 해체가 시작된 것이다.

일제 잔재는 청산해야

창경원 벚꽃놀이의 부분적인 해체는 대체로 1970년대에 본격적으로 시작되었는데, 그 요인은 일본의 상징이며 일제 잔재인 벚꽃에 대한 저항감, 창경궁 문화재 복원의 필요성, 행락 인구 증가와 창경원의 이용 불편 등이다.

창경원 벚꽃놀이는 일본의 상징인 벚꽃을 즐기는 상춘문화로, 특히 일제가 식민지 지배를 위해 강제적으로 정착시킨 일제의 잔재이므로 해방된 한국에서는 반드시 청산되어야 할 존재이며, 한국 민족을 상징하는 다른 꽃으로 꽃놀이를 즐겨야 한다는 것이다.

> 한국에서 봄은 참꽃에서 옵니다. 참꽃이란 진달래의 다른 이름이며 참된 꽃이란 의미를 함께 가지고 있습니다. 그런데 매스컴은 꽃소식, 봄소식을 남으로부터 피어오는 벚꽃을 해마다 보도합니다. 벚꽃은 아무래도 섬나라의 봄이요, 또 그들의 꽃인데 왜 자꾸 그러는지 알 수가 없습니다. 더구나 창경원의 밤벚꽃놀이가 봄의 절정인 양 생각하는 것은 더더욱 알 수가 없습니다 … 참꽃이 참꽃 되고 붉은 산이 붉은 산 되는 이 봄에 우리는 창경원의 벚꽃을 얼빠지게

바라보는 행락의 봄이 아니라, 창경원을 민족의 정원으로 만들고 엄숙한 참회와 제사의 봄을 맞이했으면 합니다.[40]

벚꽃은 일본의 꽃이며 진달래가 한국 고유의 봄을 맞는 꽃이므로 창경원 밤벚꽃놀이를 해체하고 진달래를 중심으로 한 상춘문화를 만들 것을 제안하고 있다.

떠들썩한 벚꽃놀이에 적잖은 저항감을 느끼지 않을 수 없다. 광복 30년도 더 지난 오늘날 일제의 잔재인 벚꽃놀이가 왜 그렇게 성황이어야 하는가. 단순한 꽃놀이를 갖고 벚꽃이 일본의 국화라 하여 불쾌히 여기는 것은 지나친 국수주의적인 사고방식이란 항변이 있을지 모른다. 그러나 벚꽃놀이가 일제 때 … 자기네의 국화를 창경궁에 심어 그것을 보고 즐기게 함으로써 우리의 민족의식을 흐리게 하고 향락주의에 빠져들게 하려는 간계가 숨어있었다는 사실을 알고서도 벚꽃놀이에 흥겨워할 수 있겠는가.[41]

일제 잔재 벚꽃놀이 버려야 할 때 아닌가 … 봄나들이라는 명목 아래 조선민에게 유화책을 쓰면서 벚꽃에 대한 국화로서의 경모 사상을 심으려는 효과를 노린 것이라 판단된다. 독립을 찾은 지도 36년이 지났다. 잘못된 것을 과감히 시정하고 우리 고유의 것을 되찾아 이를 갈고 닦아야 할 때라고 본다.[42]

벚꽃놀이는 일제가 '국화'인 벚꽃을 식민지 지배를 위해 민족 의식을 약화시키고 향락주의에 빠지게 한 지배 정책의 산물이므로 일제 잔재로서 과감히 청산해야 한다는 것이다.

> 벚나무를 "모두 없애야 한다"는 측은 "민족의 자주성과 정통성을 살릴 목적으로 복원작업을 벌이면서 일제가 심어놓은 일본의 국화를 그대로 남겨둔다는 것은 복원에 취지에 어긋나는 것"이라고 주장한다 … 성신여대 이현희 교수(한국사)는 "일본인들이 창경원에 벚나무를 심은 것은 단순히 나무를 심은 것이라기보다는 자신들의 국혼을 심은 것"이라며 "우리 국민들이 오랜 세월 동안 별다른 생각 없이 벚꽃놀이를 즐겼고 깊은 향수를 가지고 있더라도 민족의 주체성 회복을 위해 이번 작업 중 벚나무는 반드시 모두 없애야 한다"는 의견을 밝혔다.[43]

창경원의 벚나무는 단순한 나무가 아니라 일제가 한국 민족의 주체성과 자주성을 짓밟고 그들의 국혼을 고취하기 위해 심은 것이므로 더 이상 독립된 한국에서 창경원의 벚나무는 불필요하므로 아예 없애버려야 한다는 주장이다.

1418년에 성종이 세 대비를 모시려고 창건한 창경궁은 식민지 이전에는 조선왕조의 권위를 상징하는 대표적인 궁궐이었는데 식민지기를 거치면서 창경원으로 격하되어 본래의 모습을 잃어버렸으므로 독립 국가의 문화재로서 복원해야 한다는 것이다.

6만 3천 평을 둘러친 돌탑 안에 6백 년 유서가 깃든 우아한 전각과 고목이 창경원의 특색. 그러나 … 우아한 전각은 단청이 바래고 퇴색했다 … 창경원엔 노출된 흙이 너무 많다. 벌거벗은 인상을 준다. 잔디를 볼 수 있는 곳이라면 홍학 군무장 정도. 시민의 눈은 휴식을 원한다. 창경원은 유기장(놀이시설)과 식물원의 기능밖에 없고 고궁은 엑스트라의 역할밖에 하지 않은 인상을 준다. 명정전 옆의 동물관과 명정전의 스카이라인은 부조화의 극치다. 조화의 아름다움을 위해 마스터플랜이 있어야 할 것 같다.[44]

창경원이 우아한 전각과 고목에서 우러나는 전통적인 조선왕조의 유서를 잃고 동물원과 식물원, 벚꽃놀이 등을 위한 오락·위락 시설로 전락했음을 지적하고 독립된 국가의 문화재로서 시민들의 휴식 공간으로 삼기 위해 창경궁을 복원할 필요가 있다는 것이다.[45]

서울시 인구가 급증하면서 창경원을 찾는 인구도 크게 늘어나고 이용에 불편이 가중되었다. 식민지기 벚꽃놀이가 처음 시작할 때 약 30만에 불과했던 서울시 인구는 1945년 90만 명 1950년에는 169만 명, 1960년에는 240만 명, 1970년에는 540만 명, 1980년에는 830만 명을 넘어섰다. 이에 따라 밤벚꽃놀이 기간에 창경원을 찾는 인구도 점점 늘어났다. 식민지기 가장 많았던 1932년의 26만여 명을 훨씬 넘어서 1970년에 100만 명, 1974년에는 2백여만 명에 달했으며 1981년에는 하루에만 무려 20만 명이 창경원에 몰려들었다. 폐쇄된 같은 규모의 공간에 점점 더 많은 인파가 몰리면서 상춘을 즐기려는 창경원 이용자들은 많은 불편을 호소했다. 급기야 혼잡을 피하기 위해서 입장권 예매제를 검토할 정도였다.[46]

> 예년의 창경원 밤벚꽃놀이를 보면 주간 입장객에 못지않게 야간 이용자가 많았고 이들이 자리를 차지하여 술자리를 벌이는 판에 가족끼리 도시락을 펴놓고 둘러앉을 틈을 내기가 어려웠다. 대낮에도 그렇지만 인기가 있는 행락장소를 제때에 찾아간다는 것은 고행임에 틀림없다. 8백 50만 서울시민이 돈을 내고서라도 꽃이 핀 밤공원을 거닐 수 있는 유일한 곳이 창경원이다. 해마다 창경원의 밤벚꽃놀이가 인기를 모은 것은 꽃을 보고 즐기기 위한 것도 있지만 유일하게 밤을 즐길 수 있는 야외의 공공장소라는 이유도 있을 것이다.[47]

밤에 벚꽃을 즐기려는 사람들이 늘어나면서 폐쇄적이고 좁은 공간인 창경원이 불편함을 더해가자 더 넓고 개방적인 야외의 공공장소에서 자유롭게 밤벚꽃을 즐기려는 사람들이 생겨났다.

워싱턴 포트맥강변 벚꽃축제처럼

창경원 벚꽃놀이가 부분적인 해체를 시작하자 그로 인해 벚꽃문화 전체가 해체되는 것을 피하기 위해 여의도에 외래문화요소로서 벚꽃축제가 워싱턴 포토맥강변으로부터 여의도 한강변에 전파·제시되어 수용되었다.

여의도에 처음 벚나무를 심을 계획이 세워진 것은 1968년 4월이다. 당시 서울시는 한강개발계획을 추진했다. 그 일환으로 '새 서울의 건설'과 '버려진 한강의 정복'을 내걸고 여의도를 둘러싸는 제방도로인 윤중제를 축조했다. 총공사비 7억 원이 투입되어 높이 약 15m, 길이 약 7·5km, 넓이 20~30m의 4차선 도로를 건설한 윤중제 공사는 1968년 2월 20일 착공해서 100일 만인 6월 1일에 준공했다.[48]

공사가 한창 진행 중인 1968년 4월 서울시는 민족의 광장, 국회의사당 등이 들어설 윤중제에 각각 1천 그루의 수양버들과 벚나무를 6백만 원의 시비로 심는다는 계획을 발표했다. 시 당국은 처음에 수양버들만 심기로 했다가 계획을 바꾸어 벚나무도 섞어 심기로 한 것인데 일부에서는 일본 '국화'인 벚꽃나무를 심는 데 반대하고 있었다.[49]

이때 왜 윤중제에 계획에 없었던 벚나무를 심기로 변경했는지를 알려주는 자료는 발견할 수 없다. 윤중제 준공 때 벚나무는 심어지지 않았고 수양버들 1천여 그루가 7m 간격으로 심어졌다. 그 이유는 자세히 알 수 없으나 급하게 벚나무 식수를 결정했기 때문에 현실적인 문제로 1천 그루에 달하는 벚나무를 급히 구할 수 없었기 때문이었던 것 같다. 실제로 당시 국내에서는 벚나무 묘목을 구하기가 쉽지 않았다.[50]

이후 윤중제에 벚나무가 처음 심어지는 것은 1971년 봄이다. 이에 대해 손정목의 이야기를 들어보자.

> 1971년 봄, 마침 재일동포 한 분이 벚꽃 묘목 2,400주를 서울시에 기증했다. 당시의 벚꽃(소메이요시노) 묘목은 결코 싸지 않았다. 나는 양시장에게 그것을 여의도 윤중제에 심을 것을 건의했다. 워싱턴 포토맥강변의 벚꽃거리를 닮게 할 생각이었다. 토요일 오후와 일요일에 걸쳐 시장을 비롯한 시청간부 전원이 나가서 묘목을 심었던 것을 기억한다. 이 묘목 심기를 지휘했던 당시의 서울시 녹지과장은 허형식으로 인상 좋은 사나이였다 … 지금 윤중제 벚꽃이 서울 명소의 하나가 되었으니 당시의 감회가 새로워진다.[51]

윤중제 준공 후 3년이 지난 시점에서 마침 재일동포가 벚나무 묘목을 기증해 당시 비싼 벚나무 가격도 감안해 미국 워싱턴 포토맥강변의 벚꽃거리와 같이 만들려고 윤중제에 심었다는 것이다.[52]

손정목은 1963년 3월에 중앙공무원교육원 교수부(행정서기관)에 부임해서 도시문제 및 도시행정을 연구했고 1966년 9월에 잡지『도시문제』창간을 주도했으며 1968년부터 중앙도시계획위원에 위촉되는 등 도시문제에 관심을 갖고 활동했다. 이후 1970년 7월 당시 서울시장 양택식의 요청으로 서울시 기획관리관으로 부임하여 여의도 개발을 주도적으로 추진했다. 특히 1968년에는 대구시장과 구미 각국을 시찰하면서 워싱턴을 방문했다. 아마도 이때 워싱턴 포토맥강변의 벚꽃거리를 본 것이 여의도 윤중제에 벚나무를 심을 것을 결심하는 데 결정적인 역할을 했을 것이다.[53]

워싱턴 포토맥강변의 벚꽃거리는 인근에 미국 국회의사당이 자리하고 있다. 손정목이 방문한 시점까지의 벚꽃거리의 역사를 간단히 정리해 보자.

워싱턴 포토맥강변의 벚나무가 일본으로부터 본격적으로 전파되어 심어진 것은 1912년이다. 당시 일본의 도쿄 시장 등이 벚나무 3,020그루를 기증받아 워싱턴에 우호의 선물로 전달하자 이곳에 심은 것이다. 벚나무가 성장하여 벚꽃을 즐길 수 있게 되자 1935년에 많은 시민단체들이 공동 후원하는 첫 벚꽃축제가 열리고 이후 연례행사로 이어져 1940년에는 벚꽃행렬이 도입되었다. 1941년 11월에는 일본이 하와이 진주만의 미군 함대를 공격하자 이에 대한 보복으로 보이는 벚나무 네 그루가 베어지는 사건이 일어나기도 했다. 하지만 전쟁이 끝나고 1948년에 축제가 재개되어 축제동안 군림하는 벚꽃여왕을 선발했다. 1954년에는 주미일본대사가 미일수교 100주년을 기념해 300년 된 일본 석등을 워싱턴에 선물했고 이후 전미 벚꽃축제(National Cherry Blossom Festival)

는 이 석등에 불이 켜지면서 공식적으로 시작되었다. 1965년 일본 정부는 요시노 벚나무 3,800그루를 추가로 워싱턴에 선물했다.[54]

손정목은 여의도 개발계획의 주요 책임자로 국회의사당의 존재에 특히 주목했다. 국회의사당은 1969년 7월에 기공하여 1975년 9월에 준공되었다. 여의도가 새로운 시가지로 건설되고 민의의 전당으로 불리는 국회의사당이 자리하면 많은 사람들이 찾아와서 신도시에 활기를 주고 국회의사당에 가까이 다가가야 하는데 그를 위해서는 사람들을 모을 수 있는 벚꽃의 힘이 필요하다고 느낀 것이다. 그는 창경원 벚꽃놀이가 전통적이고 근대적인 폐쇄된 복합공간에서 행해지는 상춘문화라면 여의도 벚꽃문화는 워싱턴의 그것처럼 신설된 현대적이고 개방된 공간에서 더 많은 사람들이 자유롭게 거닐며 즐기는 축제여야 한다고 생각했다. 손정목은 일제에 의해 강제적 상황에서 이루어진 창경원 벚꽃놀이와 전혀 다른 해방 후에 한국에서 새롭게 생겨난 요구를 담기 위해 미국의 워싱턴 포토맥강변의 벚꽃축제를 전파·제시한 것이다.

워싱턴 포토맥강변의 벚꽃축제가 여의도 한강변에 제시되자 일본 국화인 벚꽃나무를 심는다며 반대 의견이 일었다. 벚꽃이 일본의 공식 국화가 아님에도 불구하고 당시 많은 사람들은 벚꽃을 일본사람들이 가장 좋아하는 국화로 인식하고 있었기 때문에 새롭게 개발되는 여의도에 그것도 국회의사당 인근에는 적합하지 않다고 생각한 것이다. 그러나 이러한 반발에도 불구하고 포토맥강변으로부터 한강변에 제시된 벚꽃축제는 묵살되지 않고 일단 선택되었다. 주된 이유는 개발 중인 지역에 어린 벚나무를 식수했기 때문에 아직 주변에 사람들이 많이 거주하고 있지 않았다. 곧바로 벚꽃을 즐기는 인파가 모여들지 않아 기존 문화요소군과의 적합성을 검증할 충분한 시간이 없었기 때문이다.

    1971년과 1972년도에 심어진 벚나무는 1980년대 초쯤 되자 심은 지 10년 안팎에 화사한 모습을 드러내 서울의 봄철 새 명소로 등장하여 특히 젊은이들로 크게 붐볐다. 미국의 워싱턴 포토맥 강변에서 전파·제시되어 10여 년이 지나 꽃을 즐길 수 있게 되자 새로운 문화요소로 수용된 것이다. 특히 1984년부터 창경궁 복원 공사를 위해 창경원 벚꽃놀이가 중지된 데 이어 완전히 폐지되자, 1980년대 말에 이르러 전국의 벚꽃 명소와 함께 서울에서는 창경원을 대신해 여의도 윤중로가 벚꽃명소 중 하나로 등장했다. 벚꽃을 즐기는 인파가 몰려들어 화사한 봄의 유혹인 벚꽃축제가 시작되었던 것이다.[55]

국회 주변에는 무궁화를 심어야지

1970년대에 미국의 워싱턴 포토맥강변에서 여의도 한강변에 전파·제시되어 1980년대 일단 수용된 벚꽃축제는 1990년대에 들어서서 국회의 권위 훼손 우려, 무질서에 대한 반발, 교통 불편에 대한 불만 등의 저항에 직면했다.

여의도 개발이 진행되고 국회의사당이 준공되어 독립 국가의 상징인 국회의사당이 자리 잡았는데 벚꽃축제로 인해 국회의 권위가 훼손되어서는 안 된다는 주장이다. 왜냐하면 벚꽃은 단순한 꽃이 아니라 한국을 식민지 지배했던 일제를 상징하는 꽃으로 식민지기에 한국 민족의 상징인 무궁화를 강제적으로 없애고 이식된 것이며 여전히 일본의 국화로 남아있기 때문이다.

국민의 대변자들이 모여 법을 만들고 국사를 논의하는 국회의사당이 가까워지자 관광버스에 타고 있던 학생들은 모두가 기대와 호기심으로 가득 차 있었는데 진입로 앞길에는 온통 벚꽃이 만발하여 있었다. 한 학생이 "벚꽃은 일본 국화인데 국회의사당 진입로에까지 심은 것은 민족의 자존심에 문제가 있지 않습니까?"라고 질문해왔을 때 인솔책임자인 나는 몹시 당황했으나 한편으로 나와 같은 생각을 하고 있는 그 학생이 기특하고 대견스럽게 여겨지기도 했다. 우리는 과거 36년 동안 일본인들의 '게다' 소리에 주권과 국토를 송두리째 도둑맞아 우리의 국화인 무궁화꽃 한 포기조차 찾기 힘들어 애국지사들은 물론 온 국민들이 못내 아쉬워했으며 일본총독부는 몰래 심어 끈끈한 민족혼을 이어주던 심산의 무궁화동산마저 헤쳐 버리고 그 대신 그들의 국화인 벚꽃을 심게 하였다.[56]

벚꽃은 단지 꽃으로만 볼 수도 있다. 일제치하에서 무궁화를 없애고 벚꽃을 심어 놓은 지가 아직 한 세대도 지나지 않았다. 그런데 많은 사람들이 벚꽃이 좋다고 도시락을 싸들고 축제를 쫓아다녀야 하는지 이해가 안 간다. 더욱이 국민의 대표자들이 모여 민의를 대변하여 국사를 논하는 국회의사당을 둘러싸고 있는 벚꽃을 보고도 아무 생각이 없는 것인지, 감각이 마비된 것인지 민족적 수치라 아니할 수 없다 … 당장 잘라버리고 무궁화를 심거나 깨끗한 은행나무를 심으면 좋으리라 생각된다.[57]

이러한 저항의 모습에서는 해방 후 여의도에 수용된 벚꽃축제가 미국의 워싱턴 포토맥강변에서 전파된 문화요소라는 생각은 찾아볼 수 없다. 특히 창경원 벚꽃놀이가 겨우 사라진 상황에서 국회의사당을 중심으로 한국 정치의 주요 무대로 등장한 여의도에 한국을 상징하는 무궁화는커녕 일본을 상징하고 일제의 잔재인 벚꽃축제가 또다시 정착되어 가는 것을 받아들일 수 없다는 주장이다.

여의도 벚꽃축제는 개방된 도로 공간에서 벚꽃이 피는 기간에 한시적으로 진행되었다. 창경원의 경우 벚꽃 외에도 동물원과 식물원 등을 갖춘 복합공간에서 벚꽃놀이가 행해졌기 때문에 상설 매점이 있었다. 그러나 여의도의 경우 상설 매점이 없어 노점상과 포장마차 등이 무질서하게 즐비하여 벚꽃축제를 즐기려는 사람들의 반발을 샀다.

> 얼마 전 집사람과 가게 식구들이 함께 여의도 윤중제 벚꽃축제를 구경 갔었다. 처음 들어설 때는 벚꽃 속의 인파에 설레기까지 했다. 그러나 잠시 걷고 있으려니까 저절로 눈살이 찌푸려지기 시작했다. 이곳이 벚꽃놀이를 하는 곳인지 아니면 음식을 팔기 위한 장터인지 구분이 가지 않았기 때문이다. 우리들은 벚꽃을 배경으로 사진을 찍기 위해 카메라까지 가지고 갔었다. 하지만 사진을 찍을 만한 곳을 찾을 수가 없을 정도로 노점상과 포장마차들이 빽빽이 들어서 통로를 막은 채 장사를 하고 있었다. 그뿐만이 아니라 술 취한 청소년들이 여기저기서 고성과 괴성을 지르는 등 난장판이었다. 벚꽃축제를 벌인 주최 측에서는 시민들이 휴식을 취하고 봄을 만끽하게 하려는 목적이 있었겠지만 구경을 하러간 우리들은 꽃구경은커녕 음식냄새에 취객들만 구경하러 간 꼴이 됐다.[58]

창경원은 도심에 위치해 교통이 편리해 접근성이 좋았다. 그러나 여의도의 경우 외곽에 새롭게 건설되는 섬이었기 때문에 특히 대중교통이 불편하였다. 1968년 개발이 본격화되면서 1970년 마포구 도화동을 잇는 서울대교(1984년 마포대교로 개칭)가 한강에 건설되었다. 1971년에 영등포동과 연결되는 서울교와 1976년에 신길동과 연결되는 여의교가 샛강에 각각 놓였다. 1981년에는 용산구 원효로와 연결되는 원효대교가 건설되었다. 하지만 1980년에 착공한 마포구 신정동을 잇는 서강대교는 1983년 중단되었다. 이에 벚꽃을 즐기려는 사람들이 늘어나면서 교통 불편에 대한 불만이 생겨났다. 대표적인 대중교통인 지하철 5호선은 1990년에야 착공되었다. 지하철 여의도역은 1996년 8월에 종착역으로 개통되어 같은 해 12월에야 일반적인 중간역이 되었다.[59]

벚꽃의 원산지는 한국이다

외래문화요소인 여의도 벚꽃축제는 왕벚나무 제주도 원산지설, 다양한 봄꽃 식수, 대중교통 편의 제공과 자유로운 보행로 확보, 각종 이벤트 개최, 국회의사당 개방 등을 통해 문화요소의 의미가 재해석되어 충분히 수용되었다.

미국 워싱턴 포토맥강변의 벚나무는 일본과의 우호를 상징하는 일본으로부터 전파된 외래문화요소임이 강조되었다. 하지만 한국의 여의도 한강변에서의 벚꽃은 벚꽃을 일본의 상징으로 생각하는 저항감 때문에 외부로부터 들어온 문화요소라는 것을 내세울 수 없었다. 오히려 일본 왕벚나무의 원산지가 한국의 제주도라는 설이 심심치 않게 등장하여 굳어졌다. 이는 일본의 상징이라는 벚꽃에 대한 반감을 약화시켰다.

왕벚나무의 원산지가 제주도라는 설은 식민지기로 거슬러 올라간다. 제주도에서 선교활동을 하던 프랑스의 신부 다케(Emile Joseph Taquet)는 1908년 한라산에 자생하는 벚나무 표본을 독일 베를린 대학의 식물분류학자 쾨네(E. Koehne)에게 보냈다. 쾨네는 1912년 이를 왕벚나무의 변종으로 보고 학계에 소개하면서 제주도 기원설이 시작되었다. 같은 해 왕벚나무가 제주도에 자생함을 처음으로 일본 학계에 알린 고이즈미(小泉源一)는 1932년 제주도를 직접 방문하여 조사한 결과 쾨네가 명명한 왕벚나무의 원산지가 제주도임을 확인했다고 주장했다. 해방 후 한국에서 왕벚나무 제주도 원산지설은 더 많은 지지를 받게 되었다. 1962년부터 한국인 연구자들은 한라산 여러 곳에서 새로운 자생 왕벚나무를 발견했다며 제주도가 왕벚나무의 원산지라고 주장했다. 이에 한국 정부는 1964년에 제주도 봉개동과 신례리에 자생하는 왕벚나무를 천연기념물로 공식 지정했다.[60]

왕벚나무 제주도 원산지설은 한국에서 점점 확신을 더해갔다. 1971년 처음 여의도에 벚나무를 식수할 때에 왜 국회 주변에 일본 나라꽃을 심느냐는 언론의 비판이 있었지만 원산지설로 돌파했다고 당시 벚나무 심기를 지휘했던 서울시 녹지과장 허형식은 말하고 있다. 한 신문 독자는 국회의사당 주변의 벚꽃을 무궁화로 바꾸자는 벚꽃에 대한 부정적인 입장에 대해 그것은 무엇보다도 벚꽃의 원산지가 일본이 아닌가 하는 인식에서 온 것이라고 지적했다. 그리고 왕벚나무의 원산지는 한라산 산록이라는 것이 식물학자들 사이에서는 주지된 사실이고 왕벚나무는 엄연히 한국이 원산지라고 반론하며 국회의사당 주변에 벚나무로 조경하는 것은 문제가 없다고 공공연하게 주장했다. 급기야 한 일간신문은 일본의 국화이자 일제의 잔재라고 한때 배척받던 벚꽃이 한국이 자생지라는 사실이 알려지면서 다시 사랑받고 있다고까지 선언했다. 또한 정치권에서도 벚꽃이 원래 한국에서 자생한 한국꽃이라는 것을 알아야 한다고 공개적으로 상대 정당에 반격하기도 했다.[61]

왕벚나무 제주도 원산지설과 함께 외래문화요인 벚꽃이 일본의 상징이며 일제 잔재라는 부정적인 생각을 희석하기 위해 벚꽃에 더해서 벚꽃 이외에 다양한 종류의 봄꽃을 심기 시작했다. 벚나무 주변에 진달래, 개나리, 산수유, 목련, 살구꽃, 철쭉, 조팝나무, 말발도리 등 다양한 봄꽃이 어우러졌다.[62]

많은 사람들이 축제 장소에 쉽게 도착해서 편하게 거닐며 축제를 즐길 수 있게 대중교통의 편의를 제공하고 자유로운 보행을 확보했다. 축제기간 동안 대중교통을 이용하는 시민들을 위해 주말에는 지하철 2호선 당산역~영등포구청~영등포역~전경련회관~5호선 여의나루역~국회의사당을 오가는 맞춤버스를 운영했으며 일반버스의 운행시간도 평소에 비해 1시간 연장했다. 또한 벚꽃길인 여의서로와 주변 교통을 전면 통제해 '차 없는 축제거리'로 지정하고, 사람들의 통행을 방해하는 노점상의 영업을 일절 금지했다.[63]

벚꽃 감상 외에 다채로운 행사가 마련되어 자유 공연장과 특설무대를 중심으로 다양한 종류의 공연이 이루어졌으며 시민들이 직접 참여할 수 있는 프로그램도 마련되었다. 전통과 현대가 어우러졌으며 국제적인 행사도 늘어났다. 거리 퍼레이드, 노래자랑, 클래식 음악회, 국악 공연, 록 콘서트, 댄스 페스티벌, 풍물단 시연, 인기가수 콘서트, 영화시사회, 페이스페인팅, 마술쇼, 스프링 재즈 콘서트, 바디 플라워 패션쇼, 무용극, 관현악 공연, 불꽃쇼, 하프 마라톤, 사진 전시회, 연날리기, 가족사진 콘테스트, 걷기대회, 자전거 게임, 백일장, 시낭송회, 현대 작가 초대전, 사진 작품 전시회, 좋은 간판 전시회 등의 공연과 행사가 진행되었다. 몽골 민속예술, 안데스 민속예술, 세계 민속춤, 중국 기예와 번검, 벨

로루시 세계 댄스 등 다양한 세계 여러 나라의 공연도 펼쳐졌다. 또한 불꽃놀이가 밤하늘을 화려하게 수놓았다.[64]

축제기간 동안 국회의사당을 시민들의 새로운 휴식처로 개방했다. 처음에는 국회 동·서문을 개방하여 국회 경내를 돌아볼 수 있게 했으나, 점차 전면 개방하면서 국회의사당 견학코스를 운영했다. 국회 경내를 순환하는 전기자동차를 운행해 헌정기념관 → 도서관 → 국회의사당 면회실 → 의원회관 코스를 순회했다. 국회의 사계절 전경과 자연생태 환경을 담은 '국회 생태 사진전', 국회의장들이 재직 시 각국 정상들에게서 받은 회의장 의회 정상외교 선물류 특별전 등의 전시가 마련되기도 했다. 시민들은 평소에 쉽게 접근하지 못했던 국회 본청과 의원회관, 의원동산 등을 자유롭게 출입할 수 있었다. 특히 도서관 가운데 있는 넓은 잔디밭에 들어가 돗자리를 펴놓고 도시락을 먹으며 마음껏 놀 수 있었다.[65]

여의도 벚꽃축제

2005년 전후에 이르면 여의도 벚꽃축제가 재구성되어 신평형을 이루었다. 이는 현재 열리고 있는 영등포 여의도 봄꽃축제가 2005년을 기점으로 삼고 있는 것에서도 알 수 있다. 1996년 제1회 여의도 윤중로 벚꽃축제로 이름 지었지만 이후 지속되지 못하고, 윤중로 벚꽃축제, 여의도 윤중로 벚꽃축제, 여의도 벚꽃맞이 행사, 여의도 벚꽃축제, 여의도 봄꽃축제, 한강·여의도 봄꽃축제, 한강·여의도 벚꽃축제, 한강 봄꽃축제 등 다양한 명칭이 사용되었다. 2014년부터 행사를 주관하는 영등포구가 한강 여의도 봄꽃축제에서 한강을 빼고 영등포를 명칭에 넣어서 "영등포 여의도 봄꽃축제"로 공식화하였다. 그러나 아직도 많은 사람들은 영등포와 봄꽃을 거의 사용하고 있지 않으므로 여기서는 여의도 벚꽃축제로 명명했다. 여의도 벚꽃축제는 매년 수백만 명의 사람들이 참가하는 가운데 신평형을 이루고 있다.[66]

2018년 여의도 벚꽃축제의 주요 공연과 행사 및 편의 시설을 살펴보자. 각종 공연은 하늘무대와 꽃잎무대에서 펼쳐졌는데 대체로 오전 11시 전후 시작되어 오후 9시 30분경까지 이어졌다. 여의서로를 7개 구역으로 나누어 각종 전시과 이벤트, 먹거리 행사가 진행되었다. 편의 시설로서 유모차, 운동화, 세발자전거, 휠체어 등을 대여하고 모유 수유실, 파우더룸, 관광안내소, 의료 지원 상황실을 운영했다. 미세먼지 상태와 교통상황을 실시간에 알려주고 문화해설사 서비스도 제공했다. 또한 할인쿠폰을 발행해 주변의 관광, 레저, 호텔, 쇼핑, 음식점 등에서 사용할 수 있게 했다.[67]

　해방 후 한국에서 벚꽃의 문화접변은 식민지기의 창경원 벚꽃놀이에서 미국 워싱턴 포토맥강변의 벚꽃축제를 수용한 여의도 벚꽃축제로 바뀌었다. 식민지기에 강제적 문화접변에 의해 정착한 창경원 벚꽃놀이가 약간의 시간은 걸렸지만 결국 사라졌다. 그 대신 해방 후 한국인들의 새롭고 자발적인 필요와 노력으로 미국 워싱턴 포토맥강변에서 전파된 여의도 벚꽃축제가 정착했다. 이는 식민지기의 벚꽃놀이와는 다른 상춘문화이다. 말하자면 한국식의 벚꽃문화인 것이다.

녹차

이야기

끊어진 전통에서　　　새로운 근대로

침체된 녹차문화

> 차의 잎사귀가 둥글게 마르고 가느스름하며 고르고 향기가 도는 것이 좋은 것입니다. 그리고 색깔은 광택이 나고 농록색으로 어린 잎사귀가 많고 바싹 마른 것이 상품입니다.[1]

구평형은 침체된 녹차문화이다. 한반도에서 녹차문화가 형성된 것은 멀리 고대시대로 거슬러 올라간다. 가야와 백제에서 녹차문화의 존재를 엿볼 수 있는 전설과 기록, 유적 등이 발견되며, 신라에서는 녹차문화가 매우 성행했음을 알 수 있다. 『삼국사기』에 의하면 신라 선덕왕 때부터 이미 녹차가 있었으며, 녹차가 재배되어 성행한 것은 흥덕왕 3년(828년)에 당나라에 사신으로 갔던 대렴이 녹차 종자를 가져와 왕명으로 지리산에 심은 이후이다. 신라에서는 왕과 승려, 귀족층을 비롯해 일반백성까지도 녹차를 마셨다는 기록이 보인다.[2]

고려시대에는 녹차문화가 보다 넓게 퍼졌다. 불교의 번성과 함께 전 시기에 걸쳐 왕과 귀족 등 지배계급뿐만 아니라 일반백성 사이에도 녹차가 보급되었다. 팔관회와 연등회, 책봉과 외교의식 등에 필요한 녹차를 마련하는 관청인 다방과 다원이 설치되었다. 또한 사찰에서 필요한 녹차를 만들어 바치던 공사다소도 있었다. 문인들도 녹차를 즐기며 녹차를 주제로 한시를 남기고 녹차나 다구를 선물하기도 했다. 다완 등 다양한 종류의 다기들이 만들어졌다. 녹차의 생산도 조직적으로 이루어져 『세종실록지리지』에 보면 녹차를 공납으로 바치는 지역이 32개 군현, 녹차가 토산물인 곳이 3개 지역, 녹차 산지가 19개 지역에 이르고 있다.[3]

조선시대는 숭유억불정책으로 불교가 배척되면서 불교 의식과 함께 번성했던 녹차문화가 퇴조하기 시작했다. 조정과 왕실의 제도나 의례 등에서 점차 녹차 대신 술을 쓰게 되었다. 특히 임진왜란을 겪으면서 경제적 어려움이 더해져 궁중은 물론 일반대중에게서도 녹차문화가 급격하게 쇠퇴하였다. 하지만 녹차에 관한 많은 시나 글, 민요, 그림 등이 전래되고 있는 데서 알 수 있듯이 조선에서 녹차문화가 완전히 소멸한 것은 아니며 사대부의 가례와 일반 백성들의 생활 등에서 면면히 이어져 내려왔다. 그러나 조선 후기에 이르면 녹차문화는 사찰을 중심으로 소수의 다인과 일부 민가에서 명맥을 이었을 뿐 궁중은 물론 양반과 일반 대중이 쉽게 접하고 즐기는 문화는 아니었다. 근대 직전의 한국의 녹차문화는 침체된 채 평형을 이루고 있었다.[4]

외부에서 녹차문화를 도입하자

침체된 녹차문화는 근대화의 물결 속에서 부분적인 해체를 시작했다. 19세기 말 개항 이후 외국과의 교류와 외국인과의 접촉이 잦아지면서 외국의 차문화가 조선에 소개되자 조선에서도 녹차문화에 대한 관심이 높아지고 외부로부터 녹차문화를 도입해서 침체된 녹차문화를 활성화하려는 움직임이 다양하게 생겨났다.

조선 정부는 녹차를 재배하기 위해 다양한 노력을 기울였다. 1881년과 1982년에 청나라에 영선사로 간 김윤식은 청국 고관들과 조선에서의 녹차 재배와 수출 문제를 논의했다. 1985년에는 청나라에서 차나무 모종 6천 그루를, 1986년에는 차 씨를 각각 수입했다. 1883년 농상사를 설치해서 마련한 농업 진흥 방안에 녹차 재배와 관련된 '차규칙'이 포함되었다. 1905년 농상공부는 녹차 재배와 제다법이 수록된 안종수의 『농정신편』을 각 도에 배포했다. 또한 '식목조례'를 발표해 청명일 전후에 차나무를 심도록 하였다.[5]

일본과 중국으로부터 녹차가 수입되었다. 1884년 일본에서 전체 수입 금액의 25%에 해당하는 2,813원어치의 녹차를 수입했다. 1896년 247원, 1897년 2,683원, 1898년 1,414원, 1899년 148원어치의 녹차를 각각 일본에서 들여왔다. 또한 중국으로부터

1855년에 잎차 2,334근을, 1888년에는 잎차 한 상자를 수입하였다.[6]

이전에는 차를 마시기 위해 계획적으로 여럿이 모이는 일이 흔치 않았으나, 고관들을 중심으로 미리 약속을 정해 차를 마시는 간단한 파티 형태의 서양식의 새로운 다화회가 도입되었다. 1906년 10월 각부 대신들이 다화회를 개최하였으며, 1908년 4월과 6월에는 내각과 중추원 고문이 합동 다화회를 열었다. 이어 8월에는 내부대신 송병준이 정부 기관 인사들을 초청하여, 학무국장 윤치오의 부인 윤고려가 황족부인과 여성계 대표를 초청하여 각각 다화회를 열었다. 1909년 3월에는 영의군 이준용이 다화회를 개최하였다.[7]

조선에서도 녹차를 마시려는 일본인

침체된 녹차문화의 부분적인 해체를 막기 위해 주로 일본으로부터 차가 이입되고 재조일본인과 조선인이 근대적인 녹차 재배를 하면서 조선에 녹차문화가 전파, 제시되었다.

한일병합 이후 재조일본인은 꾸준히 늘어났다. 1910년 약 17만 명에서 식민지 지배가 지속되면서 계속 증가했다. 이미 일본에서 녹차를 생활화하고 있던 그들에게 녹차는 없어서는 안 될 중요한 음료였다. 하지만 조선에서는 녹차문화의 침체로 녹차 생산이 거의 이루어지지 않아 주로 일본으로부터 녹차를 들여오지 않을 수 없었다.

이입차의 대부분은 녹차로 일본으로부터 90% 이상 수입되었으며 녹차 산지는 시즈오카 60%, 교토 30%, 그 외 10% 정도였다. 또한 매우 적은 양의 홍차와 우롱차가 중국, 타이완, 홍콩, 인도, 영국, 미국, 호주 등에서 수입되었다.[8]

일본으로부터 녹차가 다량 이입되면서 새로운 문제점이 생겨났다. 녹차를 마시는 소비자는 가격이 상승하여 경제적 부담을 느꼈으며, 총독부는 수입 초과로 인해 재정이 악화되었다. 이에 총독부도 녹차 생산에 관심을 갖게 되었다. 이는 당시 총독부 관료였던 와타나베(渡邊彰)의 글에 잘 나타나 있다. 그는 매년 차의 대

표4. 일본으로부터의 차의 이입량(수량:천근, 가격:천원, 인수:천인)

년도	1910	1911	1912	1913	1914	1915	1916	1917
수량	249	282	332	333	325	344	377	352
가격	81	91	111	114	110	116	131	127
일본인 수	171	210	243	271	291	303	320	332

년도	1918	1919	1920	1921	1922	1923	1924	1925
수량	357	369	409	457	435	464	830	588
가격	144	190	224	250	261	299	400	388
일본인 수	336	346	347	367	386	403	411	430

출처:「生れ出た製茶業 附. 移入茶の取引狀況」,『京城日報』, 附錄『産業第一 24』, 1926年 2月 28日, 4면; 渡邊彰,「朝鮮の茶業に就て」,『朝鮮』, 1920年 8月號, 59-60쪽.

금으로 10여만 엔을 일본의 제다업자 및 무역상에 지불하는 것은 개인 차원에서만이 아니라 조선 전체의 경제상에서 볼 때도 매우 나쁜 일이라고 주장했다. 와타나베는 조선에서 녹차 재배를 장려하는 것은 우려할 일이 아니라며 구체적인 방법을 제시했다.[9]

> 이미 이주한 사람 중에 다업에 경험 있는 자가 많아 초심의 조선인을 지도 계발하는 교사의 지위에 설 수 있는 실업자가 적지 않다. 만약 이들이 부족하면 본국에서 초빙하는 것도 어렵지 않다. 따라서 지금의 급무는 심을 땅의 적부를 역사 지리에 기초해서 조사해 가까운 장소부터 착착 심어서 제다의 원료를 충분히 조성하는 데 있다.

와타나베는 주로 재조일본인의 경제적 부담과 총독부의 재정 악화를 해결하기 위해 조선에서 녹차 재배에 적극 나설 것을 설파했다.

일본인 중에서 처음으로 조선에서 녹차 재배를 시작한 '근대 조선차의 개발자'는 돗토리현 출신의 오자키(尾崎一三)이다. 그는 1909년에 조선에 건너와 전남 보성 문덕면에서 사금 사업에 실패한 후 다른 사업을 구상하고 있었는데, 한 조선 부인이 매우 훌륭한 녹차를 가져와서 그 녹차의 소재지를 물었더니 무등산의 증심사라고 알려주었다. 원래 고향에서 제다 경험이 있었던 오자키는 즉시 증심사에 가서 조사하고 야생차가 무성한 산지를 15년 계약으로 빌려 다원 개발에 착수했다. 다음 해 7백 원으로 산 전부를 구입해서 무등다원을 가꾼 결과 첫해에 5백 근 정도의 생엽을 생산했다. 이후 매년 개량을 거듭하여 1937년에는 2만 근 정도를 생산하였다. 또한 나주, 장흥, 보성, 구례, 순천 등의 절들이 소유한 다산을 조사해 사업을 확장했으나 타산이 맞지 않아 중단했다.[10]

1909~1910년경 이부카(井深和一郎)가 전라북도 정읍에 일본 시즈오카현에서 녹차 종자로 가져와 시험 재배해 성공하자 조선인 재배자도 생겨났다. 1924년 정읍 지역에서는 이부카를 비롯해 3명의 생산자가 전차, 정희선, 청류 등 9개의 상품명을 가지고 총 3,805원어치의 차를 생산하고 있었다.[11]

1930년대에 조사된 전남지역의 녹차 생산 현황을 살펴보자.[12]

표5. 1930년대 전남 지역의 녹차 생산 현황

군명	생산지 읍면	생산지 리동	기원 및 연혁	생산량 (근)	판매처
광주	지한	운림	1911년경 개원	8,000	조선내, 오사카
담양	수북	구성	1874년 식수		
곡성	죽곡	유정, 당동	임야에 산재	800	군 내
구례	마산	황전(화엄사)	야생, 1,100년 전	94	도내, 전북 전주, 경남 하동
광양			야생, 기원 불명	85	군내, 경남 하동
순천	순천	석현	1914년 식수	1,270	도내, 경남 통영
고흥	고흥	호형	1927년경 시즈오카현 종자 수입	30	군내
보성			야생, 기원 불명	45	자가용
화순			야생, 기원 불명	535	도내
장흥			야생, 기원 불명	685	도내
강진	옴천	개산	야생, 기원 불명	50	군내
해남			야생, 기원 불명	75	자가용
영암	삼호	서호	수년 전 에이메현 차묘 구입		
무안					자가용
나주	금천	원곡	20년 전 시즈오카현에서 수입	30	자가용
	남평	남평	9년 전 구마모토현에서 수입	10	자가용
	나주	양현(다보사)	야생, 기원 불명	5	자가용
	영산	삼정, 영산, 동주	9년 전 교토에서 수입	10	자가용
	다도	마산(불회사)	불회사 창립시 재배	20	자가용
함평			야생, 기원 불명	330	군내, 경성
영광			야생, 기원 불명	130	자가용
장성			야생, 기원 불명	150	군내
진도			야생, 기원 불명		자가용
제주도	우	서홍	10년 전 일본에서 차씨 구입	6	자가용
계				12,360	

출처: 諸岡存 · 家入一雄, 앞의 책, 41-42쪽; 김명배 역, 앞의 책, 126-129쪽.

전남지역의 녹차 생산지는 나주군의 5곳을 포함해서 총 25곳이다. 이 중에서 일본으로부터 녹차 종자 또는 묘목을 들여와서 재배를 시작한 곳이 6곳 ―고흥, 영암, 나주(금천, 남평, 영산), 제주도―이다. 그리고 전체 총생산량(12,360근)의 3분의 2 정도를 차지하는 광주(8,000근)는 기존의 야생 차나무를 일본의 재배 경험을 살려서 가꾼 것이다. 제조법의 경우 재래법이 남아있는 가운데 일본의 제조법이 도입되었다. 구례는 1932년부터 일본의 우지차 제조법으로 광주는 시즈오카식으로 각각 만들다가, 후자는 시즈오카에서 개량된 기계를 사용하게 되었다.[13]

이처럼 식민 지배 이후 일본인의 조선에의 이주가 늘면서 녹차의 수요가 격증하자 주로 일본으로부터 녹차가 이입되고 일본인에 의해 근대적인 녹차 재배가 시작되고 이에 조선인도 가담함으로써 조선에서 녹차 생산이 늘어났다. 이는 당시 침체된 조선의 녹차문화가 부분적인 해체를 시작하자 외래문화요소로서의 녹차문화가 조선에 전파, 제시되었음을 보여준다.

녹차를 찾는 조선인

재조일본인은 이미 일본에서 녹차문화를 향유하고 있었기 때문에 논외로 하고 조선인의 한해 살펴본다. 일부 조선인은 병합 이전부터 근대문명의 상징으로서 당시 생활에 필요하다고 느끼고 있었다. 또한 녹차문화는 조선에 이미 이전부터 존재했던 문화요소로 어느 정도 적합성을 가지고 있었다. 이 때문에 조선에 전파·제시된 녹차문화는 거절·묵살되지 않고 수용되었다.

당시의 총독부 관료 와타나베는 1920년 시점에서 조선인이 별로 녹차를 마시지 않는다고 하였다. 그러나 1926년 2월 경성일보는 조선인도 상류사회뿐만 아니라 일반에서도 현저히 즐겨 마시게 되었다고 보도했다. 1920년대 중반에 이르면 조선인도 녹차 생활을 하고 있었음을 알 수 있다.[14]

조선인의 녹차 생활을 한글 신문의 녹차 판매 광고, 녹차 관련 신문 기사, 다시 현상 모집 등을 통해 살펴보자.

일본의 도쿄와 오사카에 거점을 둔 호시 녹차 주식회사는 1925년 조선일보에 'ホシおの茶'라는 큰 일본어 밑에 '호시의 차'라는 작은 한글과 함께 3개의 제품에 대한 설명과 가격을 국한문 혼용으로 광고하고 있다.[15]

> 新茶의 香氣를 永保하도록 本社 獨特의 包裝法을 施한 호시 特製綠茶 (眞空鑵入) 1圓 50錢
> 贈答品에 適하고 接待用으로 亦佳한 호시綠茶 (化粧鑵入) (大) 1圓 20錢, (小) 70錢
> 兒孩들이며, 病人도 안심하고 잡수시는 호시복근茶 (化粧鑵入) 90錢, (鉛詰) 80錢

큰 일본어 표기와 독특한 일본 포장법을 전면에 내세우는 것은 우수한 일본 제품임을 알리는 것이다. 즉 외래문화요소임을 강조하는 것이다. 선물용과 접대용으로 선전하고 있는 것으로 보아 당시 조선인이 선물로 사용되거나 집에 손님이 왔을 때 녹차를 대접하고 있었음을 엿볼 수 있다. 또한 어린이들이나 아픈 사람들의 경우 조선인의 입맛에 맞는 볶은 녹차를 권하고 있는 데에서 아직 일본차에 익숙하지 않은 조선인을 배려해서 녹차 생활을 안내하고 있음을 알 수 있다.

1930년대 초 동아일보가 가정 상식으로 녹차의 구입 및 이용 방법, 과학적 효능과 효용법 등에 대해 소개하고 있는 데에서도 당시 조선인의 녹차 생활을 확인할 수 있다.

> 차의 잎사귀가 둥글게 마르고 가느스름하며 고르고 향기가 도는 것이 좋은 것입니다. 그리고 색깔은 광택이 나고 농록색으로 어린 잎사귀가 많고 바싹 마른 것이 상품입니다.[16]

> 찻찌꺼기를 날리어 화로불에 조금씩 넣어 태우면 파리는

감쪽같이 어디로 날아나 버립니다. 또 찻찌꺼기 말린 것을 뒷간통에다 쏟아 버리면 악취를 제거합니다. 또 벼개에 메밀껍질 대신으로 집어넣으면 매우 경쾌하며 두통증 있는 사람에게 좋다고 합니다.[17]

우리들이 일상 마시는 홍차와 번차, 옥로 등에 지부스, 호열자, 적리의 박테리아 등의 굳센 병균을 살균하는 강한 힘이 있다 … 현미경 알에 병균을 두고 차 한 방울을 부으면 7분 동안에 병균의 활동이 휴지되어 2, 30분 후에는 그만 전멸 된다.[18]

1933년 동아일보는 "왜 차를 마시는가? 그 효용법과 먹는 법"에 관해 소개하고 있다. 여기서는 당시 세계적으로 널리 보급된 홍차를 비롯한 차문화가 조선에서도 이제 침체에서 벗어나 적극 수용되어야 할 일상의 문화임을 지적하고 있다.

옛날 같으면 차라는 것을 알 사람은 극히 적었습니다. 그러나 현대의 환경 속에서 사는 우리에게는 차가 일용품 가운데의 한 가지가 되어 있을 만큼 필요한 물건이 되어버렸습니다. 현대인이라면 누구나 차를 마십니다 … 여러 가지 음료 가운데에서 차가 지금은 전성시대라고 하겠지요.[19]

1936년 매일신보에서 다시를 현상 모집한 것도 조선인의 녹차 생활의 모습을 보여준다. 매일신보사는 차를 주제로 한 한문시를 1개월 기한으로 모집하였다. 입선자는 황해도 재령의 백남표, 경기도 파주의 이승희, 수원의 홍건유, 충북 제천의 오번주, 서울 원서동의 김한경, 누하동의 권상노, 가회동의 윤일영, 수송동의 이승설, 경북 김천의 김재문 등이었다. 특히 서울이 많은 가운데 황해도, 경북 등 지방에서의 입선자도 있어 전국적인 녹차의 보급 상황을 엿볼 수 있다.[20]

일본식 다도는 조선에 맞지 않아

새롭게 식민지 조선에 수용된 녹차문화에 대해 일본식 다도를 보급하는 과정에서 주로 앉는 자세, 건축과 의복 등을 둘러싸고 조선인의 문화적 저항이 일어났다.

일본식 다도 보급은 다회 교습과 학교 교육, 협력단체 등을 통해서 행해졌다. 이는 조선인들의 자발적인 필요에 의해서가 아니라, 일제의 동화정책이나 황민화정책 등을 실현하기 위한 수단의 일환으로 다도 교육이 이루어졌음을 뜻한다. 다회 교습의 경우 일본인이 일제에 협력적인 조선인을 모아서 일본식 다도를 가르쳤다. 학교 교육에서는 정규 가사시간을 통해 일본식 다도 교육이 실시되었다. 협력단체는 일제의 지배를 강화하기 위한 수단으로써 조선인에게 일본식 다도를 보급하려 하였다. 이 때문에 일본식 다도 보급에 대한 조선인의 전면적인 저항은 드러나지 않았다. 따라서 여기서는 일본식 다도의 형식을 둘러싸고 제기된 회의(懷疑)를 실마리로 문화적 저항을 살펴보고자 한다.

다회 교습을 통한 일본식 다도 교습은 재조일본인이 다회를 열어 조선인에게 가르쳤다. 예를 들면, 1941년 당시 성신여학교 교장이며 국민정신총동원조선연맹 부인부부위원 이숙종(일본성 宮村)은 나가사토(長鄕衛二) 조선주택영단 이사 부인을 중심으로

개성상업학교 화도(상)와 다도(하) 강습
경성일보, 1939년 3월 3일, 5면.

한 달에 한 번 다회를 했는데 나가사토 부인이 매우 친절하게 가르쳐 주었다.[21]

학교에서의 일본식 다도 교육은 1926년 6월 인천공립고등여학교에 일본 기후현 출신의 즈다(津田よし江)가 다도 강사로 부임한 이후 1930년대부터 시작되었다. 1940년대에는 전국 47개 여자고등학교의 상당수와 이화·숙명여자전문학교 등에서 주로 여학생을 대상으로 실시되었다. 하지만 개성상업학교의 경우처럼 일본 정신을 효과적으로 도야하기 위해 남학생에게도 교과로서 다도를 교육하는 학교도 생겨났다.[22]

학교 다도 교육에서 가르친 것은 일본식 다도였다. 1941년부터 가사 교육의 일환으로 본격 실시되었다. 중등 가사 교과서의 제9장에는 '차를 내는 법'이란 제목하에 차의 종류와 성분, 맛 등 차에 관한 기초 지식과 차를 내는 법 등이 설명되어 있다. 또한, 차를 주고받는 법을 기술하고 다실과 다도에 필요한 도구 사진이 실려 있다. 사진에는 다다미방의 일본식 다실에 다도 도구 한 벌이 진열되어 있다. 실제로 이화여자전문학교에서 실시한 다도교육 장면을 보면 그 사진과 유사하다.[23]

마지막으로 협력단체는 조선인의 생활과 차에 관해서 적극적으로 관심을 가졌다. 1938년 6월, 일제가 전시 총동원 체제로 돌입하면서 각종 관변단체와 민간단체를 망라하여 전시 통제기구로 발족한 국민정신총동원조선연맹은 실천 요목을 발표했다. 거기에는 궁성요배, 신사참배, 황국신민의 서 낭송, 일장기의 존중과 게양, 일본어 생활 등과 함께 비상시 국민 생활 기준 양식의 실행이 제시되었다. 이 중 국민 생활 기준의 제1항에 "손님 접대에 관해서 반도의 사람들도 차를 내도록 하는 것이 좋겠다"는 내용이 포함되었다. 1933년 조선인의 자발적인 전쟁 동원과 황민화를 목표로 민간에 의해 조직된 내선일체 단체인 녹기연맹도 일본식 다도를 조선에 보급하는 방안에 대해 논의했다.[24]

1941년 녹기연맹은 '차와 반도의 생활'이라는 제목의 좌담회를 개최했다. 이 좌담회 내용을 중심으로 일본식 다도 보급 과정에서 나타난 문화적 저항의 일단을 찾아보자.

좌담회에 참가한 사람은, 아키바(秋葉隆, 경성제국대학교수), 나가사토 에이지(조선주택영단이사), 이숙종(성신여학교장·국민총력조선연맹 부인지도위원), 가토(加藤裕也, 일본다업연합위원회), 나리타(成田不二生, 경성의학전문학교 교수, 의학박사), 모로오카(의학박사 『차와 그 문화』 저자), 김윤정(경성애국부인회 서부6구 분회장), 표경조(이화고등여학교 교유), 즈다(津田節子, 녹기연맹 강사) 등 9명이었다. 조선의 무속연구가로 당시 조선 민속학의 거두였던 학계의 아키바를 필두로 당시 조선의 재계, 다업계, 의학계, 교육계, 협력단체에서 활동하는 일본인과 조선인이 조선차 연구의 대가인 모로오카가 조선에 온 것을 계기로 조선에서 일본식 다도를 보급하기 위한 방안을 논의하기 위해 좌담회를 연 것이다.[25]

좌담회에서 이들은 결국 조선에서 차가 생활화되지 못했다는 데에 동의했다. 그 이유에 대해 나가사토는 조선 부인들은 일본 부인들보다 여유가 없어 녹차가 취미와 연결되지 않았기 때문이라고 보았다. 특히 나가사토는 일본이 주로 보급하는 말차 다도의 방식이 온돌에서 생활하는 조선인에게 맞지 않기 때문에 좀처럼 보급되지 않는다고 생각했다. 따라서 그는 조선인이 일본 다도에서 즐거움을 느끼게 하기 위해서는 일본식 그대로의 다법을 권해서는 안 된다고 주장했다. 왜냐하면 조선인은 무릎을 꿇고 앉는 데에 익숙하지 않아 일본식 다도를 불편해하기 때문이다. 이에 나가사토는 '온돌다법'을 만들어 조선인이 무릎을 세우고 앉아 편하게 다도를 즐길 수 있게 하자고 제안했다.[26]

그러면 실제로 일본식 다도를 배우는 조선인은 어떻게 생각하고 있었을까. 나가사토 부인을 중심으로 매달 한 번 열리는 다회에서 일본식 다도를 배운 이숙종의 소감을 들어보자.

> 어깨는 쑤시고 다리는 저리고 맛은 쓰니 견뎌낼 수가 없어요. 게다가 그것이 4, 5시간이나 걸려요. 조선측 사람은 모두 시계만 보고 있어요. 바쁜 사람들만 모여있으니까요. 정말로 식은땀을 흘립니다. 그렇지만 끝난 후의 기분은 좋습니다. 단지 그 시간만은 어떻게 안 될까요 … 그리고 무엇이든 칭찬합니다. 쓴 차를 억지로 마시고 좋습니다 라고 입에 발린 말을 하는 것 같아요. 썼습니다 라고 말하고 싶지만요.[27]

친절하게 가르쳐주는 나가사토 부인의 남편 앞에서 형식과 맛에서 거부감을 드러내고 있다. 어깨가 쑤시고 다리가 저리는 것은 나가사토가 지적한 대로 일본식으로 무릎 꿇은 자세로 장시간 앉아서 다도를 행하는 것에 대한 불만이다. 차를 마시고 느낀 맛조차 자유롭게 말하지 못하는 점도 일본식 다도에 대한 회의를 보여준다.

1944년 조선국민총력연맹의 촉탁이었던 하마구치(濱口良光)도 '조선의 차'라는 저서에서 당시 조선에서 행해지고 있는 일본 다도에 대해 회의를 품고 어떻게 조선의 다도를 만들어야 할지에 대해 고민했다. 그는 다도는 단순한 끽다법이 아니라 종합적인 생활의 기준을 제시하는 유력한 수련 방법이므로 식민지 조선에서도 반드시 필요하다고 생각했다. 그런데 당시 조선의 다도는 조선의 생활에 맞추어 이루어지지 않고 임시 조치로서 행해지고 있어 잘못하면 다도 교육이 사라질 우려가 있다고 진단했다. 이에 하마구치는 조선의 건축에는 도코노마와 다다미가 없고 의복에는 후쿠사를 끼울 데가 없기 때문에 조선의 생활에 맞춰 조선의 다도를 정리해야 한다고 주장했다.[28]

　일본인이 조선인에게 보급한 일본식 다도는 표면적으로는 수용되고 있었다. 그러나 일본인 자신이 일본식 다도를 조선인에게 가르치는 과정에서 앉는 자세와 다실의 구조, 의복 등 형식을 그대로 적용하는 데에 회의를 느낀 것처럼 조선인도 앉는 자세와 맛 등에서 일본식을 배제하려는 움직임을 보이고 있었다. 일본식 다도가 강제적인 상황 속에서 일단 조선에서 수용되었지만 조선인의 문화적 저항이 일고 있었던 것이다.

　녹차문화의 경우 이미 조선에 존재해 온 문화요소였다는 점에서 순조롭게 문화접변이 이루어질 가능성이 높았다고 할 수 있다. 특히 식민지 직전 조선에서 부분적인 해체가 개시되고 있었던 점을 상기하면 더욱 그렇다. 하지만 본격적인 문화접변이 조선인의 자발적인 필요성에 의해 이루어지지 않았고, 주로 재조일본인 중심으로 강제적인 접촉 상황에서 행해졌다. 특히 일본식 다도의

이화여전 다도 강습
매일신보, 1942년 8월 7일, 2면.

보급이 상징하듯 식민지 조선에서 녹차의 문화접변은 일제의 지배를 강화하는 수단의 일환으로 일방적으로 진행됨으로써 전면적인 형태는 아니지만 조선인의 저항을 초래한 것이다.

한편, 식민지기 녹차의 문화접변은 저항 단계에 머물러 문화요소가 재해석되어 문화가 재구성되고 새롭게 정착하는 신평형에는 이르지 못했다.

외국산 인스턴트에서　　　국내산 수제로

커피문화

> 신라 이전부터 조선왕조 중엽까지 계승되다가 끊어져 버린 전통차문화를 복구, 더 발전시켜 커피 등 외국차를 밀어내 외화 손실을 막고 차생활 예절로 도덕성을 회복하자[29]

구평형은 커피문화이다. 식민지기에 침체에서 벗어나고 있던 녹차문화는 해방 후 한국에서 일제가 퇴각하자 또다시 깊은 수렁에 빠지게 되었다. 그동안 문화접변을 강제적으로 주도했던 정치적인 환경이 사라지자 일부 수용되었던 녹차문화는 거의 해체되기에 이른 것이다. 녹차가 한국의 음다문화로서 자취를 감춘 상황은 1960년대 한국에 거주했던 외국인 신부의 눈에도 의아할 정도로 확실했다.

> 하여튼 차는 아시아의 산물이다. 중국인들과 일본인들이 홍차나 녹차를 많이 먹는 습관은 유명한 것이다. 그래서 차를 좋아하는 영국인은 한국에 와서 중국인과 비슷한 문화가 있는 한국인들이 홍차나 녹차를 많이 먹는 습관을 볼 수 있을 줄로 안다. 그렇지만 일반 한국인들은 차에 관한 취미가 거의 없는 것 같다. 이 사실을 깨닫기 어렵다 … 극동 나라 중에서 한국인들만이 차를 마시지 않는 이유를 수수께

끼로 본다.[30]

해방 후 한국인들이 녹차나 홍차를 마시지 않는 가운데 커피가 대표적인 음다문화로 정착해 갔다. 커피가 처음 한국에 유입된 것은 개화기이다. 이 시기 커피는 근대 서구 문명의 상징 중 하나로서 외국의 외교사절단이나 선교사를 통해 궁중과 고위 관료를 중심으로 받아들여졌다. 식민지기에는 특권층을 중심으로 점점 퍼져갔다. 1920년대에는 커피를 전문적으로 파는 다방이나 카페가 등장하였고, 커피문화는 1930년대 이후 모던걸 모던보이의 상징이 되었다.[31]

해방 후 미군이 주둔하면서 커피는 일반인들의 주목을 받기 시작했다. 특히 1950년대 초 한국전쟁 때 미군을 통해 인스턴트 커피가 처음 들어오면서 한국인들의 입맛을 사로잡아 음다문화의 중심으로 자리하기 시작했다.[32]

이에 대해 1960년대 초 한 신문기자의 평을 들어보자.

> 아침을 먹고 나면 모닝커피를 마셔야 하고 친구를 만나면 으레 다방서 차를 마시며 이야길 해야 하고 이래서 시골에 조그만 읍내에까지 다방이 퍼져있어 차하면 커피를 연상하고 커피하면 문화인을, 그리고 서양문명에까지 번져나가게 된다.[33]

가정과 다방에서 커피를 마시는 것이 서구문화와 서양문명의 상징으로 여전히 인식되고 있으며 도시에서 지방으로 다방을 중심으로 커피문화가 퍼져가고 있음을 알 수 있다.

이후 다방문화가 더욱 확산하고 국내 회사들이 커피를 제조 판매하자 집에서도 커피를 마시는 사람들이 늘어나며 커피의 대중화는 매우 빠르게 진행되었다. 1970년 6월 동서식품이 미국의 제너럴 푸드사와 커피 제조 기술 도입 계약을 체결했다. '맥스웰 하우스'란 상표를 가지고 같은 해 9월 국내 최초로 레규라 그라인드 커피를 발매하고 12월에는 인스턴트커피를 생산 판매하기 시작했다. 이어 1974년 12월 커피크림 프리마를 자체 기술로 개발하여 발매하였고 1976년 12월에는 세계 최초로 커피믹스를 개발해서 판매하기 시작했다. 커피믹스는 커피와 크림 그리고 설탕을 한국인에 입맛에 알맞게 배율을 조정하여 방습 포장한 1회용 인스턴트커피로 커피 대중화의 혁명을 가져왔다. 특히 커피믹스는 휴대하기 간편하고 보관하기 쉽기 때문에 언제 어디서든 더운물만 있으면 손쉽게 마실 수 있었다.[34]

구평형인 커피문화는 많은 사람들이 외국산 원료인 인스턴트 커피에 설탕과 프림을 섞은 달콤하고 구수한 맛의 커피를 특별한 격식 없이 간편한 도구로 손쉽게 가정, 다방, 직장 등에서 마시는 것이다.

커피는 외국산이며 건강에 해롭다

커피문화의 부분적인 해체의 개시는 1960년대와 1970년대 초반부터 시작되었는데 커피문화의 불필요성과 새로운 녹차문화의 필요성에 의해 일어났다. 즉, 커피는 외국산이며 건강에 해롭고 서양문명의 상징이며 생활을 각박하게 하므로 필요하지 않으며, 녹차는 국산이며 몸에 이롭고 대표적인 전통문화이며 정신적 여유를 가져오므로 필요하다는 것이다.

다방을 중심으로 커피문화가 확산하면서 다방 등에서 엄청난 양의 커피가 소비되고 녹차는 거의 팔리지 않았다. 이에 커피는 국내에서 생산되지 않아 전량을 수입하기 때문에 외화반출의 주범이므로 한국의 음다문화로서 불필요하다는 커피 배척 운동이 일어났다. 그리고 커피 대신 국내에서 생산이 가능한 녹차를 많이 마셔 외화를 절약해야 한다는 외화 절약 운동이 일어나 녹차를 음다문화로서 보급해야 한다는 필요성이 주장되었다.[35]

커피는 원래 기름기 많은 음식을 먹는 서양 사람 체질과 식생활에 맞는 것이며 특히 김치 먹는 한국인이 커피를 많이 마실 경우 위산과다와 위염 등을 초래하며, 커피에 타는 백설탕도 당분이 많아 건강에 해롭다는 것이다. 반면 녹차는 비타민 C가 풍부하고 카페인을 함유하고 있어 정신을 맑게 하고 지적 노동을 활발하게

하며, 여름철 더위를 쫓고 동맥경화증이나 소화불량도 예방하는 등 몸에 이롭다는 것이다.[36]

커피문화는 서구 문명의 상징이고 그 홍수 속에서 한국의 전통적인 음다문화가 사라졌기 때문에 외래차인 커피를 밀어내고 한국의 전통차인 녹차를 부흥시켜야 한다는 것이다.[37]

경제성장에 따른 물질적인 풍요와 함께 바쁘게 돌아가는 삭막한 현대생활 속에서 정신적인 여유를 가질 필요가 있는데 거기에는 커피보다는 녹차가 더 적절하다. 왜냐하면 녹차는 격식을 갖추고 정적으로 마시기 때문에 사색의 시간을 제공하고 마음의 안정을 가져올 수 있기 때문이라는 것이다.[38]

중국과 일본의 녹차처럼

커피문화가 부분적인 해체를 시작하자 그것이 음다문화 전체의 해체로 이어지는 것을 막기 위해 외래문화요소가 전파, 제시되었는데 그것은 바로 중국과 일본의 녹차문화였다. 중국과 일본에서는 오래전부터 녹차를 마시기 시작해 점차 녹차를 마시는 계층이 확대되고 현대에 들어와서 더욱 대중화되어 누구나 즐겨 마시게 되었다.

중국에서 녹차의 기원은 기원전 28세기경 고대 중국의 신농시대까지 거슬러 올라간다. 이후 당대가 되면 녹차문화가 전국으로 번지고 특히 670년경 육우(陸羽)에 의해 가장 오래된 차에 관한 책인 『다경』이 저술되었다. 송대에 들어와서 녹차문화는 귀족에서 관리나 문인과 부유층 등으로 퍼졌다. 명대와 청대를 거치면서 일반인에까지 널리 보급되어 현대까지 이어졌다.[39]

일본의 경우 8~9세기경 나라·헤이안시대에 당나라에 갔던 사신이나 유학승 등에 의해 전해져 승려나 귀족들 사이에 녹차문화가 성행했다. 이후 16세기에 이르러 센노리큐(千利休)에 의해 간소한 다실에서 소박하게 열리는 '차노유(茶の湯)'의 형태로 다도가 정립되어 무사나 호상 사이에 널리 퍼졌다. 에도시대에 들어와서 말차가 아닌 간단한 방법으로 만든 전차가 개발되어 일반

서민도 녹차를 마시게 되었다. 메이지시대에는 집단 다원이 만들어지고 유통이 발전했으며 기계화가 진전되는 등 녹차 관련 산업이 크게 성장하여 일상에서 녹차를 마시는 음다문화가 뿌리내렸다.[40]

이러한 중국과 일본에서 널리 보급된 녹차문화가 해방 후 한국에 전파, 제시된 것은 한국의 녹차문화운동을 선구했던 차인들에 의해서이다. 그들은 중국과 일본에서 널리 보급된 녹차문화를 발견하고 커피문화가 부분적인 해체를 개시하자 새로운 문화요소로서 녹차문화를 한국에 전파, 제시한 것이다.

현대 한국 최초의 차 개론서라고 할 수 있는 『한국의 다도』를 출간한 최범술은 한국에서 녹차생활을 시작했지만 이후 일본에서의 경험이 해방 후 한국 녹차에 본격적으로 관심을 갖는 계기가 되었다.

> 1919년 3월 1일 기미독립운동의 … 일을 겪고 난 삼 년쯤 지난 후에 일본의 수도인 도쿄에 가서 뛰어난 고국 친지들과 교유하기도 하면서 그 나라의 유명 인사와 명망 높은 불승들과 사귀는 좋은 기회를 갖게 되었다. 그러던 가운데 내가 어릴 적부터 즐겨온 기호품이었던 차를 그네들이 많이 마시며 즐기는 것을 알게 되었다. 이런 것이 마냥 나에게는 흥미롭게 여겨졌으며 이 차에 관한 그분들의 아름답고 귀한 예속을 알게 되었다. 그리하여 차츰 나의 심정으로는 그분들이 행하는 음다의 예절과 우리나라에서 전래하여 오는 예속과 자연 비교하여 볼 기회를 갖게 되었고 뿐만 아니라

이에 대한 점을 마음 깊이 생각하기도 하였다.[41]

'현대 한국차문화사의 산증인' 최규용은 일본의 여관과 직장 등에 널리 보급된 녹차문화와 중국에 광범하게 퍼져있는 녹차문화를 직접 체험했다.

나는 1920년 18세 때 일본에 유학 갔다가 차와 처음 인연을 맺게 됐다. 어느 여관에 투숙했을 때 여급이 찻잔에 차를 따라 주고 인사를 한 다음 밖으로 물러났다 … 1924년 유학을 마치고 돌아와서 총독부 토목국에 취직했는데 그때 내가 출근하면 사환이 꼭 차를 나누어주는 것이었다 … 나는 1938년 중국으로 가게 됐다. 중국사람 역시 방문하는 사람에게 선뜻 차를 대접하는 것이었다. 손님이야 마시든 말든 그랬다. 어느 회사, 어느 상점, 어느 친구를 찾아가도 차가 나왔다. 차가 그들의 생활에 필수품이라는 것을 피부로 느끼게 됐던 것이다 … 차는 그들의 일상음료로 생활화돼 있다. 그러나 같은 아시아 민족인데도 왜 우리나라 사람들에게는 차가 보급돼 있지 않을까? 어떤 이유로 우리나라 사람들은 차를 마시지 않는 것일까? 1946년 중국에서 귀국한 나는 우리나라 차 전래에 대하여 관심을 갖기 시작하여 1978년에 "금당다화"로 출간하였다. 이때만 하더라도 한국에 차문화가 있다는 것을 아는 사람이 지극히 드물었다.[42]

'차의 선구자' 김미희도 일본에서 녹차문화를 접하고 그것을 한국에 전파, 제시할 것을 결심하게 되었다.

> 내가 다도를 처음 접하게 된 곳은 확실히 일본이었다. 지금부터 15년 전(1952년)에 일본을 여행하며 관심 있게 살피고자 했던 점은 무엇이 일본을 부강하게 만드는 원동력인가 하는 것이었다. 마침 한 가정에서 정중한 차 대접을 받게 되었는데 동작 하나하나에 정성을 다하는 진지한 모습에서 나는 일본인들의 숨겨진 위력을 보았다 … 차 대접이 끝난 다음 그들이 내게 물었다. "한국에도 다도가 있습니까?" 나는 당황하지 않을 수 없었다 … 그 후 깊이 깨달은 바 있어 일본에서 돌아온 즉시 다도에 관한 자료를 찾기 시작했다 … 내 여생에 작은 힘이나마 우리 차문화를 갈고 닦는 데 보태어 이웃과 후손에게 전해주겠다는 결심을 하게 되었다.[43]

녹차문화가 전파되자 낯선 맛과 까다로운 격식에 반발해 쉽게 받아들이지 않는 사람들이 생겨났다. 전자는 실제 생활에서 느끼는 필요성이며 후자는 기존 문화요소와의 적합성이라고 할 수 있다. 녹차를 처음 접하는 사람들은 특별한 맛을 알지 못했다, 특히 달콤한 커피를 마셨던 사람들은 물론 고소한 보리차나 숭늉에 익숙한 사람들은 녹차의 독특한 맛을 느끼지 못하고 새롭게 녹차를 마실 필요성을 느낄 수 없었다.

녹차를 마시는 방법에 있어서 까다로운 격식에 반발했다. 인스턴트커피를 때와 장소에 크게 구애 없이 뜨거운 물과 잔만으로 간편하게 마시는 사람들은 물론 특별한 도구나 격식 없이 보리차나 숭늉을 마시는 사람들에게 다구를 갖추고 다법에 맞게 녹차를 마시는 일은 큰 불편으로 다가왔다.

그러나 녹차문화는 거절·묵살까지는 이르지 않고 일단 외래문화요소로서 선택, 수용되었다. 녹차문화에 대한 필요성이 강했으며 특히 녹차문화는 이미 한국에 존재하고 있었으므로 어느 정도 적합성을 가지고 있었기 때문이다.

1979년 다인들의 전국적인 연합조직인 한국차인회 결성과 명원다회의 생활다도정립발표회는 중국과 일본으로부터 녹차문화가 한국에 선택되어 수용되었음을 알리는 상징적인 일이다. 전자는 커피문화 일변도에서 벗어나 녹차문화를 본격적으로 보급할 것을 선언한 것이며, 후자는 녹차문화와 관련성을 가진 기존의 다른 문화요소와의 적합성을 높이기 위해 구체적인 음다법을 제시한 것이다.

1979년 1월 전국에서 모인 학자, 예술가, 승려 등 100여 명의 다인들은 "신라 이전부터 조선왕조 중엽까지 계승되다가 끊어져 버린 전통차문화를 복구, 더 발전시켜 커피 등 외국차를 밀어내 외화 손실을 막고 차생활 예절로 도덕성을 회복하자는 취지"로 사단법인 한국차인회를 창립했다. 한국차인회는 1980년 4월 첫 사업으로 한국의 차의 성지로 불리는 초의선사가 기거하던 해남 대흥사 일지암을 복원했다. 1981년 5월에는 녹차 마시기 운동을 본격적으로 추진하기 위해 5월 25일을 '차의 날'로 제정, 선포하고 신라시대 때 처음 차를 재배했다고 전해지는 지리산 쌍계사에 대렴공 차시배지 추원비를 건립했다.[44]

1980년 9월 명원다회는 한국전통다도 학술발표회 및 생활다도정립 발표회를 개최했다. 당시 명원다회 회장 김미희가 밝힌 생활다도 정립의 목적을 들어보자.[45]

> 생활 다도란 옛날에는 서민들 속에 파고들어가지 못했기 때문에 뚜렷한 흔적이 남아있지는 않습니다만, 저는 21세기를 눈앞에 두고 의식 다도보다는 국민 전체가 그 귀한 정신을 이어받는 생활 다도가 시급하며 우리 생활의 무언중에 자녀들에게 주는 가정교육의 중요한 역할을 담당할 수 있고 학교 교육에만 급급한 나머지 가정교육이 소홀해지고 있는 이때야말로 꼭 생활 다도를 정립해서 보급해야 할 시기라고 생각합니다.

김미희는 소수가 추상적인 기호나 취미 수준의 의식 다도로서가 아니라 다수가 실제로 차를 즐기며 가정교육도 겸할 수 있는 대중적인 생활 다도를 정립하여 막 수용된 녹차문화를 확산시키려 한 것이다.

녹차는 비싸고 격식을 따진다

1970년대 후반에 일단 수용된 녹차문화는 1980년대에 들어서서 비싼 가격에 대한 불만, 지나친 격식과 절차에 대한 반발, 일본풍 비판, 맛에 대한 실망, 특수 계층의 것이라는 비난 등의 본격적인 저항에 부딪쳤다.

녹차의 가격이 너무 비싸다는 것이다. 녹차를 대중화하기 위해서는 무엇보다도 녹차의 가격이 저렴해야 하며, 특히 일본산과 중국산 녹차보다도 비싼 가격을 내리는 것이 녹차문화 보급의 급선무라는 것이다.

> 앞으로 차가 대중에 널리 보급되려면 국산차의 값이 보다 싸져야 한다고 말한다. 현재 화계제다, 대한다업, 한국제다 등 3곳에서 우리나라 차를 보급하고 있는데 그 가운데 120g에 3만 원을 하는 값비싼 것도 있어 대중 보급에 장애가 되고 있다는 것. 앞으로 차나무 재배면적을 늘려 값싼 차를 보급해야 하는 것이 차문화 보급의 급선무라고 장씨는 말한다.[46]

> 현재 팔리고 있는 차가 값이 비싸다는 것도 차를 마시는 많

은 사람들의 지적이다. 중급 120g에 8천 원 정도인 차값은 일본 중국의 2배 이상의 수준. 생산량이나 수요량이 아직 산업화 단계에 이르지 못한 부작용이라 하겠지만 선전 포장비를 줄여서라도 대중이 싼값으로 마실 수 있는 적정가를 찾아야 한다는 것이 애호인들의 바람. 서울엔 민화랑 미개인 한다실 등 녹차를 파는 다실도 생겨났는데 현재의 찻값 7백 원보단 싸져야 하지 않겠느냐고 입을 모은다.[47]

또한 외국산인 커피보다도 훨씬 가격이 비싸기 때문에 녹차의 수요가 부진하다는 것이다. 실제로 서울시가 1983년 1월 서울시내 일부 다방을 임의로 선정해 차와 음료수에 대한 판매액을 조사한 결과 커피는 한 잔에 300원인데 녹차는 이를 훨씬 웃도는 500원이었다.[48]

이처럼 녹차문화를 보급하기 위해서는 녹차의 가격을 내려야 한다는 의견이 분출했다. 그를 위해 재배면적을 늘리고 재배 방법을 산업화하며 제품의 포장비를 줄여야 한다는 등의 다양한 방안이 제시되었다.[49]

녹차를 마시는 데 지나치게 격식을 강조하는 데에 대한 반발이다. 녹차의 대중화를 위해서는 무엇보다도 편하게 녹차를 마셔야 한다는 것이다. 특히 다도의 형태로 복잡하고 까다로운 격식과 절차에 따라 행해지는 예법은 오히려 일반인에게 녹차문화를 보급하는 데 역효과를 초래한다는 것이다.

녹차도 이제는 그 고고함에서 벗어나 대중에게 접근해야만

> 한다. 무엇보다도 번거롭지 말아야 한다. 바로 그런 점에서 너무도 격식에 얽매이고 까다롭고 번거로운 절차를 강조하는 다도에 문제가 있지 않나 싶다.[50]
>
> 오늘날 차를 마실 때 너무 지나치게 차를 마시는 방법에 대하여 강조하는 것 같다 … 그런 복잡하고 까다로운 예법을 행차할 때에 보여주고 있기 때문에 차를 마시는 일조차 번거롭게 생각하고 차는 아무나 마셔서는 안 되는 것처럼 차인이 아닌 사람들은 생각하게 된다.[51]

녹차는 일정한 격식과 예법에 따라 마셔야 한다는 인식 때문에, 녹차를 커피처럼 격식 없이 마시면 녹차를 마실 줄도 모르는 얼치기가 되어버리고, 녹차를 권해도 녹차를 마실 줄 모른다며 사양하는 사람들이 생겨나 녹차의 보급이 저해된다는 것이다.[52]
일본풍에 대한 비판이다. 한국의 녹차문화가 일본을 흉내 내 무분별하게 일본식으로 행해지고 있어 한국에 맞는 녹차문화를 정립해야 한다는 것이다.

> 다도란 결국 일본 흉내가 아니냐는 뜨악한 반응이 그것이다 … 그 뜻은 생각지 않고 형식에 매인다든지, 그런 과정에서 현재의 우리보다 다도가 잘 정립되어 있는 일본을 따라가게 된다면 '왜색'이라는 비난을 피하기 어려울 것이다.[53]

> 특히 차를 마시는 일을 두고 일본 사람들의 흉내를 내느라
> 고 기를 쓰고 있는 경우를 더러는 보게 되는데 남의 장점을
> 취하는 데 인색해야 할 까닭은 없으나 그것도 우리에 걸맞
> 은 것이어야지 앞뒤도 가리지 않고 덮어 놓고 엎어지고 자
> 빠지는 일은 없어야 할 것으로 여겨진다.[54]

심지어 일본을 방문했다가 당시 한국에서 행해지고 있는 다도가 일본의 모방이라는 데 충격을 받는 한국의 차인도 있었다. 이에 일본의 다도와는 다른 한국의 전통다도에 기반한 다도를 정립할 필요성이 제기되었다. 왜냐하면 일본의 다도는 한국과는 다른 일본 고유의 생활 환경 속에서 형성된 것으로 일본혼이나 일본정신의 토대를 이루므로 그것이 한국에 침식되는 것은 녹차문화 형성에 바람직하지 않아 경계해야 하기 때문이라는 것이다.[55]

녹차가 입에 맞지 않는다는 것이다. 필자의 경험으로도 녹차를 마셔본 적이 없는 사람들에게 처음 녹차를 권했을 때 그중 대다수가 무슨 맛으로 마시냐며 반문해서 매우 난감했던 기억을 잊을 수 없다. 커피향과 크림 및 설탕의 달콤한 맛을 즐기며 커피를 마시는 사람들은 물론, 보리차나 숭늉의 구수한 맛에 익숙한 사람들은 녹차에서 특별한 맛을 느끼기 어려웠다. 그들은 시금치 삶은 물 같다거나 싱겁고 씁쓸하다고 이구동성으로 녹차의 맛에 대한 실망감을 표출했다.[56]

녹차문화가 특수 계층 특히 부유층만의 전유물이라는 데에 대한 비난이다. 고급 녹차와 비싼 다기를 즐기는 일부 차인들 때문에 녹차문화는 특수 계층만이 향유할 수 있다는 인식이 생겨나

녹차의 대중화를 가로막는다는 것이다.

서민이나 초심자들은 "차는 특수 계층 사람들의 것이다. 조용하고 한가하게 생활하는 사람이나 가까이 하는 정신 영양이다" 하고 생각하기 쉽다. 실제 그렇게 생각하고 있다.[57]

요즘 다법이라면 고급 다구에 비싼 차를 마시며 어려운 한문 문자를 내세워야하는 것으로 아는 경향이 있는데 이것은 다법을 벼락부자나 특수층의 소일거리로 떨어뜨리는 잘못된 태도(이다).[58]

따라서 녹차문화가 확산하기 위해서는 대중이 값싸게 마실 수 있는 여건을 조성해서 몇몇 돈 있고 여유 있는 사람들의 전유물이라는 데에 대한 거부감을 불식해야 한다는 주장이 대두되었다.[59]

녹차문화는 한국의 전통문화이다

새로 들어온 녹차문화는 녹차문화의 전통성 소개, 간편한 음다법 보급, 구수한 맛 가미, 건강 효과 강조, 가격 인하, 정부의 지원 정책, 다양한 홍보 활동, 다회 활동 등을 통해 문화요소의 의미가 재해석되어 충분히 수용되었다.

녹차문화의 전통성 소개는 녹차문화는 결코 한국에 전혀 없던 문화요소가 새로 들어온 것이 아니라 원래 기존 문화 속에 존재했었다는 것을 밝힌 것이다. 이는 한국의 녹차문화의 전통성을 내세워 특히 외래풍에 대한 비판을 잠재우려는 것이다.

1980년 12월 명원다회가 한국 전통의식다례 발표회를 개최하여 한국 고유의 다례풍습을 철저한 고증을 거쳐 재현하였다. 이는 녹차문화가 새롭게 수용되어 확산되는 가운데 우리에게도 이러이러한 다례 풍속이 있었다는 것을 보여준 것이었다. 행사 당일 명원다회 회장 김미희가 밝힌 발표회의 취지에도 잘 나타나 있다.[60]

> 한국 다도 성장기의 시절에 누군가가 조상들의 참다운 음차의 정신과 습속을 먼저 밝혀 주는 것이 시급한 일이 아니겠는가? 하는 간곡한 그 말씀이 이 안방의 늙은이로 하여

금 또 한 번 분수에 넘치는 이 전통 의식 다례를 재현하게 하였던 것입니다.

1980년 명원다회는 한국다도자료총서로서 초의의 『동다송』, 『다신전』을 육우의 『다경』과 함께 영인본으로 발행해서 보급했다. 1982년 태평양박물관은 『동다송』과 『다신전』을, 1983년 김명배도 『동다송』과 『다신전』을 다산의 『다신계절목』, 안종수의 『농정신편』 등과 같이 번역해 원문과 더불어 소개했다. 그리고 1981년 태평양화학(이하 태평양)이 한국전통차와 다도를 재현시킨 태평양 다예관을 개관했다. 이 다예관에는 삼국시대에서 대한제국말기에 이르기까지 다구와 다서, 다에 관한 그림 등 2백여 점을 상설 전시했다.[61]

한국의 녹차문화에 관한 전문서가 본격적으로 출판되었다. 1981년 김운학의 『한국의 차문화』, 1983년 정상구의 『한국다문화학』, 석성우의 『다도』, 1984년 김상현·김봉호의 『생활다예』, 김명배의 『다도학』, 1988년 석용운의 『한국다예』 등이 줄을 이었다. 또한 식민지기에 일본인 모로오카와 이에이리가 공동 저술한 『조선의 차와 선』이 1983년 최순자에 의해 번역 소개되었다.[62]

간편한 음다법 보급은 다도를 중심으로 인식된 복잡한 격식과 절차를 타파하기 위한 것으로 녹차를 간편하게 마실 수 있는 방법을 개발한 것이다. 이는 특히 기존의 문화요소인 커피믹스의 편리함을 강하게 의식한 것이다.

먼저 티백의 개발과 보급이다. 1984년 4월 태평양은 녹차문화를 다도 위주의 형식에서 생활 음료로 바꾸려고 봉지 형태의

티백 스타일의 신제품을 개발해서 공급했다. 당시 설록차의 광고를 보자.[63]

> 티백 타입으로 가정이나 직장, 여행 중에도 간편히 즐길 수 있습니다. 사용이 용이하며 위생적입니다. 설록차가 간편한 티백 포장으로 새롭게 선보입니다. 때와 장소에 구애없이 가정에서 직장에서

다도 등의 격식에 얽매이지 않고 그야말로 때와 장소에 크게 제한받지 않고 쉽게 마실 수 있도록 만든 것이었다.[64]

티백에 이어 1990년대 들어 녹차 캔과 페트도 등장했다. 1992년부터 태평양은 설록차 캔과 페트를 출시했다. 보성녹차영농조합도 1996년부터 누구나 쉽게 마시게 캔입 녹차를 제품화해서 출하했다. 같은 해 보성녹차테크 역시 녹차를 캔 음료로 대중화하자는 아이디어를 내걸며 출범했다.[65]

녹차의 맛에 대한 실망을 극복하기 위해 구수한 맛을 가미하는 '덖음제다법'이 정착되어 갔다. 일본의 '증제제다법'을 응용해서 만든 녹차보다 김복순이 개발한 덖음제다법으로 만든 녹차가 구수한 맛을 추구하는 한국차인들의 입맛을 사로잡아 대중화에 크게 기여했다.[66]

현미녹차가 개발된 것도 구수한 맛을 가미하기 위한 것이었다. 태평양은 "현미차 티백은 녹차 고유의 향과 현미의 구수한 맛을 함께 즐길 수 있으며 특히 처음 마시는 분들의 기호에 적합합니다"라고 선전했다. 또한 녹차원은 한국 녹차는 누룽지처럼 구

수한 맛이 특징이라며 이를 앞세워 세계 시장까지 공략하려 하였다.[67]

정신적·육체적 건강에 녹차가 이롭다는 효능을 강조함으로써 건강음료로서의 이미지를 구축한 것도 커피의 유해론에 대비되어 녹차의 대중화에 중요한 역할을 했다.

국내의 견해로는 녹차에는 각종 비타민과 타닌·카페인·아미노산·카로틴 등이 골고루 들어 있어, 숙취 해소, 갈증 해소, 피로 회복, 니코틴 해독, 스트레스 해소, 혈압 강하, 이뇨 작용, 각성 작용, 고혈압 예방, 동맥경화 방지, 항암 효과, 충치 예방, 두통 해소, 소화 촉진, 이질 예방, 항암 효과 등이 있다는 그야말로 만병통치약으로 소개되었다.[68]

해외에서의 차의 효능에 대한 정보도 자주 소개되었다. 녹차에 함유된 카테킨과 폴리페놀 등의 성분이 암 발생을 억제하는 효과가 있다, 환경호르몬의 피해를 예방할 수 있다, 대장암을 억제하는 데 유효하다(일본), 암이 자라는 데 중요한 역할을 하는 신생 혈관 생성을 억제한다(스웨덴), TV수상기에서 유출되는 유해 방사능을 무력화시키고 인체의 항암력 증진에 도움을 준다(중국), 암세포 성장에 필요한 효소의 성장을 억제, 암세포를 죽게 만든다, 구강암, 소화기관의 암, 폐암, 결장암을 예방하는 한편 심장병과 뇌졸중 위험을 감소시키는 효과가 있다(미국) 등이다.[69]

국제세미나의 발표 내용이 지속적으로 소개되었다. 특히 1989년부터 한국식품과학회가 주최한 국제녹차세미나는 한중일 학자들이 참가한 가운데 개최되었다. 녹차에 함유된 카테킨과 복합다당제 등이 항산화작용을 일으켜 십이지장암, 결장암, 폐암,

피부암, 유방암과 간암 등을 억제하며, 혈당과 혈청 지질농도를 낮춰 심장질환과 동맥경화, 고혈압 등의 각종 질병을 예방하고 노화 예방, 중금속 제거, 알레르기 치료, 충치 예방에도 효능이 있다는 연구 결과가 발표되었다.[70]

1982년 문화공보부(이하 문공부)는 '86아시안게임' 및 '88올림픽'에 대비하여 전통차 보급계획을 발표했다. 문공부는 녹차가 대중화되지 못한 주된 이유를 대량 생산 체제가 갖추어지지 않아 녹차의 가격이 비싼 데에서 찾았다. 이를 해결하기 위해 1984년 정부는 2억여 원을 지원해 전남·경남·제주에 40ha의 다원을 새로 조성하기로 하였다. 서울시는 시내 다방에서 녹차를 비롯해 7종의 국산차를 의무적으로 판매하게 했으며 국산차의 가격을 내리도록 지시했다. 대기업도 대량 생산 체제 구축에 나섰다. 1983년부터 태평양은 제주도 서귀포에서 연간 4백 톤의 녹차를 생산, 처리할 수 있는 공장을 세우고, 대규모 차밭을 조성했다.[71]

이 같은 정부의 지원과 민간의 노력으로 녹차의 수요가 늘고 가격이 내리기 시작했다. 1983년 24t에 불과했던 녹차의 총소비량이 1987년에는 약 90t으로 크게 늘고 녹차 값이 많이 싸지기 시작했다. 또한 1994년부터 녹차 제조에 관한 허가제도가 완화되어 일반 녹차 농가들이 대거 직접 제품을 생산하면서 가격 경쟁에 뛰어들어 가격 인하에 일조했다.[72]

1980년 6월 문화재관리국은 녹차문화를 지원하기 위해 전통다도 풍속조사를 실시했다. 이 조사는 한국의 녹차문화의 쇠퇴 원인, 녹차를 장려하는 이유, 녹차 유적지, 녹차의 효능 및 성분, 차인, 녹차의 종류, 제다법, 음다법, 녹차의 산지와 함께 한중일 녹차

의 역사와 특징 등을 밝혔다.[73]

1982년 앞에서 문공부가 발표한 전통차 보급계획의 주요 내용은 녹차 관계 자료의 정비 및 다도 정립, 녹차 관계 전문잡지 발간 및 매스컴을 통한 홍보 강화, 각급학교, 공공기관, 직장, 상설 교육장 등을 통한 교육 실시, 관광업소, 호텔 고궁 등에 다원 개설, 녹차 생산지 확대 및 생산 여건 개선, 녹차와 다기의 보급과 저렴화 등이다.[74]

이 계획을 실천하기 위해 문공부는 1982년 정부 각 부처의 장·차관과 청장, 원장 및 국장급 이상의 고급 공무원 부속실에 근무하는 여직원 전원에게 전통 다도를 가르쳤다. 문교부는 같은 해 각 학교 학생들에게 전통 다도 교육을 실시하기로 결정했다. 초등학교에서는 도덕·실과 시간, 중학교는 도덕과 가정·가사시간, 그리고 고교에서는 국민윤리 및 가정·가사시간을 활용해서 전통차를 끓이는 방법은 물론 마시는 법, 예절 등 다도를 교육한다는 것이었다.[75]

보건사회부는 1983년부터 자동판매기에 녹차를 비롯한 국산차 판매를 의무화하고 국산차 제조업체에 대해 특별소비세와 방위세를 감면했으며 제조공정의 표준화를 보급했다. 그리고 국산차를 다방에서 팔도록 지도하고 무료 시음장 설치 운영을 지원했다. 농수산부는 1984년 녹차를 88올림픽 식품으로 지정해 상품화하기로 하였다.[76]

다양한 홍보 활동은 전문잡지, 각종 이벤트, 지역축제 등을 통해 주로 녹차가 특수 계층의 전유물이라는 인식을 불식시키려는 것이다. 전문잡지의 경우 1981년부터 태평양이 사내 소식지 형태의 『주간다보』를 발행했으며 이를 확장해 국내 최초로 『설록차』를 1983년 2월부터 발행했다. 한국차인(연합)회는 1982년 『차인』을 발행했다. 1983년 『다원』, 1987년 『다담』, 1988년 『다심』 등이 각각 창간되었다.

각종 이벤트로는, 1983년 KBS와 숭례원이 공동 주최한 한국 전통차문화 자료전을 비롯해, 1984년 예지원이 주최한 한국 차생활 문화제, 1985년 한국방송공사와 한국차인회가 주최한 한국차 문화전 등이 개최되었다. 또한 5월 25일 '차의 날'을 기념해 한국 차인연합회의 전통차 강연회·행차 시범·다기 전시회 등의 행사가 열렸다. 1998년에는 한국차인연합회, 한국차문화협회, 한국차생활문화원, 한국다도협회, 예명원, 예지원, 불교전통문화원 등 차 관련 단체들이 녹차의 대중화를 내걸고 한국의 차문화 큰잔치를 공동으로 주최했다.[77]

1985년 보성에서 열린 다향제는 "4천만이 녹차 애용, 4백억 원 외화 절약"이라는 캐치프레이즈를 걸고 보성차의 풍작을 기원하는 다신제와 찻잎따기, 차만들기, 차아가씨 선발, 다구·다기 전시회 등의 행사를 진행해 전국적인 호응을 얻었다. 이 행사는 지방주민이 주체가 되어 지역의 존재를 알리는 지역발 녹차문화 운동의 방향을 제시했다. 이후 1995년부터 시작된 하동의 하동야생차축제와 함께 대표적인 지역축제로 자리 잡았다. 1997년 문화체육부 5월의 문화인물로 초의선사가 선정된 것도 일반인에게 한국의 녹차문화의 존재를 알리는 데 크게 기여했다.[78]

1960년대 시작되어 1970년대를 거치며 1980년대에는 수많은 개별 다회와 연합 다회가 생겨났다. 다회는 녹차의 연구와 보급,

다도 교육, 회원 간의 친목 도모 등을 내걸고 다양한 형태로 활동했다. 필자가 몸담았던 대학 다회에 한해 살펴보기로 한다.

대학 다회는 1976년에 부산대 의대생, 동아대 농대생, 경희대 한의대생을 중심으로 처음 결성되어 1980년대 들어서서 정식 동아리 활동으로 본격화되었다. 1980년 부산여전 동다회, 1981년 경희대 선다회, 부산대 다연회, 동아대 다연회, 단국대 화경다회, 지산여전 지산다우회, 1982년에는 국민대 명운다회, 전남대 남도차문화회, 동국대 서라벌다우회, 1983년 조선대 백악연다회, 1984년 건국대 다정회, 부산여대 수련다도회, 1985년 원광대 약학대학 난다회, 1986년 부산외대 외향다도회 등이 줄지어 창립되었다.[79]

각 다회의 목적과 활동은 약간의 차이는 있으나 주로 전통 녹차문화의 계승과 보급을 내걸고 녹차 관련 학습, 토론, 연구, 다례 실습, 녹차 다기 서적 전시회, 무료 시음회, 제다, 녹차 유적지 답사, 도자기 실습, 강연회 개최 등의 행사를 중심으로 활동했다.[80]

1982년에는 전국대학다회연합(전다련)을 결성해 녹차문화운동을 전개하였다. 전다련은 각 대학 간의 상호 교류 하에 차문화, 전통문화 및 정신문화를 계승, 발전시킬 목적을 내걸었다. 창립 직후 전국 43개 대학 다회 중 26개가 전다련에 가입했다. 전다련의 주요 행사는 하계수련회와 동계수련회이다. 여름방학과 겨울방학에 2박 3일 또는 3박 4일의 일정으로 각각 진행된 두 행사에는 15개 전후의 대학에서 120여 명이 참석해 녹차문화와 관련된 초청강연회와 학술발표회, 그리고 조별토론 등을 진행했다.[81]

1990년대 들어서면서 전다련의 활동이 주춤하기 시작했다.

물론 각 대학 다회의 활동은 개별적으로 지속되었다. 연합 다회가 쇠퇴한 가장 중요한 까닭은 아이러니하게도 대학 밖의 사회 다회의 급속한 팽창 때문이었다. 10여 년에 걸친 전다련의 왕성한 활동은 전체 다회 발전에 크게 기여했던 것이다. 특히 대학 다회를 마치고 사회 다인이 되어 활동을 이어간 걸출한 전다련 출신들의 존재가 이를 잘 말해준다.[82]

녹차문화

1990년대 중후반에 이르면 녹차문화는 문화요소의 재해석이 잠잠해지고 재구성되어 신평형을 이루었다. 직장인을 중심으로 녹차를 마시는 사람들이 계속 늘어나고 연령층도 중·장년층에서 20·30대 청년층으로 확대되었다. 1997년 대학생 5백 명을 대상으로 조사한 결과 40~45% 정도가 녹차를 자주 마신다고 응답할 정도였다.

실제로 1991년부터 2000년까지 녹차의 재배 면적, 생산량, 1인당 소비량이 각각 13~14%의 성장세를 나타냈다. 이에 따라 1980년대 후반부터 녹차의 출하량이 10% 정도씩 꾸준히 늘어나기 시작해 1990대에 들어서는 20% 이상씩 증가했다. 그 결과 한국의 녹차 시장의 매출 규모는 매년 커져서 1990년 80억 원에서 1991년 120억 원, 1993년 240억 원, 1995년 360억 원, 1996년 500억 원을 넘어섰고 1997년에는 650억 원에 달할 것으로 전망되었다.[83]

이처럼 한국의 녹차문화는 중국이나 일본에서 받아들여 수용되었음에도 일본이나 중국이 가정이나 식당에서 식사할 때는 물론 직장 등 사회에서도 일상화되어 있는 모습과 똑같이 정착하지 않았다. 많은 한국인들이 커피 일변도에서 벗어나 녹차를 마시게 되었지만 여전히 그들은 가정과 식당이나 직장에서 식사할 때 물을 선호했으며 녹차는 가끔 필요할 때 선별적으로 마시는 기호차로서 자리 잡았다. 이것이 바로 음다로서 한국의 녹차문화의 특징이다.[84]

한국의 녹차문화는 초창기 외래문화요소를 전파, 제시한 녹차문화의 선구자들의 바람대로는 실현되지 않았던 것이다.

> 한 가지 소망이 있다면 일본 유학시절 차와 처음 인연을 맺고 중국에 10년간 머무르는 동안 깊은 인연을 맺게 되었는데 그곳에는 어느 도시 어느 조그마한 촌락에도 차를 마실 수 있는 다원이 있으며 어느 곳을 방문해도 사람에게 선뜻 차를 대접하는 그들의 생활 속에 뿌리박힌 차문화를 볼 때면 빨리 우리나라에서도 일반 대중음식점, 식당, 역 등에 콜라, 우유, 커피 등의 음료를 손쉽게 구입하여 마시듯 차를 마실 수 있는 기회가 주어(졌으면 좋겠다)[85]

> 중국(타이완 포함)이나 일본을 직접 경험한 사람들이 두 나라에서 느낀 차의 대중화는 차가 일상생활의 음료로써 잠시도 중국인과 일본인의 곁을 떠나지 못한다는 점에서는 공통점을 가지고 있었다. 중국에서도 일본에서도 가정, 직장은 물론 학교급식과 가장 싼 음식점에까지 차가 없는 곳이 없었다.[86]

해방 후 한국에 정착한 녹차문화는 식민지기에 주로 조선에 이주했던 일본인의 필요성에 의해 일제의 지배 정책의 일환으로 강제적 상황에서 수용된 녹차문화와는 물론, 해방 후 한국에 전파·제시된 중국과 일본의 그것과도 다른, 온전히 한국인의 자발적인 필요와 노력으로 만들어진 한국식의 녹차문화인 것이다. 2000년대 이후 녹차문화는 단순히 차를 마시는 음다를 넘어 음식, 산업, 식품, 제품, 관광 등과 결합하며 다양한 형태의 글로벌 녹차문화로 변해갔다.

테니스

이야기

딱딱한 공에서　　　말랑말랑한 공으로

경식정구

> 반도의 정구계는 자못 연식정구의 전성 시기를 이루고 있다. 근래에 준경식정구와 경식정구가 일부에서 행하나 그것은 극히 부분적 소수이고 아직도 일반적으로는 연식정구를 흔히 행한다. 그리고 종래 남자만이 행하던 모든 경기 중에 점차로 여자도 이 경기에 취미를 갖게 되어 지방에서는 전년까지 보지 못하던 여자정구대회가 평양 대구 함흥 등지에서 거행하게 됨은 요람시대를 넘은 감이 있다.[1]

구평형은 경식정구(硬式庭球, Lawn Tennis)이다. 경식정구는 중세시대 프랑스의 뽐(paume)에서 유래되어 영국을 비롯한 독일, 이탈리아, 미국 등 구미 각국에 널리 보급되었다. 1873년에 영국의 윙필드(Walter Wingfield)에 의해 체계화되어 1877년 영국 윔블던에서 전영론테니스선수권대회(All England Lawn Tennis Championship)가 개최되면서 세계적인 스포츠로 자리 잡았다.

Tennis라는 용어는 1910년 전후의 시기에는 테니스와 이를 번역한 정구가 병용되다가 일본에서 개발한 연식정구(軟式庭球, Soft Tennis)가 등장하면서 경식정구와 연식정구로 구분되어 사용되었다. 이후 식민지기에 연식정구가 주로 행해지면서 테니스와 정구는 일반적으로 연식정구를 지칭하는 것으로 사용되었고 오늘날의 테니스는 경식정구로 불리었다. 따라서 여기서는 오늘날의 론 테니스와 소프트테니스를 경식정구와 연식정구로 각각 부르기로 한다. 경식정구와 연식정구의 결정적인 차이는 공에 있다. 전자가 고무공에 포(布) 또는 모전(毛氈, felt)을 씌워서 만든 딱딱한 공을, 후자는 고무만으로 만든 말랑말랑한 공을 각각 사용한다.

경식정구가 처음 조선에 전해진 것은 외국과의 통상조약 체결 이후 일본에 수신사로 갔던 김옥균과 조선에 건너온 외국의 외교관과 선교사 등에 의해서이다. 1876년 조선은 일본과 강화도 조약을 체결해 외국에 문호를 개방한 후 1882년 미국, 영국 등 서구 열강과 통상조약을 잇달아 맺으면서 근대적 국제관계에 본격적으로 편입했다. 이에 국제법과 외교관행에 따라 외국공관이 설치되고 외국의 외교관을 비롯한 관료, 선교사, 상인 등이 조선에 들어오면서 외국과의 관계가 점점 긴밀해졌다. 또한 조선 사회에서는 근대문명을 수용하려는 움직임이 점차 활발해졌는데 체육 부문도 예외가 아니었다.[2]

이러한 가운데 경식정구가 조선인 개화파와 서양인들을 중심으로 외국공관과 외국인 구락부, 그리고 외국인이 세운 학교를 중심으로 정착했다. 1882년 김옥균은 일본에서 경식정구 용구를 가지고 귀국해 자택과 탁지부에 코트를 만들고 1883년부터 경식정구를 시작했다. 같은 해 조선 주재 미국 공사로 부임한 푸트(L. M. Foote)와 이듬해 조선 주재 영국 총영사로 부임한 애스턴(W. G. Aston)이 각각 공관에 잔디 코트를 만들고 경식정구를 조선에 소개하였다. 김옥균은 푸트와 애스턴 부부를 초대하여 경식정구 시합을 했으며 점차 일부 조선인 개화파 사이에도 경식정구가 퍼졌

배재학당 정구부의 경기 모습
동아일보, 1994년 10월 9일, 25면.

다. 또한 경성 주재 외교관들은 외국인 관리·선교사·상인 등과 사교 모임인 구락부를 결성하여 코트를 만들고 경식정구를 즐겼다.³

서양 선교사들이 설립한 학교는 근대적인 체육 교육을 실시하여 체조 등을 교과목으로 채택하였다. 또한 과외 활동으로 각종 운동경기를 장려했는데 경식정구도 그중 하나였다. 1891년경에 정동여학당에서, 1900년에는 배재학당에서 경식정구부가 조직되어 경식정구가 행해졌다.⁴

이처럼 구평형은 1876년 문호개방 이래 대략 1900년 초반까지의 시기로 당시 경성에 거주하던 소수의 외국인과 조선인 개화파와 학생들이 외국공관과 구락부 및 학교에서 행하던 경식정구이다. 물론 이처럼 특정 지역에서 매우 소수가 즐긴 경식정구가 조선에 정식으로 수용, 정착되었다고 보기에는 무리가 있다. 그럼에도 구평형으로 설정한 것은 식민지기의 연식정구로의 문화접변 과정을 설명하는 데 매우 유용하기 때문이다.

저렴한 연식정구가 더 좋아

1876년 문호개방 이래 조선에 정착하던 경식정구는 1900년대에 들어서 일본인이 대거 조선으로 이주하면서 부분적인 해체를 개시했다. 경식정구가 더 이상 평형을 유지하지 못하고 부분적인 해체를 시작하게 된 요인으로는 조선에 이주한 일본인들이 연식정구를 선호한 것과 경식정구에 드는 고비용과 기술적 어려움 등을 들 수 있다.

경식정구는 재조일본인들이 증가하고 그들이 연식정구를 선호하면서 더 이상 평형을 유지할 수 없었다. 일본에서 이미 연식정구를 즐기던 일본인들은 조선에 이주해 오자 경식정구보다는 연식정구를 선호했기 때문이다. 재조일본인은 1900년 전후부터 조선에 대한 일본의 영향력이 커지면서 여러 직종과 지역에 걸쳐 점차 늘어났다.[5] 그들에게 이미 몸에 익혀 즐기던 연식정구는 이주한 이후에도 매우 중요한 체육활동이었다. 선수 경력의 재조일본인의 존재가 이를 잘 보여준다. 1905년 조선에 건너와 연식정구의 전파·제시에 선구적인 역할을 한 무샤(武者鍊三)는 고등상업학교 재학시절 전국을 제패한 유명한 선수였다. 조선은행에 근무하며 정구단을 이끈 호리(堀正一)는 도쿄제국대학 선수 출신이었다. 대구정구단에서 활동한 마쓰시타(松下直英) 판사는 대학 시

절에 유명 선수로 이름을 날렸으며 후지다(藤田)는 야마구치현에서 우승한 강자였다.[6]

일본에 경식정구가 처음 전래된 것은 1870년대 후반 요코하마와 코베 등에서 외국인들이 경식정구를 하면서이다. 1886년 도쿄고등사범학교에 미국인 교사의 영향으로 경식정구부가 창설된 이래 조선과 마찬가지로 일본 역시 경식정구가 보급되었다. 그러나 당시 경식정구는 기술이 미숙하여 흥미를 끌지 못했고, 특히 공을 수입에 의존했기 때문에 가격이 매우 비싼 탓에 확산이 곤란했다. 이에 1890년 도쿄고등사범학교는 고무회사에 위탁해 저렴한 공을 제조하게 했다. 그 결과 고무공에 포나 모전을 씌운 딱딱한 경구 대신에 고무만으로 만든 말랑말랑한 연구를 개발하여 가격과 기술 문제를 동시에 해결했다. 이후 이 공을 사용한 일본의 독자적인 연식정구가 개발되어 급속도로 성행하게 되었다.[7]

또한 일본에서 연식정구를 직접 경험하지 않았던 재조일본인 중에는 일본 사회에서 유수의 스포츠 종목으로 자리한 연식정구를 조선에서 당연히 누려야 할 존재로 생각하는 사람들도 생겨났다. 왜냐하면 그들은 일본제국의 국민으로서 조선 사회에서 지배자의 위치에 있었기 때문이다. 그들은 동시에 지배 대상인 조선인과 함께 조선 사회의 구성원이기도 하였다. 따라서 다양한 직업을 가진 재조일본인이 지역을 넓히면서 늘어나면 늘어날수록 그리고 그들과 조선인들과의 접촉이 증가하면 할수록 조선에서 연식정구의 필요성은 점점 더 커졌다.[8]

일본의 경우와 마찬가지로 당시 조선인들에게도 경식정구는 높은 비용과 기술적 어려움으로 인해 더 이상 확산하기 어려웠다. 당시 조선에서도 공은 물론 라켓과 네트 등을 외국으로부터의 수입에 의존했기 때문에 가격이 매우 비쌌다. 또한 경식정구는 상대적으로 타구가 어려워 일반적으로 보급되기 힘들었다. 고비용으로 인해 배재학당 정구부에서는 네트 대신 새끼줄을 매고 널판 조각 라켓을 가지고 경식정구를 할 정도였다. 이 때문에 경식정구를 하거나 그것을 지켜보던 조선인들이 재조일본인들이 갖고 들어온 연식정구의 필요성을 더욱 절감했다.[9]

연식정구를 즐기는 일본인처럼

급증한 재조일본인이 연식정구를 선호하고 고비용과 기술적 어려움으로 인해 경식정구가 부분적인 해체를 시작하자 그것을 막기 위해 외래문화요소로서 일본으로부터 연식정구가 전파·제시되었다. 그것은 주로 재조일본인들에 의해 회사, 학교, 관청 등을 통해 이루어졌다.

재조일본인 중 연식정구를 조선에 적극 전파하는 데 선구적인 중요한 역할을 한 사람은 무샤였다. 그는 도쿄고등상업학교 재학 시절부터 연식정구선수로서 전국을 제패하여 이름을 날렸다. 1905년 제일은행의 직원으로 조선에 건너와 1908년부터 일한와사에서 근무하면서 연식정구를 조선에 알렸다.[10]

학교의 경우 1906년 일본거류민단이 부산에 세운 부산제1상업학교를 시작으로 다음 해 경성의 선린상업학교에, 1909년에는 부산개성학교, 인천일어학교에도 연식정구부가 창립되었다. 1910년에는 선린상업학교 직원과 관립한성고등학교 직원들이 연식정구시합을 하였다.[11]

1909년 탁지부 소속 관청 직원이 조직한 친목 단체인 회동구락부 정구부가 대회를 처음 개최하고 이듬해 춘계대회를 열었다. 1911년에는 용산철도정구부의 추계대회가 열려 왜성구락부, 조선은행, 영림창, 동양척식회사, 제백삼십은행, 총독부중학교, 동양협회 등이 참가했다. 이어 조선은행 대 동양협회의 시합과 조선은행, 제일은행, 제백삼십은행의 연합군 대 동양협회의 시합이 열렸다.[12]

1911년에는 경성일보사가 조선에서 최초로 우승기를 내건 제1회 우승기쟁탈 정구대회를 용산철도 코트에서 주최했다. 우승기에는 초대 조선총독 테라우치(寺內正毅)의 우승 휘호가 새겨졌다. 일반 관중과 응원단이 지켜보는 가운데 개최된 이 대회는 조선의 스포츠사와 정구사상 대서특필할 만한 일로 연식정구가 발흥하는 계기가 되었다.[13]

연식정구가 조선에 전파·제시되자 이를 쉽게 받아들이지 않으려는 반발이 생겨났다. 하나는 문화의 적합성이란 측면에서 경식정구를 하던 사람들이 국제적인 경식정구를 지키려는 입장에서 일본만의 연식정구를 배척한 것이다. 1910년 미국에서 귀국한 이승만이 당시 연식정구를 치고 있던 조선인들에게 한 발언을 들어보자.

> 연식정구는 왜인들만이 치는 것인즉 세계 선진제국에서 성행되고 있는 경식정구를 쳐야만 한다.[14]

일제의 식민지 지배에 대해 반감을 가진 이승만은 조선인들이 일본인 중심의 일본식 연식정구에서 벗어나 미국은 물론 국제적으로 널리 행해지고 있는 경식정구를 고수할 것을 권유했다.

다른 하나는 실생활에서 느끼는 필요성으로 당시 조선에서 연식정구의 필요성을 느끼는 사람들이 많지 않았다. 왜냐하면 많은 조선인의 경우 연식정구를 할 수 있을 만큼 충분한 경제적 여력이 없었다. 경식정구와 마찬가지로 연식정구의 용구 역시 일본에서 들여왔기 때문에 비록 경식정구보다는 저렴하다고 하지만 여전히 비싼 비용이었다. 조선인들이 새롭게 연식정구를 시작할 필요성을 느끼기는 쉽지 않았던 것이다.

연식정구는 주로 조선인에 의한 반발에도 불구하고 거절·묵살에는 이르지 않았다. 대략 1910년대에 재조일본인 사이에 연식정구가 활기를 띠기 시작하고 약간의 조선인이 가세하면서 경성을 비롯해 일본인이 다수 거주하는 지방에서 연식정구 단체가 줄지어 조직되었다. 이 단체들을 중심으로 연식정구 경기가 여러 곳에서 열리고 그를 보기 위해 관중들이 모이기 시작했다. 이는 연식정구가 조선에 외래문화요소로서 일단 수용되었음을 보여준다.

경성에서는 1912년 일본인들이 중심이 되어 당시 강자였던 용산정구단에 대항하기 위해 나머지 팀들이 연합정구단인 경성 보이스를 결성했다. 이를 계기로 경성의 정구계는 미증유의 활약을 보였다. 조선은행, 철도, 왜성구락부, 동양협회, 일한와사회사, 고등보통학교, 미쓰코시오복점, 메이지야, 쯔지야, 십팔은행, 제백삼십은행, 히노데소학교, 사쿠라이소학교 등이 활발하게 활동했다. 1915년에 경성일보사가 주최한 정구대회에는 총독부, 철도, 일한와사회사, 동양척식회사, 체신, 조선은행 등 경성과 인천을 비롯해 지방에서 회사, 은행, 학교, 상점 등의 정구단이 출전했다. 많은 관중이 몰려들어 운동장 주위를 담처럼 둘러싸고 극렬하게

응원했다.[15]

경성의 조선인들도 정구구락부 조직에 적극 나섰다. 1912년에 황명원, 연학년, 이세정, 구종태, 정규창 등이 조선인 최초의 정구구락부인 금강구락부를 창립했다. 1917년에는 구종태를 중심으로 태양구락부가 생겨났다.[16]

지방에서도 각종 대회가 활발하게 열렸다. 1911년 대구에서는 우인구락부 주최로 정구대회가 열려 농공은행, 조선은행 대구지점, 경상북도도청을 비롯해 지역의 유지들이 참가해서 성황을 이루었다. 1914년 황해도 해주에서 일본인과 조선인 24명이 참가하는 정구대회가 열렸다. 부산에서도 부산정구대회가 열려 상업학교, 제1심상소학교, 철도단, 와전단, 세관단 등이 참가해 응원단과 일반 관중 수백 명이 지켜보는 가운데 진행되었다.[17]

1915년 대전구락부 주최 추계정구대회가 열려 흥업, 학교, 철도, 금융 등의 팀에서 60여 명이 참석했다. 1916년 공주공립농업학교에서는 공주 관민과 학교 구성원들이 정구시합을 거행했다. 부산일보 주최 부산정구대회에는 지방법원, 은행단, 세관단, 고등여학교, 유지단, 우편국세관, 상업전문, 제1심상소학교, 제2심상소학교, 제5심상소학교, 철도단 등 20개 팀이 참가했다. 선수는 모두 일본인이었다. 수백 명의 관중이 코트 주위를 둘러싸고 울타리를 만들어 열광하며 응원했다.[18]

1917년에는 통영에서 신춘정구대회가 열려 다수의 조선인과 일본인이 함께 참가하여 성황을 이루었다. 대구에서는 관청측과 민간측이 우승기 보관쟁탈전을 벌였다. 선수는 모두 일본인이며 관청측은 잠업강습소, 재판소, 도청, 고보림, 소학교 등에서 9팀,

민간측은 조선은행, 금융조합, 조면공장, 동양척식회사, 농공은행 등에서 8팀이 참가하였다.[19]

일본 본국과의 교류와 조선 내 지방 간의 교류 시합도 이루어졌다. 일본 야마구치 고등상업학교 정구선수단은 1911년부터 수학여행 중 경성과 부산 등지에서 실업정구단과 고등학교정구단 등을 상대로 교류 시합을 가졌다. 1914년 경성의 용산철도국정구단이 부산에 원정해서 부산정구단과 경기했다. 1915년 이리에서는 대전, 군산, 목포, 이리, 전주, 논산의 선수들이 참가하는 대연합호남정구대회가 개최되었다. 1915~1917년에 대구에서 용산철도국정구단과 대구정구단이, 1916년에는 대구에서 대전정구단과 대구정구단이, 1917년에는 부산에서 대구정구단과 부산정구단이 각각 시합을 개최했으며, 목포정구단과 광주정구단은 매년 두 번의 정기 시합을 열었다.[20]

국제적인 경식정구를 시작하라

새롭게 수용된 연식정구에 대해 국제성이 부족하다는 비판과 함께 재조일본인 중심으로 행해진다는 것에 대한 반발, 그리고 고비용과 특권층만이 즐기는 것에 대한 불만 등의 저항이 생겨났다.

연식정구는 주로 일본 본국과 식민지 조선 및 타이완에서만 행해지고 있어 경식정구에 비해 국제적 성격이 부족하다는 비판이다. 특히 일본이 이미 경식정구로 전환해 국제대회에서 성과를 올리고 있는 상황에서 조선이 국제스포츠 경기에 참가하지 못하는 데에 대한 불만이다.

일본에서는 1913년에 게이오의숙대학이 연식정구로는 국제교류가 불가능하다고 판단해 경식정구로 전환했다. 이후 전국의 주요 학교가 속속 경식정구를 채용하면서 본격적인 경식정구 시대가 열렸다. 1913년 연식정구에서 경식정구로 막 전향한 구마가이(熊谷一弥)가 경식정구 동양선수권에 출전해 준결승까지 진출했다. 이후 그는 수차례 미국에 건너가 1919년에는 미국 랭킹 3위에 올랐다. 1920년에는 앤트워프 올림픽에서는 단식에서 은메달을 복식에서도 준우승하였다. 이는 일본 최초의 올림픽 메달이었다. 1920년 시미즈(清水善造)는 일본인 최초로 윔블던대회에 참가해 챌린지라운드에서 준우승했다. 1921년 일본은 처음으로

국가대항전인 데이비스컵에 출전하고, 1926년과 1927년에는 좋은 성적을 거두었다.[21]

1912년 금강구락부 창설에 앞장서며 조선인 연식정구를 이끌었던 인물 중 한 사람인 연학년은 연식정구 중심에서 벗어나 경식정구로 전환할 것을 주장했다.

> 올림픽을 제외하고 단일종목으로 세계적 우열을 다투는 운동경기는 정구뿐인 것 같다. 각국에 정구협회가 있어서 서로 연락을 취하고 일 년에 한 번씩 데이비스컵 쟁탈전이 있다. 그 나라의 건전한 정신을 대외적으로 발표하는 방법은 여러 가지 있겠지만 근래에 있어서는 운동이 제일인 것 같다 … 이러한 의미에 있어서 우리의 정구도 세계적 활무대에 활약할 필요가 있다. 그리하려면 연구를 버리고 경구를 시작하여야만 한다. 일본서는 경구를 채용한 지 몇 해 안 되어서 시미즈, 구마가이 양 씨 같은 세계적 선수를 내고 신진으로 후쿠다, 하라다, 아베, 토바, 오오타와 같은 유명한 선수를 배출하였다 … 우리가 정구를 조선내의 정구로만 하지 말고 세계적 정구를 만들려면 불가불 경구를 채용할 수밖에 없다.[22]

국제정구계에서 경식정구가 보편적이기 때문에 향후 조선이 국제대회에 참가하기 위해서는 연식정구에서 벗어나 경식정구로 전환해야 한다고 것이다. 특히 연학년은 이미 일본이 경식정구로 이행하여 단시간에 성과를 내고 있음에도, 조선이 연식정구에만 몰두해서 국제적으로 고립되는 것을 두려워하였다. 그는 조선이 연식정구에 집착해서 국제경기에 참가하지 못하는 것은 '전 조선의 치욕'이라며 당장 경식정구로 전환할 것을 주장했다.[23]

연식정구가 재조일본인 위주로 행해지고 있어 조선인의 연식정구 활동이 위축되거나 사라질지도 모른다는 것에 대한 불안이다. 이는 연식정구의 조직과 대회를 둘러싼 일본인과 조선인의 갈등에서 엿볼 수 있다.

1918년 당시 경성에서 활동했던 15개의 정구단은 스포츠의 대중화를 목표로 경성정구회를 결성했다. 이어 1919년에는 경성야구단과 합동해서 조선체육협회를 조직하였다. 회장과 부회장을 비롯해 총 47명의 임원 중 조선인은 한상룡 단 1명인 데서 알 수 있는 것처럼 재조일본인 중심의 단체였다. 실례로 1922년 조선체육협회는 전조선여학생정구대회를 개최하고 협회 회원 16명을 심판으로 위촉했는데 모두 일본인이었다.[24]

일본인 중심의 조선체육협회에 맞서 1920년 조선인들은 조선인의 스포츠 활동을 지원하기 위해 조선체육회를 창립했다. 이어 1923년 9월 구종태, 이세정, 김종원, 윤호병, 연학년 등은 조선인 정구단체의 연합기관으로 조선정구협회를 발기했다. 지방에서도 상황은 비슷했다. 충남 대전의 조선인 유지들은 조선사람만으로 조직된 체육기관이 없음을 유감으로 여기고 정구 활동을 지원하기 위해 대전체육회를 창립했다.[25]

대회 운영에 관해서도 일본인 중심에 대한 불만이 터져 나왔다. 전선 중등학교 정구대회에서 조 추첨 방법이 매우 불공평하다고 조선인 학생들이 이구동성으로 불평했다. 그들은 주최 측이 내선융화를 무시하고 독단적 판단으로 선수의 위신을 해쳤다고 일본인 측을 강하게 비난하며 조선인 측은 앞으로 대회에 출전하지 않기로 합의했다.[26]

1927년 예산정구구락부가 개최한 충남정구대회에는 각 군으로부터 일본인 2개 조와 조선인 43개 조 총 45개 조가 참가하여 성황을 이루었는데, 기자는 일본인 중심의 경기 운영에 대해 통탄하며 주최 측에 엄정히 경고했다.

> 첫째로 정구대회 개최의 통지서와 신청서라는 것을 일본문으로 작성 발송한 것이며, 둘째로 대회 당일 개회사를 일본어로 발표하고 그 외 용어를 전부 일본어를 사용하였으며 우승기 수여식사와 폐회식을 또한 역시 일본어로 일관한 것이다. 그리고 소위 대표 선언자 모는 무의식적으로 맹종한 태도를 보일뿐이니[27]

기자는 조선인이 다수 참가하는 대회를 일본어로 진행하는 것은 조선인을 무시하고 희생시키는 기이한 일이며 민족적 청년 수양을 크게 해치는 어그러진 문제라고 주장했다. 연식정구를 배워서 즐기는 데는 많은 시간이 걸리고 적지 않은 비용이 소요되었기 때문에 시간적·경제적 여유가 없는 대다수 사람들은 연식정구를 할 수 없었다. 특히 연식정구 코트의 경우 학교나 회사, 관청이 아니면 공동으로 사용할 수 있는 곳이 거의 없어 일반인은 연식정구를 하고 싶어도 실제 접근하기가 어려웠다. 여성의 경우 이러한 경향은 더욱 심해 그에 대한 불만이 쏟아졌다.[28]

> 여자로서 신체를 튼튼히 할 필요가 있다면 또한 여자로서
> 그 용감한 자태를 만인의 앞에서 자랑할 필요가 있다하면
> 그것은 모든 조선여성에 있어서 동일하지 아니하면 아니
> 될 것입니다. 그런데 이번 전선여자정구대회에 대표를 보
> 낼 수 있는 여자는 오직 각 지방에 있는 중등정도의 여학생
> 뿐입니다. 그런데 조선 현재 상태를 보면 중등정도의 학교
> 수효는 불과 수 십 개요. 학생의 수효는 불과 수천 명입니
> 다. 이와 같이 소수의 여자 외에는 운동 같은 것은 꿈에도
> 꾸어 볼 수 없는 상태에 있습니다. 더 나아가 무산자의 가
> 정에 태어난 여자들은 학교며 운동은 고사하고 하루의 시
> 간의 거의 전부를 노동에 빠져서 신체와 정신이 시들어질
> 대로 시들어집니다. 그들의 눈에는 운동하고 있는 여자들
> 이 원수와 같이 밉게 보이지 아니할 수 없습니다. 이와 같
> 이 일반 여자의 처지를 돌아보고 소수 유복한 여자들의 정
> 구대회를 설명하면 그곳에는 계급적 불평등이라는 현상이
> 드러나서 사회의 결함이 증명됩니다.[29]

실제 여성정구대회에 참가할 수 있는 사람들이 매우 제한된 극소수의 유한계층이므로 열악한 노동환경에서 고단하게 살아가는 대다수의 무산계급의 사람들은 연식정구에서 심한 계급적 불평등을 느껴 그들을 원수처럼 미워할 수도 있다는 것이다.

이는 비단 여성에만 그치지 않고 남성에도 해당하는 것이었다. 실제 식민지기 운동 등의 여가를 즐길 수 있는 사람들은 경성의 경우 재조일본인과 10%에 국한된 조선인 유한층에 불과했다.

경성 외곽에 거주하는 대다수의 조선인들은 최하층의 서민들로 연식정구와 같은 체육활동에서 소외되어 있었다. 학교의 경우도 정구를 비롯한 운동경기에는 전교 학생 중의 10%만이 참여할 수 있었다.[30]

인산인해를 이루는 정구대회

외래문화요소인 연식정구는 전 조선 규모 대회의 창설과 도쿄 유학생 정구단의 활동, 관제 체육활동 조성과 주민 참여, 목판정구와 유지 후원, 청년단체의 정구대회 등을 통해 문화요소의 의미가 재해석되어 충분히 수용되었다.

1921년부터 개최되기 시작한 전 조선 규모의 연식정구대회는 저항에서 나타난 일본인 중심과 소수 특권층의 전유물이라는 비판을 불식하기 위한 것이었다. 우선 전 조선 규모의 남성대회는 조선인만의 대회를 창설함으로써 그동안 일본인 중심의 대회에서 탈피하려 했으며, 여성대회는 일본인과 조선인 선수가 함께 참여함으로써 역시 일본인 중심이라는 비판을 잠재웠다. 다음에 응원단 및 일반 관중이 다수 참여함으로써 직접 연식정구를 하지 않더라도 함께 즐기는 것으로 소수만의 운동이라는 불만을 누그러뜨렸다.

조선인 중심으로 조직된 조선체육회는 1921년 일본인 중심의 기존 대회와 차별화하여 조선인 선수만이 참가하는 '전조선 제1회 정구대회'를 개최했다. 조선인이 주최한 최초의 전국적 규모의 이 대회는 경성에서 3일간에 걸쳐 열렸다. 9개 구락부(불교청년회, 보전친목회, 개성엡윗청년회, 원산청년회, 예산구락부, 시천교청년회, 전수학교정구부, 금산청년회, 금강단정구부)와 8개 중등학교(선린상업학교, 송도·보성·중앙·휘문·양정고등보통학교, 정주오산·경신학교)가 참가했다. 경성은 물론 남쪽의 전북 금산과 북쪽의 평북 정주에서까지 전 조선의 청년이 한마당에 모여 승부를 다투는 처음 있는 일이었다.

제2회 대회에는 관중이 무려 4천여 명에 달하였으며 응원과 박수 소리로 수송동 일대가 떠나가는 것 같았다. 대회의 심판과 임원은 모두 조선인이었다. 이후 이 대회는 경성을 중심으로 선수나 일반 관중 모두 스포츠 정신에 기반해 성장해 갔다.[31] 이어 여성의 정구열이 왕성해지자 일본인 중심의 조선체육협회와 조선인 중심의 조선체육회가 경쟁적으로 전국 규모의 여성대회를 유치했다. 조선체육협회는 1921년 시범대회를 거쳐 다음 해부터 정식으로 '전조선 여학생정구대회'를 개최하였다. 매일신보사와 경성일보사가 공동 주최한 이 대회에는 일본인 학교인 경성제1·경성제2·인천·대전·원산고등여학교와 진명·숙명·경성여자고등보통학교 등 조선인 여학교도 참가하였다.[32]

조선체육회도 1923년부터 동아일보사 주최 '전조선 여자정구대회'를 개최하였다. 이 대회에는 경성에서 경성·숙명·진명여자고등보통학교와 정신·배화·동덕여학교, 지방에서 공주영명여학교와 개성호수돈여자고등보통학교 등 조선인 학교 8개교와 경성제1고등여학교 등 일본인 학교 3개교 총 11개교가 참가했다. 시합 당일 양편 교문으로 밀려오는 관중들은 순식간에 2만 명을 넘어서 그 장관은 실로 '비단 위에 꽃'이었다.[33]

이 외에도 1922년부터 '전조선 중등학교정구대회'가, 1923년

전조선 여학생정구대회 광고
매일신보, 1922년 9월 22일, 3면.

에는 '전선 전문학교연합정구대회'가 개최되어, 연식정구에 열광한 수천 관중은 더위도 잊은 채 코트의 전후좌우를 여러 겹 둘러싸고 열렬히 응원했다.[34]

도쿄에 유학 중인 조선인 학생들이 조직한 재도쿄 조선인학우회(이하 유학생학우회)가 조선 각지에서 행한 연식정구 원정경기는 연식정구를 통해 근대문명 수용의 필요성을 조선인에게 알림으로써 일본인 중심의 연식정구에 대한 반발을 완화하는 데 일조했다.[35]

유학생학우회 정구단은 하계방학을 이용해 7월에서 8월에 걸쳐 조선 각지를 돌며 원정경기를 벌였다. 1918년에 이어 1920년에는 경성과 평양 등에서 조선체육회, 조선은행팀, 왜성대구락부, 일본인 평양단, 숭실단 등과 시합했다. 1922, 1924, 1928년에는 부산, 대구, 광주, 목포, 대전, 강경, 조치원, 천안, 예산, 경성, 인천, 개성, 평양, 진남포, 겸이포, 정주, 선천, 신의주 등에서 각지의 대표단과 경기했다. 이들 행사에는 많은 관중이 모여들어 조선의 운동계에 활기를 불어넣고 일반인들의 기대와 환희를 한층 고조시켰다.[36]

유학생학우회의 원정경기는 "경쟁을 주장함도 아니요. 소일을 위함도 아니요 … 오직 우리 앞에 닥쳐오는 생활전(戰)과 처세술에 대한 단련을 목적함이요. 또는 이것을 기회 삼아 정다운 고국의 동지들을 반갑게 만나고자 함이었다." 유학생들은 연식정구를 매개로 당시 사회생활에서 근대적인 체육활동이 필요하다는 점을 계몽했다. 그 결과 일본인 중심으로 행해지고 있다는 연식정구에 대한 조선인의 반발을 약화시키는 데 도움이 되었다. 이는 유학생학우회 정구단에서 활동했던 연학년 등이 귀국 후 조선정구계에서 중요한 역할을 한 데에서도 잘 알 수 있다.[37]

일제는 지배의 안정을 위해 조선 주민의 정치적 요구를 압살한 대신에 관제문화를 조성해 순응시키려 했다. 개인의 삶을 안정시킨다는 정치선전은 비록 실제와 일치할 수 없었지만 주민들에게는 자신들의 삶의 위험과 불안정을 제거하는 것이 무엇보다도 중요했다. 이에 일제가 적극적으로는 취미·쾌락·여가·오락이라는 새로운 기준을 추천하고 강요하자 주민들은 거기에 호응했다. 왜냐하면 그들은 안정된 생활 기반을 축적하면서 저마다 쾌락을 추구함으로써 삶의 의의를 확대해 갈 수 있다고 생각했기 때문이다. 연식정구도 그중 하나였다. 일제는 조선에서 연식정구를 대중화, 보편화, 민중화함으로써 단지 스포츠라는 관점을 넘어서 일본인과 조선인 간의 융화를 진척시켜 내선일체의 관념을 북돋는 효과를 기대했다.[38]

일본 천황의 생일인 천장절과 조선총독부의 시정기념일을 맞아 정구대회를 개최하거나 정구대회에 총독부 관계자들이 참석하여 격려하는 것 등은 바로 일제의 관제정책과 그에 주민들이 동참하는 모습을 보여준다. 1920년 함경남도 북청군 유지들의 모임인 청해정구구락부는 천장절을 맞아 정구대회를 개최하였는데 넓은 운동장에 관중이 인산인해를 이루었다. 1921년 체신국도 천장절을 맞아 100여 명이 참가한 가운데 정구대회를 열었다. 매일신보사 대전지국도 남선정구대회를 천장절 즈음에 개최하였다. 강원도청은 시정기념일을 맞이하여 정구시합을 개최하였는데 2백여 명의 관중이 모이는 대성황이었다.[39]

전조선 여학생정구대회 광경
매일신보, 1922년 10월 3일, 3면.

1921년부터 매년 열린 전조선 여학생 정구대회에는 총독부 학무국장 부인이 참석하여 시구했다. 1923년 제3회 대회에는 관중이 구름처럼 모여 운동장 전후좌우를 송곳 세울 틈도 없이 둘러선 가운데 성황을 이루었다. 내빈으로 총독 사이토를 위시하여 경무국장 부부, 국장 부인 등 관민의 유력한 부인들과 경기도지사, 전북도지사, 황해도지사 등이 참석하였다. 이때 총독 사이토는 미소를 띠며 장시간 참관했다.[40]

연식정구에 드는 비싼 비용과 설비 부족을 해결하기 위해 목판정구가 도입되고 지역의 유지들이 후원하였다. 목판정구는 당시 라켓 가격이 고가였기 때문에 특히 어린아이들은 7, 8세 때부터 목판을 라켓으로 사용하는 것이다. 주걱 같은 목판에 라켓 모양의 구멍을 뚫어 중심으로 공을 쳤다. 특히 목판정구는 조금만 넓은 뜰이면 연습할 수 있어서 어린아이들이 쉽게 즐길 수 있었다. 당시 목판정구를 하는 소년들은 소원은 "어서 빠삐 정말 라켓을 잡아 보았으면"하는 것이었다. 평북 선천에서는 아이들끼리 돈을 모아 우승기를 만들고 목판정구대회를 열었다. 용천에서도 1924년부터 평북목판정구대회와 용천소년목판대회가 개최되었다. 1928년 강원도 횡성에서는 횡성소년회 주최로 목판정구경기가 열려 대성황을 이루었다.[41]

평북 철산군의 동일학원은 경비가 부족해 연식정구에 필요한 기구를 제대로 갖추지 못하고 있었는데 이를 안타까워한 의천북교회장로 노정관이 연식정구 용구 일체를 기부하였다. 황해도 안악군에서는 기독교청년회와 연우구락부가 읍내 기독교회관 옆에 연식정구 코트를 만들려고 노력하던 중 읍내 유지인 김용진과 강명선의 도움을 받아 완성할 수 있었다. 두 사람은 코트에 필요한 토지 361평과 170평을 각각 기부하였다. 완도군은 섬이라는 특수성으로 인해 토지가 부족해서 스포츠맨들이 뛸 만한 운동장이 없었는데 삼세의원장 김석홍이 1,500원에 상당하는 땅을 완도체육회에 기부하여 연식정구 코트를 갖춘 운동장을 만들었다.[42]

3·1운동의 충격을 받은 총독부는 그동안 금지했던 언론, 출판, 집회, 결사 등의 활동을 제한적이지만 허용하지 않을 수 없었다. 이에 청년·종교·산업·사교 단체 등이 비약적으로 늘어났다. 청년단체들은 대체로 지·덕·체육의 강화를 표방했는데 그중에서 체육활동은 야구, 축구, 정구 등의 운동단체와 각종 운동회를 통해 이루어졌다.[43]

1920년 이후 신문지상에 보도된 청년회가 참여했다고 생각되는 연식정구시합은 일일이 헤아리기 어려울 정도로 많다. 여기서는 1920년대 초반 명확하게 청년회 주최로 열리고 있는 대회만을 소개하고자 한다. 이들 대회는 연식정구에 대한 여러 저항들을 완화시켜 연식정구가 확산하는 데 크게 기여했다. 1920년 전남 광주청년회구락부와 순천청년회구락부가 광순연합정구회를 광주에서 개최하였는데 관중이 인산인해를 이루었다.

1921년 안성청년회는 수원청년회와 연합하여 안성에서, 제주청년수양회는 여름방학에 귀향 중인 제주유학생단과 지방청년단을 초청하여 제주에서 각각 정구대회를 개최하였다. 대구청년회는 남선정구대회를 주최하였으며, 충북 옥천청년회와 보은청년단은 보은에서 정구경기를 열었다. 옥천청년회는 대전정구부와 영동정구부를 초청하여 수천의 관중이 응원하는 가운데 옥천정

구전을 벌였다. 연기청년회정구단은 대전에 원정해 대전청년회 정구단과 시합했다.[44]

1922년 전남 광주에서 목포청년회와 광주청년회의 시합이 열렸는데 인산인해의 관중이 보내는 박수갈채 소리는 무등산이 깨지는 듯 일대 장관을 이루었다. 전북 고창군 성송면의 성송청년회가 개최한 남선정구대회에는 함평청년회, 영광청년회, 고부청년회, 고창고보학생, 옥천라이온팀, 성송청년회 등 7팀이 참가했다.

1923년 전남 화순청년회가 주최한 전남정구대회에는 광주, 이양, 남평, 화순, 복내 등지에서 12팀이 참가하였는데 인산인해의 관중이 운집했다. 함북 북청청년회는 각 지회와 학교 및 학술강습소 등이 참가하는 전북청소년정구대회를 개최하였다.[45]

1924년 천안청년회는 경남정구대회를 주최하였다. 충남 강경청년간친회원과 공주청년수양회원이 강경에서 정구시합을 개최하였는데 관중은 무려 수천에 달해 성황을 이루었다. 경북 의성청년회와 군위청년회의 정구경기가 의성에서 열렸고, 안동청년회는 안동구락부, 예안학생단, 의성정구단, 의성청년회, 봉화청년회 등 6개 단체가 참가한 경북정구대회를 개최하였다, 금릉청년회와 김천청년회가 김천에서 개최한 남선정구대회에는 대구, 상주, 여수, 김천 등에서 선수들이 참가했다.[46]

연식정구

1920년대 중반에 이르면 연식정구는 문화요소의 재해석이 잠잠해지고 재구성되어 신평형을 이루었다. 연식정구는 다수의 재조일본인과 조선인이 경성은 물론 지방 각지의 직장과 학교, 지역 등에서 다양한 형태의 시합을 통해 대규모의 관중이 운집한 가운데 성행하였다.[47]

학교의 경우 정신, 양정, 동덕, 진명, 보성 등 대부분의 고등보통학교에서 연식정구를 적극 장려했으며 선린상업학교는 매년 학생들의 춘계정구대회를 개최하였는데 참가자는 132명 66개 조에 달했다. 이화학당에서는 매년 학급 대항 정구대회가 열렸다. 대전고등여학교는 1922년에 연식정구부가 생기고 이듬해 4개의 코트를 신설하여 전교생에게 연식정구를 권장하였다. 라켓소지자가 전교생 2백 30명 중 2백여 명에 달하였으며 연중행사로 봄 가을 두 번의 교내정구대회를 개최하였다.[48]

1925년 5월 조선인이 주도하는 조선정구협회가 정식 창립하여 조선인과 일본인이 함께 참여하는 전국적 규모의 개인전 경기를 처음 주최한 것은 연식정구가 새로운 평형을 이루었음을 상징하는 것이었다. 조선정구협회는 연식정구를 즐기는 조선인이 크게 늘었음에도 일본인 중심의 단체들이 여전히 조선인의 대회 참가를 제한하는 상황을 타개하려 하였다.[49]

이를 위해 조선정구협회는 같은 해 6월 '제1회 전조선 개인정구대회'와 9월 '제1회 전조선 연식정구선수권대회'를 개최했다. 전조선 개인정구대회는 경성을 비롯해 각 지방의 일류 선수를 모두 망라한 전례가 없는 152개 조 300여 명이 참가하여 성황을 이루었다. 이 대회는 전 조선 규모의 개인정구대회로 조선인 단체가 주최하고 일본인이 함께 참가하는 처음 있는 일이었다. 경기 시작한 시간 전부터 몰려든 관중들은 넓은 코트 주위를 서너 겹으로 둘러싸아 이곳저곳에서 우러나는 박수와 환호 소리는 한시도 끊이지 않고 장내를 흔들어 놓았다.[50]

전조선 연식정구선수권대회는 전 조선 규모의 선수권 대회에 걸맞게 예선전을 6개 구역으로 나누어 진행했다. 8월 23일 충청남북도, 경상남북도, 전라남북도, 강원함경남북도, 황해평안남북도의 예선이 청주, 대구, 이리, 원산, 평양에서, 8월 30일과 31일에는 경기도 일원의 예선이 경성에서 각각 거행되었다. 이어 9월 13일에 본선이 경성에서 열렸다.[51] 이 중 경기도 일원의 예선전의 경우 A조 43팀과 B조 42팀, 총 85팀이 참가하였다. 선수가 미정인 2팀을 제외하면 총 83팀 166명이다, 조선인팀이 41팀이며 일본인팀은 35팀이고 혼성팀은 7팀으로 조선인이 89명이고 일본인은 77명이다. 조선인과 일본인이 팀 수나 참가 인원 면에서 그다지 차이가 없음을 알 수 있다. 참가 지역 및 팀 수는 경성 6팀, 인천 18팀, 개성 3팀 등이다. 구체적인 소속이 명기되어 있는 팀들을 보면 일반구락부, 은행, 관청, 학교, 회사 등 사회 전반에 걸쳐 있음을 알 수 있다.[52]

1925년경에 이르러 연식정구는 전성 시기를 구가하게 되었

개인정구대회 모습
시대일보, 1925년 6월 29일, 2면.

다. 종래 남자와 경성 중심에서 여자와 지방으로까지 확산되었고 많은 관중들이 함께 즐기는 스포츠로 자리한 것이다. 이는 1925년 6월 경성에서 열린 동아일보 주최 '제3회 전조선 여자정구대회'의 모습에서 확인할 수 있다.

> 본사 주최 본대회의 날을 손꼽아 고대하던 만도의 인사들은 여자를 비롯하여 그 밖에 남자들도 오전부터 정동으로 정동으로 하도 물밀듯 모여들어 오후 한 시 경기를 시작하기 바로 전에는 참가 각 학교의 응원단체들을 비롯하여 수만여 명의 군중이 대회장 내외에 사람의 산과 바다를 이루었고 더욱이 맞은편 성벽 위와 그 밖의 운동장 둘레로는 완연히 사람의 성벽을 쌓았으며 또한 서편코트 경기장의 전후좌우로는 열 겹 스무 겹으로 철통같이 사람의 성을 쌓아 첫여름 한낮 빛의 더운 것도 잊어버리고 손에 땀을 쥐고 연속 굳은 침을 삼키어가며 정신없이 경쾌한 선수들의 일거일동을 흥미롭게 바라보고 있었다.[53]

관중들의 연식정구에 대한 열기는 지방에서도 뜨거웠다. 1925년 대구에서 대구운동협회가 주최한 전선정구대회는 4일간 계속되었는데 매일 관중이 대만원을 이루었으며 때때로 산악이 무너지는 듯한 박수 소리와 화포 소리에 달성공원이 진동하여 떠나가는 듯하였다. 같은 해 경북 봉화군 내성기독교청년면려회 주최로 봉화청년회코트에서 열린 봉화10단체정구대회에는 춘양기독청년회, 봉양강습회, 대성학원, 경성유학생, 내성면려청년회, 영주기독교청년면려회 등이 참여했다. 무더위에도 불구하고 수천의 관중이 운집해 그들의 박수갈채와 고성은 천공에 달할 듯하였다. 제1회 전조선 연식정구선수권대회의 황해평안남북도와 경상남북도 예선에도 수천 명의 관중이 구름처럼 모여들었다. 전라남북도 예선 역시 각지 응원단의 열광적인 응원 소리와 환호 갈채 속에서 성황리에 거행되었다.[54]

한편, 경식정구는 경성에 거주하는 서양인을 중심으로 행해져 '재조선 양인경구대회'가 개최되었다. 1927년에는 오사카 매일신문 경성지국 주최 '제1회 경식정구선수권대회'가 열려 단식 28명과 복식 13개 조가 참가했다. 그리고 세브란스의전, 경성제국대학 등의 교직원과 학생들의 동호회가 생기면서 조금씩 보급되어 1928년에는 세브란스 직원 대 재경서양인 경식정구전이 열렸다. 이어 1930년에는 국제적 경식정구의 필요성을 절감한 세브란스병원의 오한영, 체신국의 강성태 등 세브란스의전과 경성제대 출신 동호인들을 중심으로 서울경구구락부를 조직했다. 그리고 1932년 조선체육협회 주최로 '제1회 경식정구선수권대회'가 열리는 등 명맥을 유지했다.[55]

식민지 조선에서 테니스의 문화접변은 일제의 지배라는 강제적인 접촉 상황에서 이루어졌다. 이 때문에 재조일본인에 의해 전파·제시되고 그들을 중심으로 수용되어 당시 국제적으로는 물론 일본 국내에서도 널리 행해지던 경식정구가 아닌 연식정구가 식민지 조선에 정착하였다. 이는 바로 일제의 지배 아래 있었던 식민지 조선에서의 문화접변의 특징을 잘 보여주는 것이다.

열도와 반도에서　　　　　국제무대로

연식정구

> 왜정시대에는 왜인과 한인만이 하던 연식정구만을 하였기 때문에 불가불 왜법을 따르지 아니치 못한 형편이었으나 8·15이후 우리도 국가적 견지에서 세계정구인 경식정구로 전환하지 않을 수 없게 된 것으로서…[56]

구평형은 식민지 조선에 정착한 연식정구이다. 고무공에 포나 모전을 씌워서 만든 딱딱한 공 대신에 고무만으로 만든 말랑말랑한 공을 사용하는 연식정구는 일본이 독자적으로 만든 것으로 1920년대 중반에 이르러 재조일본인과 조선인이 함께 직장과 학교, 지역 등에서 즐기는 스포츠로 정착하였다. 이 때문에 서구에서 시작되어 국제적인 스포츠로 자리 잡은 경식정구와는 달리 연식정구는 주로 일본과 조선 내에서만 행해졌다.

국제무대를 향해 전향하는 연식정구 선수들

1945년 8월 일제가 조선에서 퇴각하면서 식민지기에 강압적으로 작용했던 정치적 영향력이 사라지자 연식정구의 부분적인 해체가 시작되었다. 주요 요인은 국제대회 참가와 일제 잔재 청산의 필요성이다.

일제의 지배로부터 벗어나 해방을 맞이하자 일부 테니스인들은 한국 테니스의 성격과 사명이 완전히 달라졌다고 판단했다. 그들은 식민지기에는 일제의 압제하에서 국제성이 없는 연식정구를 하였으므로 세계무대로 나아갈 수 없었다고 생각했다. 하지만 일제가 퇴각하자 머지않아 조선이 독립국가를 수립하면 세계적인 국가대항전 데이비스컵이나 개인선수권 윔블던대회 등 국제테니스대회에 참가할 것을 확신했다. 근시안적 만족에 사로잡혔던 연식정구에서 벗어나 장차 국제무대로 도약할 수 있는 경식정구로 전환할 것을 촉구한 것이다.[57]

해방 직후 국제대회 참가의 필요성은 당시 대표적인 국제테니스대회인 데이비스컵 참가를 목표로 경식정구대회를 개최하고 후원회를 결성한 데에서 잘 알 수 있다. 1946년 7월 조선정구협회는 국제무대 진출을 위해 데이비스컵에 참가할 선수를 육성할 목적으로 전국경식정구대회를 개최했다. 12월에는 데이비스컵 획

득을 목표로 선수의 육성 및 파견에 충당할 기금을 마련하고자 조선정구협회 후원회를 창립했다.[58]

1947년 5월 조선정구협회 후원회는 데·배선수파견 후원회로 명칭을 변경했다. 6월에 각계 인사를 망라해 임원진을 구성하고 공식 출범한 후 발표한 취지서를 살펴보자.[59]

> 스포츠는 국력 증강의 요소인 동시에 국위선양의 가장 첩경이다. 우리 민족은 원래 타고난 소질을 가졌으며 왜정의 압제하에서 그를 세계적으로 떨칠 수 없었음이 매우 원통한 일이었다. 이제 조국 광복과 동시에 우리 스포츠맨에게도 활개를 펴고서 건전한 국가건설과 건실한 민족외교에 이바지할 기회가 부여되었음은 매우 기쁘고 다행스러운 바다. 세계올림픽이 무력 아닌 무력의 각축장이라면 데이비스컵 쟁탈 정구전은 가장 문화적 민족외교의 활무대이고 그 규모에 있어서도 단일경기로서 종합경기인 올림픽과 비교할 이벤트가 되어 있는 것이다. 각종 경기 중에서도 가장 우수한 소질과 그 실적을 자랑하는 우리 정구인은 마땅히 데·배전에 등장하여 과거의 울분을 푸는 동시에 재흥국 건아의 면목을 생생하게 보여주고 우리 국위를 선양치 않으면 안 될 것이다.[60]

취지서는 스포츠를 통해 국력을 증강하고 국제적으로 국위를 선양할 수 있는데 테니스의 경우 식민지기에는 일제의 압제하에서 연식정구를 하였기 때문에 그것이 불가능했으나, 이제 독립된 상황에서는 경식정구를 통해 가능하므로 마땅히 데이비스컵에 출전해야 한다고 국제대회 참가의 필요성을 밝힌 것이다.

연식정구는 일제의 잔재이기 때문에 더 이상 해방된 한국에서는 필요하지 않으므로 청산되어야 한다는 것이다. 식민지기에 지배자인 일본이 창안해서 장려했기 때문에 당시 경제상의 이유 등으로 급속히 보급되었지만, 해방 후의 민족적인 감정과 사회 여건의 급격한 변화는 연식정구에 심각한 타격을 가했다. 이에 일부 성급한 사람들은 당장 연식정구를 그만둘 것을 제안했다. 그들은 세계 각국에 보급되어 국제적으로 행해지고 있는 경식정구의 진가를 새로운 각도에서 파악하고 일제의 잔재로서 남아있는 국내적인 연식정구에 만족할 때는 지났다고 생각했다.[61]

이러한 일제 잔재 청산의 필요성은 식민지기에 연식정구를 했던 사람들이 해방 후 경식정구로 전향한 사실을 통해서도 확인할 수 있다. 이 현상은 해방 직후인 1946년부터 나타났다. 당시 서울의 유명한 연식정구 선수였던 권복인, 황기성, 임재홍, 윤석창, 민병완, 한상원, 신택선, 길인형을 비롯해 지방에서도 대구의 박준표, 광주의 박영종, 목포의 안종호, 제주의 이산구 등이 경식정구로 전향하였다. 이후 이종진, 장일강, 최영생, 나금옥, 조진오, 조성철, 김일수, 조두흠 등이 뒤를 이었다.[62]

데이비스컵 최다 우승국 미국처럼

연식정구가 부분적인 해체를 시작하자 그것을 멈추기 위해 경식정구가 미국으로부터 전파되었다. 물론 경식정구는 식민지기는 물론 해방 직후인 1946년 7월 조선정구협회 주최 전국 경식정구대회가 열린 데서 알 수 있는 바와 같이 겨우 명맥을 유지하고 있었다.[63]

유럽에서 미국으로 테니스가 전해진 것은 1870년대이다. 이후 테니스가 점점 대중화되면서 1881년 전미 론테니스협회가 창설되고 전미선수권대회가 열렸다. 또한 1900년 미국은 영국과의 국가대항전인 데이비스컵을 개최하였다. 1905년부터 데이비스컵은 참가하는 국가가 계속 늘어나 국가대항전 단일경기로서는 세계 최대의 종목이 되었다. 1940년대까지 미국이 최다 우승국이었다. 이처럼 미국은 국내외적으로 테니스의 중심국으로서 일반인은 물론 군인들 사이에서도 테니스가 널리 행해져 해외 주둔군의 경우 태평양 방면 주둔 미군 테니스대회 등 각종 경기가 열릴 정도였다.[64]

일제가 항복한 후 미국과 소련의 남북한 분할 점령으로 1945년 9월 미군이 남한에 들어와 군정을 실시했다. 일반적으로 점령의 경우도 강제적인 접촉 상황에 해당한다. 하지만 미군정의 경우 1946년 5월 남북통일 임시정부 수립을 위한 제1차 미소공동위원회가 결렬되자 남한만의 단독정부수립을 추진했다. 같은 해 12월 한국인이 법률을 제정하는 남조선과도입법의원을 설치하고 1947년 2월에는 민정장관을 두어 한국인에 의한 행정을 실시했다. 그리고 6월에는 미군정청 한국인 기구를 남조선과도정부로 개칭하고 행정권을 이양해 한국의 독립정부수립을 가시화하였다.

이처럼 단기간에 걸친 남한에 대한 미군의 점령은 일제가 조선의 주권을 송두리째 박탈하고 장기간 동화정책을 실시한 식민지 지배와는 전혀 다른 것이었다. 즉 문화접변의 측면에서 볼 때 강제적인 접촉 상황인 식민지기와는 달리 미군정 하에서는 자발적인 문화접변이 시작되었다. 경식정구는 미국의 용구 지원과 미국과의 친선대회를 통해 전파되었다.

해방 직후 한국은 경식정구에 필요한 라켓과 볼 등 용구가 부족해서 매우 어려움을 겪었는데 강성태, 박진원이 미국 론테니스 협회에 교섭해서 도움을 받았다. 또한 당시 미군정의 군정장관 러취가 테니스에 많은 관심을 가졌기 때문에 그의 주선으로 미군으로부터 많은 지원을 받았다.[65]

1947년 8월 데·베선수 파견 후원회 주최로 조미 친선 정구대회가 열렸다. 한국의 조두흠, 길인형 등 데이비스컵을 준비하던 선수들이 미군정 대표들과 대결한 것이다. 이는 한국 경식 정구계의 쾌거로 해방 후 처음으로 열린 한국과 미국과의 시합이었다. 10월에는 조미 친선 여자 정구전이 열려 이화여중 정구부와 주둔 미군사령부 여자부가 경기했다.[66]

1948년 7월에는 조선정구협회와 미주둔군 운동부가 공동 주최하는 제1회 조미친선정구대항전이 열렸다. 데이비스컵에 출전하려는 한국의 홍재영, 길인형 등 1급 선수들과 미국에서 2급, 3급 정도의 퍼스 소좌, 브라운 중좌 등 미군 선수들이 단식 5경기와 복식 3경기를 진행했다. 많은 관중이 지켜보는 가운데 성황리에 거행된 이날 경기는 한국 정구사에 새로운 일선을 그은 것이었다. 배의환 조선정구협회 회장의 개회사와 미국의 딘 군정장관의 축사가 있었으며 서재필 박사, 구용서 조선은행부총재 등 조미 각국 명사들이 다수 관람했다. 이승만 국회의장은 참석한다는 소문이 있었으나 불참하였다.[67]

1948년 8월에는 한국금융단 주최로 미군 선발군과의 한미정구대항전이 열렸다. 이날 출전한 미군의 웨저럴 대위와 타몰수 소좌는 필리핀에서 거행된 태평양 방면 주둔 미군 정구대회에서 한국 주둔군 대표로 출전한 우수한 선수였다. 특히 웨저럴은 1938년 전미선수권대회 우승자였다. 그는 '한국의 호프' 길인형 선수와 대전했는데 정확하고 기묘한 서브, 스매싱, 네트플레이 등 우수한 기량으로 한국에서 무적 불패를 자랑하고 강건한 체력을 자신하던 길인형을 압도하여 한국 선수들을 크게 각성시켰다.[68]

경식정구가 미국을 통해 전파되자 이에 대한 반발이 일어났다. 하나는 필요성 측면에서 경식정구 기구가 부족한 상황에서 당장 경식정구를 할 필요가 없다는 주장이다. 왜냐하면 이미 정착한 연식정구는 많은 사람들이 즐기고 있으며 그에 필요한 라켓과 볼, 코트 등이 갖추어져 있으므로 그것을 하면 된다는 것이다. 다른 하나는 적합성 측면에서 연식정구를 하던 사람들이 경식정구로 전향하는 대에 대한 반발이다. 연식을 고수할 것인지 아니면 경식으로 전향할 것인지를 둘러싸고 양자 간의 상당한 의견 차이가 있었다. 경식정구로의 전향이 이어지자 연식정구를 하던 사람들은 경식정구에 연식정구가 잠식될 것을 우려했다.[69]

1955년 대한테니스협회 창립은 경식정구가 한국에서 선택되어 수용되었음을 알려주는 상징적인 일이다.

해방 직후 조선체육회를 비롯하여 우후죽순 격으로 체육단체가 잇달아 생겨나는 가운데 1945년 11월 22일 조선정구협회가 발족했다. 협회는 회장(윤호병)을 비롯해 부회장, 이사장, 이사, 전문위원, 평의원 등의 임원을 두었는데 연식정구와 경식정구의 구별 없이 일원적 조직으로 구성되었다. 1946년에 계획된 연중행사의 경우 총 20개의 대회 중에서 경식은 겨우 두 개에 불과했던 것에서 알 수 있듯이 조선정구협회는 사실상 연식정구가 주도하였다.[70]

1948년 3월 조선정구협회는 세계 무대 진출과 국민 체위 향상의 책무를 완수할 목적으로 조직을 확대 강화하기로 하고 이종호, 조두흠 등 7인을 기구개혁위원으로 선정해서 개혁안을 마련했다. 그 결과 조선정구협회 산하에 조선경식정구연맹과 조선연식정구연맹을 두고 협회와 연맹에 각각 별도의 임원을 임명했다. 조선경식정구연맹은 회장에 나복운, 부회장에는 이종복을 선출하고 4월 3일 창립총회를 개최했다. 조선정구협회 창립 때 보다 정구협회 내에서 경식정구의 영역이 확대되고 독자성이 강화된 것을 알 수 있다. 실제로 1949년도 연중행사에서는 연식부와 경식부가 따로 계획되었으며 남자 일반부 대회의 경우 연식정구대회가 10개인 데 비해 경식대회는 11개로 거의 같은 숫자였다. 또한 배의환 정구협회 회장은 미국을 방문해 한국 정구의 국제무대 진출과 용구 주선 등을 위해 노력했다.[71]

조선정구협회는 해방 이후 국제테니스연맹에 가입하기 위해 적극적으로 여러 요로를 통해 교섭하였다. 그 결과 1948년 9월 런던에 있는 국제테니스연맹 본부로부터 대한정구협회장에게 빨리 가맹 수속 절차를 밟으라는 통지를 받았다. 조선정구협회는 긴급 임원회의를 개최하고 시급히 가맹하기로 결의하였다. 1949년 7월 국제테니스연맹은 대한정구협회의 가입을 정식 허가했다. 국내에서 조금씩 자리를 잡아가는 경식정구가 국제적으로 그 존재를 인정받았다고 할 수 있다.[72]

1949년 대한경식정구연맹은 세계적 경기종목임에도 일제하에서 하지 못했던 론테니스를 보급하기 위해 조선정구협회에서 벗어나 독자적인 조직 구성에 나섰다. 서울론테니스클럽에 이어 대한론테니스협회를 창립하고 회장에 허정, 부회장에는 나추건과 강성태를 선임하였다. 그러나 이듬해인 1950년 한국전쟁의 여파로 대한론테니스협회는 부산에서 대한연식정구협회와 통합해 단일기관으로 대한정구협회를 재건했다. 하지만 1953년 서울 수복 후 정구협회 산하에 대한경식정구연맹을 다시 결성했다. 그리고 1955년 마침내 연식정구협회와 완전히 분리되어 대한테니스협회를 결성하고 대한체육회에 독자적으로 가입했다.[73]

국제대회를 반납하는 한국

선택·수용된 테니스에 대해 약한 국제경쟁력에 대한 비판, 전향에 대한 반발, 볼과 코트 부족에 대한 불만, 비싼 비용에 대한 부담 등의 저항이 일어났다.

테니스가 연식정구에 비해 우월한 국제성을 표방하고 국제대회에 참가했으나 그 과정이 쉽지 않았고 실제 참가한 국제대회에서 좋은 성적을 거두지 못하자 테니스의 약한 국제경쟁력에 대한 비판이 일었다.

1950년 한국전쟁 직전 대한론테니스협회는 영국 런던에 있는 국제테니스연맹으로부터 윔블던 세계 테니스선수권대회에 복식 2팀과 단식 4명의 선수를 참가시켜달라는 초청장을, 이탈리아테니스협회로부터 로마에서 열리는 제50주년 부활절 기념 세계 테니스대회에 참가해 달라는 초청장을 각각 받았다. 한국 테니스가 처음 국제무대 진출의 기회를 얻게 된 것이다. 그러나 로마대회는 우편 연착으로 인하여 참가하지 못했고 윔블던대회에는 참가를 결정하고 준비에 착수했으나 실현되지 못했다.[74]

이후 한국 테니스가 처음 해외 원정에 나선 것은 1956년 3월이다. 미국 플로리다주 테니스협회 초청으로 이상훈과 이상동이 개인 자격으로 플로리다주를 비롯한 미국 주의 토너먼트 경기에 참가했다. 이어 한국 테니스가 최초로 국가 대표팀으로서 정식으로 국제대회에 참가한 것은 1958년 5월 도쿄에서 거행된 제3회 아시안게임이다. 길인형, 이상훈, 이상동, 엄화영 등 4명의 선수가 출전하였는데 국제경기의 경험 부족으로 좋은 성적을 거두지 못하였다.[75]

이때 국제 심판을 맡은 조진오는 귀국 후 아시안게임에 참가한 감독·코치 좌담회에서 한국팀과 외국팀과의 실력 차이를 분석했다.

> 외국 선수들의 실력은 예상외였습니다 … 외국 선수들은 기본연습이 충분하여 여러 가지 작전도 하고 있었는데 우리 선수들은 겨우 받아넘길 정도이니 비교가 안 되지요. 외국 선수들의 네트플레이와 스매싱에 우리 선수들은 여지없이 패전하였습니다. 원체 실력의 차가 있었으니 정신적으로 위협을 받았지요. 그러나 이상동 선수는 단식전에 제삼회전까지 진출했는데 복식에는 서브와 스매싱이 부족하고 체력도 부족하였습니다. 이것은 결국 훈련이 부족하고 특히 기본연습이 부족했던 것이지요.[76]

이어 1962년 제4회 아시안게임에 불참하고 1966년 제5회 방콕대회에는 김두환, 임충량, 정영호 등 남자 선수 3명과 박종복, 안미자, 양정순 등 여자 선수 3명이 출전하여 여자복식에서 박종복, 양정순 조가 동메달 1개를 차지했을 뿐 부진한 성적이었다. 1970년 제6회 대회에는 불참하였다.[77]

데이비스컵 출전은 해방 후 테니스계의 숙원이었다. 그러나 한국전쟁을 겪으면서 미루어지다가 1959년 대회 때 처음 출전 기회를 얻게 되었다. 당시 데이비스컵은 미주지구, 유럽지구, 아시아지구 세 지역으로 나누어 예선이 진행되었다. 1958년 10월 대한테니스협회는 1959년도 주관국인 호주테니스협회로부터 아시아지구 예선 참가를 통보받아 한국은 1회전에서 인도와 대전하게 되었다. 대한테니스협회는 긴급 상임이사회를 열고 인도전에 대비해 파견 선수 최종 선발전을 마치는 등 출전 준비를 진행했다.[78]

그러나 시합 개최지를 둘러싸고 한국과 인도가 대립했다. 두 나라는 각각 자국에서 개최할 것을 주장했다. 한국은 한발 물러나 홍콩에서 개최할 것을 인도 측에 4차례에 걸쳐 요청했으나 인도는 끝내 받아들이지 않았다. 이에 호주 테니스협회는 양국이 협의하여 결정할 것을 권유했으나 인도가 자국에서의 개최 주장을 굽히지 않아 합의에 이르지 못했다. 결국 주관국인 호주테니스협회에서 제비를 뽑아 인도 콜카타가 개최지로 결정되었고 미국 본부에서 이를 승인했다. 하지만 한국은 인도까지 가서 예선전을 하는 것은 곤란하다며 기권했다. 당시 한국은 기후, 교통, 비용 등의 문제는 물론 특히 1956년도 우승국인 인도를 상대로 승산 가능성이 낮았기 때문에 인도 원정경기에 나서기 어려웠던 것이다.[79]

1960년 마침내 데이비스컵 대회에 처음 출전했다. 도쿄에서 열린 일본과의 1차전 경기에서 일본 선수들의 강력한 스트로크와 스매싱에 사실상 아무런 반격을 하지 못하고 0-5로 전패하였다. 1961년 대회는 기권하고 1962년 대회에 두 번째로 참가했다. 서울에서 열린 이 대회는 한국에서 처음으로 거행된 데이비스컵 대회 예선이어서 선수들은 대단한 각오로 훈련에 임했고 테니스팬들은 물론 일반인들도 큰 관심을 갖고 국내 테니스 보급에 기대를 걸었다. 1~2천 관중이 지켜보는 가운데 일본과 다시 맞붙었는데 역시 0-5로 분패하였다. 한국팀은 대체로 서브가 약하고 그라운드스트로크의 경우 드라이브샷을 전혀 구사하지 못하며 네트플레이가 빈약해서 능동적으로 득점할 수 있는 무기가 없었다. 한국은 1960년대 매년 데이비스컵 예선에 출전했지만 1회전의 벽을 넘지 못했다.[80]

이처럼 테니스가 국제대회에 어렵게 참가해서 부진한 성적에 머물자 일반인들은 물론 연식정구계는 테니스의 약한 국제경쟁력을 비판하며 테니스를 쉽게 받아들이려 하지 않았다. 특히 연식정구는 식민지기에 비록 일본제국 내에서지만 당시 가장 권위 있는 메이지신궁 경기대회와 이세신궁 경기대회에 조선팀으로 참가하여 1933년부터 10년 연속 우승했기 때문이다.[81]

새로 수용된 테니스는 연식정구에 비해 역사가 짧고 볼 등 기구의 국산화가 이루어지지 않는 상황에서 국제성을 표방했음에도 불구하고 데이비스컵 등 국제대회에서 이렇다 할 성적을 내지 못했다. 그 주된 이유는 선수층의 빈곤, 지도자 결여, 충분한 운동장 시설의 결핍 등이었다. 이 중에서 선수층이 두텁지 못한 원인은 초기에 전향한 노장 선수들의 은퇴에 맞춰 계획적으로 신진 선수를 육성하지 못한 데에 있었다. 이러한 문제를 빠른 시간에 해결하기 위해 테니스계는 연식정구 선수들을 테니스 선수로 전향시켰고 이에 대한 연식정구계의 반발이 일자 양자 간의 마찰이 발생했다.[82]

1967년 서울에서 열린 제6회 아시아 연식정구 선수권 대회를 앞두고 대한테니스협회가 전지훈련까지 마친 연식정구 선수 두 명을 아무런 통고도 없이 테니스로 전향시켰다. 이에 연식정구협회는 테니스협회가 유니버시아드대회 참가를 미끼로 그들을 뽑아갔다고 주장하며, 연식정구의 발전을 저해하는 고의적인 처사라고 테니스협회를 맹렬히 비난했다.[83]

전국 연식정구대회를 주름잡던 경기·이화·신광여고 등이 세계적인 추세를 운운하며 테니스로 전향하자 연식정구계는 국제적인 추세에만 쫓아 연식정구를 경시하는 것이라며 반발했다. 또한 당시 신광여중 1학년 때 연식정구에서 테니스로 전향한 양정순 선수가 1966년 아시안게임에 처음 출전하여 동메달을 획득하는 등 일약 대표 선수로 각광받는 상황도 연식정구계의 전향에 대한 우려를 자아냈다. 왜냐하면 그들은 양정순의 활약으로 인해 더 많은 테니스로의 전향이 일어나면 연식정구와 공존할 여건이 무너질 것으로 생각했기 때문이다.[84]

테니스 기구 중 소모품인 볼의 만성적인 부족과 코트 및 설비 부족에 대한 불만이 생겨났다. 볼에 비해 라켓은 소모성이 적었고 국산화가 일찍 이루어지면서 1960년대에 한일라켓 등이 이미 품질을 인정받아 대부분의 사람들이 국산을 사용했다. 그러나 볼의 국산화는 쉽게 진행되지 않았다. 1959년 대한특수고무공업사가 테니스볼을 시험적으로 만들고 1963년에 완전한 제품을 완성했다고 발표했으나 낮은 품질로 인해 실용화에 실패했다. 1970년대 초까지 테니스볼은 전적으로 외국산에 의존했는데 그마저도 충분히 공급되지 못했다. 특히 1970년 관세법상 면세범위를 올림픽

경기종목에 해당하는 운동 용구로 제한하여 올림픽종목이 아닌 테니스볼에 시중 시세의 50%에 해당하는 관세가 부가되면서 볼 부족 현상은 더욱 심해졌다. 이 때문에 테니스 애호가들은 코트에 가서 볼을 못 치고 서성거리기만 하는 딱한 실정이 연출될 정도였다.[85]

코트 및 설비 부족에 대한 불만이 일어났다. 테니스 인구가 증가하면서 학교와 기업체 등의 코트 외에 일반시민들이 사용할 수 있는 코트가 부족했다. 또한 국제대회를 유치할 수 있는 대규모 코트가 없었다. 1956년경부터 장충단에 6면의 대규모 코트를 만들어야 한다는 주장이 강하게 제기되었지만 실현되지 못했다. 급기야 1970년에는 한국에서 열리기로 했던 호주와의 데이비스컵 예선경기를 시설 미비와 기후 관계를 이유로 연기할 것을 제의했다. 호주가 이를 거부하자 한국은 경기 주최를 포기하고 기권했다. 기권한 한국은 국제테니스연맹 규약에 따라 30파운드의 벌금을 물었다. 또한 같은 해 서울에서 열릴 예정이었던 제3회 아시아 주니어테니스 선수권대회의 개최를 시설 미비를 이유로 반납했다. 이 때문에 한국 테니스계는 국제적인 신의를 잃게 되었다.[86]

테니스를 전혀 하지 않는 사람들은 물론 이미 연식정구를 즐기고 있는 사람들에게도 테니스에 필요한 비싼 비용은 부담으로 다가왔다. 1972년 당시 테니스를 하기 위해서는 흰색 티샤쓰와 짧은 팬츠, 라켓과 테니스화, 흰색 양말이 필요했다. 가격은 티셔츠의 경우 면이 800원, CP혼방이 1,000원이었다. 팬츠는 면 제품 600원, 테토론 제품 1,000원, 스카이텍스 제품 1,700원이었다. 라켓은 던롭 윌슨 등의 외제 라켓이 10,800원 이상

20,000~30,000원, 국산 라켓은 2,500원짜리 초보자용을 비롯해 3,000~5,000원이었다. 국산 볼은 개당 300원, 던롭, 슈레진더, 윌슨, 펜실베이니아 등 외제는 개당 700~800원이었다. 테니스화는 800원이었고 양말은 엑슬란 230원, 면 500원이었다. 국산의 경우 라켓과 신발 상하 유니폼까지 합쳐 모두 10,000원 정도면 운동구를 갖출 수 있었지만 외제 라켓을 구입할 경우 적어도 25,000원 이상이 필요했다. 이러한 비용은 처음 테니스를 배우려는 사람들에게 큰 부담으로 작용했다.[87]

또한 연식정구의 경우는 라켓, 볼 등 모든 장비가 국산으로 나오고 있어 라켓은 1,300~2,500원이며 볼은 개당 50~70원이었다. 테니스는 연식정구에 비해 외제는 물론 국산을 사용해도 비교할 수 없을 정도로 훨씬 고가였다. 이 때문에 연식정구에서 테니스로 전향하려는 사람들은 물론 연식정구와 테니스 중 하나를 선택하려는 초보자들도 부담을 느껴 테니스에의 입문을 주저하게 되었다.[88]

아시안게임 금메달 획득과
데이비스컵 본선 진출

외래문화요소인 테니스는 활발한 국제무대 진출과 좋은 성과, 국산 볼의 개발과 보급, 코트의 증가, 전문잡지 및 안내서 발행과 텔레비전 중계 등을 통해 문화요소의 의미가 재해석되어 충분히 수용되었다.

1970년대에 들어서면서 본격화된 국제무대로의 진출과 각종 국제대회에서의 좋은 성적은 그동안 제기되었던 테니스의 약한 국제경쟁력에 대한 비판을 잠재우는 데 크게 기여했다.

1971년 9월 서울에서 개최된 제4회 아시아 주니어테니스선수권대회는 한국에서 다수 국가가 참가하는 최초의 국제대회로 한국 테니스는 획기적인 발전의 전기를 마련했다. 국제대회를 성공적으로 마침으로써 테니스의 국제성을 보여주고 본격적인 국제무대로 진출할 발판을 굳혔다. 대한테니스협회는 장충공원에 국제 규모의 테니스 코트를 개장하고 이 대회를 유치했다. 한국을 비롯해 일본, 인도, 인도네시아, 필리핀, 중국, 홍콩 등 7개국에서 60여 명의 선수가 참가했다. 한국의 여자부가 개인전 단식과 복식, 단체전에서 모두 우승했다. 특히 이덕희 선수는 3관왕을 달성해 영웅이 되었다. 1972년 제5회 대회에서도 여자부는 전 종목에

서 2연패를 차지했다.[89]

1973년은 한국 테니스 선수들이 해외 전지훈련을 쌓은 후 처음으로 아시아지역을 벗어나 유럽의 각종 대회에 출전하는 등 본격적으로 국제무대에 진출한 해이다. 김성배, 김문일, 장해수, 황성출 등 4명의 남자 선수와 이덕희, 이순오, 양정순, 이미옥 등 4명의 여자 선수는 유럽 및 호주 등지에서 전지훈련을 마치고 유럽 서키트에 참가하여 세계 4대 토너먼트로 손꼽히는 윔블던 테니스대회와 프랑스 오픈 테니스대회를 비롯하여 독일과 이탈리아에까지 원정했다. 김성배가 프랑스 오픈 테니스대회에서 예선 3회전까지 진출하여 한국 테니스가 세계적 수준으로 발전할 가능성을 보여줬다. 특히 혼합 복식의 김문일·양정순 조와 김성배·이덕희 조가 전통과 권위의 상징인 윔블던 테니스대회 본선에 최초로 출전하였다. 또한 서독에서 열린 여자테니스의 최고권위를 가진 페더레이션컵 대회에도 처음 참가했다.[90]

1974년 여자테니스가 드디어 아시아의 정상에 올랐다. 제7회 테헤란 아시안게임에서 일본과 동남아의 높은 벽을 뚫고 사상 처음으로 단체전(이덕희, 양정순, 이순오, 최경미)에서 금메달, 복식에서 이덕희 이순오 조가 은메달을 획득하였다.[91]

데이비스컵에서도 점차 선전하기 시작했다. 1973년 서울에서 열린 아시아 동부지역 제1차 예선 일본과의 경기에서 단식에 출전한 김성배 선수가 일본 랭킹 1위인 가미와즈미를 3대 0으로 격파해 대회 참가 이후 처음 승리했다. 복식전에서 정영호, 김문일 조가 가미와즈미, 사까이 조와 대접전 끝에 3대 2로 석패했다. 그동안 일본과의 경기에서 고전을 면치 못한 한국으로서는 일본과의 격차가 현저히 좁혀졌음을 확인할 수 있었다. 이어 1974년 예선에서 자유중국(타이완)을 이기고 제1차전을 통과했으며 1977년 예선에서는 1회전 부전승의 행운에 힘입어 파키스탄을 누르고 2회전을 통과했다. 마침내 1979년에 데이비스컵 예선전의 문을 두드린 지 20년 만에 처음으로 4회전의 문턱을 넘어 결승에 진출했다. 그리고 다음 해 이 성적이 고려되어 본선 진출의 숙원을 풀었다.[92]

테니스 용구에 대한 관세 감면 조치가 이루어지고 외국산과 품질을 견주며 가격이 저렴한 국산 볼이 개발, 보급되면서 볼 부족 현상과 비싼 가격에 대한 불만이 점차 해소되었다.

1973년부터 정부는 올림픽 종목에 한정했던 수입 운동 용구에 대한 관세 감면 조치를 아시안게임 종목에도 확대 적용하도록 관세법을 개정했다. 이에 테니스가 탁구, 배드민턴과 함께 추가로 관세 감면의 특전을 받게 되었다. 그동안 볼 부족으로 어려움을 겪던 테니스계는 다소 갈증을 면할 수 있게 되었다.[93]

1973년부터 국산 볼이 본격적으로 개발되었다. 1960년대부터 골프공을 생산해 온 서울화학이 1973년에 낫소 테니스볼 개발에 성공하여 국내 시판은 물론 세계 20여 개국에 수출하였다. 1975년 서울화학은 당시 세계 최대 테니스공 메이커인 미국의 윌슨 및 스팔딩 회사와 협력해 낫소볼을 생산하여 미국 연방 테니스협회로부터 미국 내 국제경기에 사용할 수 있는 국제공인구로도 인정받았다. 세계적인 규모로 월간 10만 타를 생산하였다.[94]

삼화고무는 1974년부터 레오파드 테니스볼을 생산해서 국내에 시판했다. 또한 미국, 일본, 태국, 이탈리아 등에 수출했는데, 당시 세계적인 톱메이커인 스라젠자에서도 품질을 높이 평가해 세계 각국으로부터 주문이 쇄도했다. 1975년 대한테니스협회는 낫소와 레오파드 테니스볼을 전국 종별 테니스선수권대회에서 처음 공인구로 사용했다. 가격은 1974년 국산 낫소볼이 2개 1,000원, 3개 1,200원으로 외국산인 던롭 4개 2,800~3,000원, 쉬레진저 3개 2,000원보다 훨씬 저렴하였다.[95]

국제경기를 비롯해 각종 대회를 진행할 수 있는 장충테니스코트 개장과 일반인들이 사용할 수 있는 대규모 코트 시설의 증가는 코트 부족에 대한 불만을 누그러뜨리고 테니스의 저변 확대에 큰 힘이 되었다.

1971년 9월 장충공원에 개장한 8면 국제 규모의 테니스코트는 일반인의 코트난을 해소하고 국제대회를 비롯한 각종 대회를 개최할 수 있는 기틀을 마련하였다. 국제대회는 물론 그동안 여러 곳에서 흩어져 열려왔던 국내의 각종 대회가 한 곳에서 열릴 수 있게 된 것이다. 설비 비용은 대한테니스협회 전 회장 홍종문이 희사한 1,500만 원으로 충당했다.[96]

일반인들이 이용할 수 있는 코트의 수가 증가하기 시작했다. 특히 대규모 영업용 코트가 생겨났다. 1972년에 남경구락부(서울시 성북구, 6면)와 훼릭스 국제테니스클럽(경기도 고양군, 12면) 등이 개장했다. 1973년에는 유니온 테니스클럽(경기도 소사읍, 5면), 데이비스 테니스코트(서울시 서대문구, 8면), 북한산 테니스코트(서울시 서대문구, 8면), 관악 테니스구락부(서울시 관악구, 7면) 등이 개장했다. 1972년 서울의 경우 영업용 코트가 5개소, 43면에서 1973년에는 81개소 437면으로 10배나 늘었고 이 중 63면이 나이트 시설을 갖추었다. 이에 영업용클럽의 운영상 문제점을 공동으로 타결하기 위해 35개 클럽 대표가 참석해 한국 테니스구장 협의회를 발족했다.[97]

테니스 전문 잡지가 발간되고 안내서가 발행되었으며 세계적인 테니스 경기가 텔레비전을 통해 중계됨으로써 테니스에 관한 국내외 정보를 제공하고 특히 테니스의 국제성을 알리면서 테니스 대중화에 불을 붙였다.

우선 테니스 전문잡지인 『월간 테니스』와 『테니스 저널』이 1974년에, 이어 1975년에는 『모던 테니스』가 창간되었다. 이 잡지들은 테니스 인구가 점차 늘어남에 따라 그에 걸맞은 질적 향상과 저변 확대, 세계를 겨냥한 한국 테니스계의 발돋움에 기여할 것을 목표로 내걸었다. 이를 위해 테니스에 관한 전문 지식과 실전 기술, 국내외 각종 대회를 비롯한 테니스계의 동향, 테니스인과 단체 활동, 테니스와 관련된 다양한 정보 등을 소개했다.[98]

1975년에 『도설 테니스 백과사전』이 테니스에 관한 전문서로서 국내에서 처음 출간되었다. 이 책은 당시 테니스협회 전무이사였던 전계원을 비롯해 경기 이사 이상동과 이사 조진오가 편집한 테니스 안내서이다. 백과사전은 테니스의 역사와 기술, 그리고 전략·전술에 관해 그 전모를 소개하고 있다. 역사에서는 테니스의 기원과 어원에서부터 근대 테니스의 탄생과 주요 국제테니스대회 및 프로의 발전사를 소개하고 개항 이후 한국 테니스의 역사에 대해서도 간결하고 상세하게 다루고 있다. 기술과 전략·전술에서는 기술 해설을 시작으로 전술과 전략, 코치의 임무, 체력, 정신력, 심판, 룰, 코트면의 시공과 관리에 이르기까지 원색 화보를 곁들여 소개하고 있다. 특히 부록에는 해방 이후 한국 테니스사의 흐름과 국제테니스계의 동향을 한눈에 볼 수 있는 국내외 선수권 대회 기록과 테니스 인명록 등 각종 통계와 자료를 제공하고 있다.[99]

텔레비전을 통해 세계적인 테니스 경기가 녹화 방송되었다. 1974년 10월 MBC TV는 수요스포츠를 통해 특집방송으로 같은 해 7월에 거행된 US오픈테니스 여자부 준결승 및 결승 경기를 녹화 방송했는데 시청자들의 요청으로 재방송까지하였다. 1975년에는 미국 CBS TV가 10만 달러의 상금을 걸고 전년도 8월에 텍사스주에서 열린 세계 테니스선수권대회의 실황을 녹화 방송했다.[100]

테니스(경식정구)

1970년대 후반에 이르러 테니스(경식정구)는 다수의 선수층과 일반 동호인들을 전국적으로 확보하고 국내대회는 물론 국제대회에 참가하는 국제적인 스포츠로서 아래와 같이 재구성되어 신평형을 이루었다.

1973년부터 대한테니스협회는 본격적으로 국제경기를 위해 해외에 선수들을 파견했다. 1973년 총 15차례 해외에 파견했는데 이는 대한체육회 산하 경기단체 중 26건인 농구에 이어 두 번째로 많은 수치였다. 참가한 대회는 제2회 아시아 아마추어테니스선수권대회, 제11회 페더레이션컵 쟁탈 여자 국가 대항 테니스대회, 전 프랑스·이탈리아·독일·영국 오픈 테니스선수권대회, 전 일본 주니어테니스선수권대회 등이다. 1976년에는 14건에 84명의 선수를 파견하기로 했는데 농구(22건 348명), 축구(15건 275명)에 이어 세 번째로 많았다.[101]

대한테니스협회는 1973년부터 체육회 30개 등록단체 중 가장 많은 선수를 가진 단체로 성장했다. 총 8,651명의 등록 선수를 확보했는데 이는 전년보다 3배 이상 늘어난 수치이다. 1975년에는 14,763명으로 연속 수위를 지켰다. 한편 대한연식정구협회 등록 선수는 2,678명이었다.[102]

테니스는 대한체육회 산하 30개 경기단체 중 국·중·고·대·일반부가 참가하는 전국 규모대회 개최 수에서 상위에 자리했다. 1972년에 21개로 26개인 야구, 23개인 연식정구에 이어 축구와 함께 공동 3위에 올랐다. 1973년에는 20개로 24개인 축구와 야구, 22개인 연식정구에 이어 4위였다. 1974년에 24개로 축구와 함께 가장 많은 전국 규모대회를 개최하였다.[103]

테니스 인구가 급증했다. 1972년 서울이 2만 명을 넘어서고 지방까지 합치면 3만 명에 달하였다. 불과 1년 후인 1973년에 10만 명, 1975년에 30만 명, 1976년에는 60만 명을 추정하게 되었다. 또한 테니스협회에 등록된 전국의 테니스클럽과 회원 수도 증가했다. 회원 수는 1972년 1,918명에서 1973년 7,330명으로 크게 늘었다. 클럽 수는 1973년 310개에서 1975년에는 385개로 증가했다. 서울특별시가 141개, 강원도 24개, 충남 16개, 경북 35개, 경기도 33개, 충북 20개, 경남 38개, 전북 23개, 전남 14개, 부산 34개 등이었다.[104]

해방 후 한국에서 테니스는 식민지기의 연식정구에서 테니스(경식정구)로 변화했다. 이는 식민지기에 강제적인 접촉 상황에서 주로 재조일본인과 소수의 조선인에 의해 이루어진 문화접변과는 달리 해방 후 많은 한국인의 자발적인 필요와 노력으로 행해진 것이다. 한편, 1970년대에 정착한 한국의 테니스는 1980년대 이후 또다시 변화하기 시작했다. 특히 1979년 정부가 주택건설기준에 관한 규칙을 통해 신축하는 아파트 등 공공주택 단지에 테니스장을 비롯한 옥외 체육시설 설치를 의무화한 것을 계기로 새로운 변화의 전기를 맞게 되었다.[105]

골프

이야기

정치에서   스포츠로

내선융화구락부

> 조선 안에 고관과 일류 명사들만을 멤버로 한 고급사교구락부로 한상룡씨를 중심으로 한 조선실업구락부 윤치호씨를 중심으로 한 계명구락부 등이 있으나 그중에서도 가장 세인의 흥미를 집중하고 있는 것은 이왕전하를 명예총재로 추대한 경성골프구락부일 것이다. 그 구락부의 위원과 회원을 알아보면 이왕전하 이하 조선총독부 고관은 물론 서울 안에 있는 일류 명사와 지방에 있는 대재벌과 조선에 거주하고 있는 영미인은 거지반 멤버로 되어 있다.[1]

구평형은 1910년대에 활동한 고급사교구락부인 내선융화구락부(內鮮融和俱樂部)이다. 구락부는 개항 이후 서구에서 들어온 문화요소인 클럽(club)을 한자음으로 옮긴 것으로 친목회, 협회, 회 등으로도 번역되었으며 취미, 친목, 오락, 사교, 정치, 예술, 종교, 문화, 스포츠 등의 목적을 가지고 조직된 모임이나 그 구성원들이 모이는 장소를 일컫는다.

한국은 1876년 일본과의 조일수호조규를 시작으로 미국, 영국 등 서구 열강과 통상조약을 잇달아 체결하고 근대적 국제관계에 본격 편입했다. 이후 국제법과 외교 관행에 따라 외국공관이 설치되고 외교관을 비롯한 관료, 선교사, 상인 등의 외국인이 조선에 들어오면서 구락부를 결성했다. 이에 영향을 받은 조선인도 구락부 활동을 시작했으며 한국인과 외국인이 함께하는 다양한 형태의 구락부도 생겨났다.

이후 일제의 조선에 대한 침략이 노골화되면서 조선인의 저항에 직면하자 일제는 정치적 성격을 띤 단체를 모두 해산했다. 그러나 병합 이후 무단정치기로 불리는 1910년대에도 지배의 안정을 위해 식민지 지배에 적극 협력하는 일부 정치적 성격의 단체에는 활동을 허용했는데 그중 하나가 고급사교구락부이다. 주로 조선의 상층자본가들이 일제의 지배 정책을 적극 지지하고 총독부 고관들과의 친교를 유지하면서 사교하는 모임이다. 1910년대를 대표하는 고급사교구락부는 대정구락부와 대정친목회처럼 일본인과 조선인 간의 융화를 주장한 내선융화구락부이다.

대정구락부는 1914년 조선인 귀족과 총독부 고등관 및 민간 유력인사 등 일본인과 조선인이 단합하여 설립한 사교 단체이다. 조선귀족회 회관에 본부를 두고 회원들의 교류를 위해 유희실, 신문실, 식당 등의 시설을 갖추었다. 조선귀족회가 중심이 되어 대정구락부를 운영했다고 볼 수 있다. 따라서 조선귀족회 활동을 통해 대정구락부의 성격을 살펴보기로 한다.[2]

조선귀족회는 1911년 9월 일제의 조선귀족령에 의해 임명된 귀족들이 황실을 수호하고 충의를 다하며 품성을 닦아 일반인의 모범이 되고 서로 지식을 교환하며 환난을 구제할 목적으로 설립되었다. 조선귀족회는 내선융화를 달성하기 위해 다양한 활동을 전개했다. 일본 황실의 주요 행사에 대표단을 파견하고 조선에 온

일본 실업시찰단을 환영하는 행사를 열었다. 일본어의 일상적인 통용을 위해 유치원 설립 등 육영사업에 참여했다. 빈민 구제와 문화 위생 시설 확립과 같은 자선사업을 통해 사회의 모범을 보이고자 하였다. 지배기구인 총독부의 중추원과 경학원 등의 요직에도 진출했으며, 직조업과 식림사업 등 다양한 종류의 회사를 운영했다.[3]

1916년 11월에 설립된 대정친목회 역시 내선융화의 달성을 목적으로 설립되었다. 귀족, 실업가, 변호사, 의사, 신문기자, 종교가, 교육가, 기타 민간 유지 등 50여 명이 발기했다. 조선인 실업가를 중심으로 소수의 일본인이 고문과 간사로 참가했다. 회원의 대부분은 상층자본가로 주로 금융과 상업 부문의 임원 또는 주주로서 동업자 관계로 얽혀 있었다.[4]

대정친목회도 여러 활동을 전개했는데 풍속개량을 위해 시간 엄수와 에누리 철폐 운동 등을 벌였다. 일본 천황의 생일인 천장절 봉축 행사를 발기하여 일제의 식민 지배의 정당성을 옹호했다. 총독부 고위 관리의 송영회, 초청 강연회, 초대회 등을 개최하여 일본인과 조선인 간의 교류를 촉진했다. 부윤의 자문기관인 경성부협의회와 관변경제단체인 경성상업회의소 등에도 진출하여 총독부 정책에 적극 협력했다.[5]

이처럼 구평형은 1910년대의 대표적인 사교구락부인 정치적 성격의 내선융화구락부이다. 구락부 회원인 조선인과 일본인 상층자본가들은 총독부 고관들과 친교하며 일제가 지배 목표로 설정한 일본인과 조선인 간의 동화를 실현하는 데 적극 협력했다. 그들은 서로 회사의 대주주와 중역을 겸임하고 각 지역의 주요

공직도 맡으면서 지배권력과의 유대를 통해 자신들의 권익을 지키고자 하였다.⁶

관광 수입을 올리려는 총독부

내선융화구락부가 평형을 유지하지 못하고 부분적인 해체를 개시한 요인으로는 공개적인 내선융화 활동에 대한 반감, 총독부의 해외관광객 유치의 필요성, 새로운 스포츠에 대한 관심, 골프 인지·경험자의 증가 등이다.

내선융화구락부는 상층자본가들이 내선융화를 공개적으로 내걸고 지배권력과의 유착을 통해 자신들의 세력을 확대하려 하였다. 이에 대해 특히 조선인들이 반발했다. 강제 병합으로 인해 일제에 대한 반감이 여전히 강한 상황에서 내선융화구락부가 공공연하게 내세우는 내선융화운동은 조선인의 지지를 받지 못했다. 더구나 3·1운동이 발발하자 대정친목회 등 내선융화구락부는 제대로 활동하지 못하고 유명무실의 상태였다.[7]

총독부는 골프를 통해 외국인 여행객을 유치해 재정수입을 늘리려고 하였다. 1910년 병합 후 일제는 조선총독부 철도국을 설치하고 일본을 포함한 외국인 관광객 유치와 조선인의 조선 및 일본 관광을 추진하였다. 1912년 일본 철도원이 주로 해외관광객을 유치할 목적으로 일본 여행협회를 조직하자 조선총독부 철도국도 참여하여 철도국 내에 조선지부를 설치하였다. 그리고 1914년부터 조선호텔을 운영하기 시작했다. 당시 국제적으로 골프가 유행하여 호텔을 찾는 외국인 여행객들은 호텔에는 반드시 골프 시설이 필요하다고 생각하는 경향이 있었다. 이에 조선호텔도 숙박객의 체류 기간을 연장해서 수입을 늘리기 위해서는 골프장 설비가 필요하다고 판단했다.[8]

개항 이후 근대 스포츠에 대한 관심이 증가하면서 병합에 이르기까지 다양한 종목이 외부로부터 도입되었는데 대표적인 구기종목은 축구, 야구, 정구, 농구 등이었다. 그중에서도 1910년대에 재조일본인이 급증하면서 그들을 중심으로 야구와 연식정구가 주류를 이루었다. 야구와 연식정구는 경성을 비롯해 일본인이 많이 거주하는 지방에서 학교, 관청, 회사, 은행 등을 중심으로 구락부를 결성해 각종 대회와 시합을 개최하며 저변을 확대했다. 1919년 2월에는 경성정구회와 경성야구협회가 체육을 장려하고 회원의 친목을 도모할 목적으로 조선체육협회를 결성하였다.[9]

이처럼 야구와 연식정구 등의 근대스포츠를 경험한 사람들이 늘어나는 가운데 그들을 비롯해 새로운 스포츠로서 골프에 관심을 갖는 사람들이 생겨나기 시작했다. 이는 연식정구계의 선구자인 무샤를 비롯해 조선체육협회의 평의원 25명 중 이이즈미(飯泉幹太), 한상룡, 구로사와(黑澤明九郎), 마츠자키(松崎時勉), 안도(安藤又三郎) 등 5명이 초기 경성골프구락부 결성에 적극 참여하고 있는 데에서 잘 알 수 있다.

19세기 이후 국제적으로 골프가 널리 보급되자 일본을 비롯해 해외에서 골프를 직접 경험하거나 알고서 조선에 들어온 사람들이 골프가 필요하다고 생각했다. 병합 이후 늘어난 재조일본인 중에 일본 또는 외국에서 이미 골프를 몸에 익혔거나 골프에 대해 인지한 사람들이 식민지 조선에서도 골프를 즐기려 하였다. 일본은 1901년 효고현에 처음 골프장이 생긴 후 가나가와현, 나가사키현, 도쿄부, 사이다마현 등으로 확대되어 1920년까지 전국에 12개의 골프장이 건설되었다. 특히 재조일본인 중에는 일본 본국에 막 수용되어 소수만이 즐기게 된 골프를 조선에서 그들이 누려야 할 당연한 존재로 생각했다. 왜냐하면 자신들은 일본제국의 국민으로서 식민지 조선에서는 지배자의 위치에 있다고 생각했기 때문이다.[10]

그리고 유학과 출장 등을 통해 해외에 체류하고 돌아온 조선인들도 골프를 필요로 하였다. 조선인 유학생의 경우 1910년대 총독부의 정식 허가를 받아 간 유학생은 미국에 26명, 유럽에 5명이었으며 일본에는 6,200여 명에 이른다. 이들 중 이 모두 골프를 경험했다고는 단정할 수 없지만 적어도 골프에 대해 인지하고 있었던 사람들이 조선에 돌아와 상층자본가층에 편입하자 골프를 통한 사교에 관심을 갖게 되었다.[11]

중국 다롄의 호시가우라 골프장처럼

내선융화구락부의 부분적인 해체의 개시가 고급사교구락부 문화의 해체로 이어지는 것을 막기 위해 골프가 중국으로부터 전파, 제시되었다. 구체적으로 1921년 6월 1일에 개장한 효창원 골프장을 통해서이다.[12]

효창원 골프장 건설은 1917년 당시 남만주철도주식회사(이하 만철) 경성관리국 운수과장 안도에 의해 추진되었다. 안도는 조선총독부 철도관리국 이사였는데 철도관리국이 만철에 위탁 경영되면서 경성관리국 운수과장에 취임했다. 그는 중국 다롄(大連) 만철 본사에 출장 갈 때마다 만철이 운영하는 야마토 호텔의 부속시설인 호시가우라(星ヶ浦) 골프장에 안내받아 상쾌한 플레이와 잘 정돈된 코스를 보고 매력을 느껴 경성에도 필요하다고 느꼈다. 이후 안도는 만철 경성관리국장 구보(久保要三)의 양해를 얻어 조선호텔 지배인 이하라(猪原貞雄)와 협의한 끝에 1918년 5월 골프장 건설에 착수했다.[13]

> 최근 골프가 유행해 호텔의 부속 유희로서 빼놓을 수 없는 것으로 인식하는 경향이 있어 설비 결과는 호텔숙박객의 체재 기간을 연장해 호텔 수입 증가의 일조가 될 수 있는데

경성에는 아직 이 설비가 없어 유감이든 차에 용산 효창원 부근의 국유지를 임대해 골프장으로서 필요한 설비를 갖추고 조선호텔의 관리하에 대략 다음에 따라 경영하기로 했다.[14]

골프를 즐기는 외국 여행객들을 적극 유치하여 숙박 기간을 늘림으로써 호텔 수입을 증가시키기 위해 효창원 부근 국유지를 임대해 골프장을 만들어 조선호텔이 관리하고 운영하려 하였다.

골프장 부지로 효창원을 선정한 이유는 도심에 위치하고 특히 조선호텔에서 가까우며 임대하기 쉬운 국유지였기 때문이다. 효창원은 1786년 정조의 장남 문효세자가 죽자 효창묘로 조성되었다. 이후 정조의 생모 의빈 성씨, 순조의 후궁 숙의 박씨, 그의 딸 영온 옹주의 묘가 차례로 들어서며 고종 7년인 1870년에 효창원으로 격상되었다. 왕실 묘역인 효창원은 굉장히 넓고 소나무 숲이 울창했는데 개항 후부터 점차 훼손되기 시작했다. 특히 청일전쟁과 러일전쟁 때 일본군이 주둔하면서 효창원에 숙영지를 만들고 유곽과 철도 관사를 지으면서 왕실 묘역이 잠식되어 갔다. 이후 재조일본인이 교통이 편리한 도로 주변과 일본 군용 지역 주변에 집중적으로 거주하면서 효창원에서는 주민들이 산책하거나 축구와 정구 등 운동경기를 즐겼다. 또한 효창원은 단체들의 대규모 야유회나 학생들의 소풍 장소로도 이용되었다. 효창원은 더 이상 전통적인 왕실 묘역이 아닌 근대적인 공원의 모습으로 변화하고 있었다.[15]

1919년 1월 만철 경성관리국은 예정대로 효창원 부근 국유

효창원 골프장 모습
朝鮮(寫眞帖), 朝鮮總督府, 1925年.
(서울역사박물관 서울역사아카이브, H-TRNS-75580-877).

지 내 5만 7,981평을 임대하고 같은 해 5월 골프장 설계를 당시 일본 코베에 거주하고 있던 영국인 던트(H. E. Dannt)에게 의뢰했다. 1921년 6월 1일 9홀 전체 길이 2,322야드의 골프장이 개장하였다. 골프장은 조선호텔 골프부에서 운영했는데 개장 당시에는 주로 호텔에 체재하는 외국인 전용 형태였다. 이후 회비 제도를 만들고 안도 등이 고객 유치에 적극 나서 고관과 민간 유지 등 주로 재조 일본인이 조금씩 골프에 가세하기 시작했다.[16]

효창원에 골프장이 개장함으로써 골프가 조선에 전파되자 이에 대한 반발이 생겨났다. 하나는 필요성 측면에서 기존에 효창원에서 산책하거나 근처를 지나가는 행인들이 실제 생활에서 골프를 필요로 하지 않았다. 다른 하나는 적합성 측면에서 다른 종목의 운동을 하던 사람들이 새로운 문화요소인 골프를 선호하지 않고 배척했다. 골프장이 들어서기 전까지 자유롭게 효창원을 이용했던 사람들은 골프장 밖으로 넘어오는 OB볼로 인해 안전에 위협을 느끼고 실제 공에 맞아 부상을 입는 일까지 일어나자 골퍼들과 자주 충돌했다. 그들은 골프를 소수가 전유하는 것에 불만을 갖고 더 많은 사람들이 실제로 이용할 수 있는 공원이 필요하다고 목소리를 높였다.[17]

효창원 골프장을 통해 전파, 제시된 골프는 1924년 경성골프구락부가 설립되고 청량리 골프장이 개장하면서 선택·수용으로 이어졌다. 이 과정에서 중요한 역할을 한 것은 조선총독부 정무총감 아리요시(有吉忠一), 내무국장 오츠카(大塚常三郎), 칙임관·외사과장 이쿠다(生田淸三郎) 등 고관들, 그중에서도 특히 아리요시였다. 정무총감은 총독의 바로 아래에서 군사통수권을 제외한 행정, 사법을 통괄하던 최고위 직책이었다.

아리요시는 1907년 내무성 관료로서 유럽 각국을 시찰할 때 영국에서 골프를 접하고 1922년 조선에 부임하기 직전에 가나가와현 지사와 효고현 지사를 역임하며 골프에 관여했다. 가나가와에는 1906년 네기시 골프장과 1917년 센고쿠 골프장이 각각 만들어졌고 코베는 일본 골프의 발상지로 1920년까지 일본 전체 골프장 12개의 절반을 차지하고 있었다. 또한 1907~1918년까지 코베와 네기시의 골프장에서 일본 아마츄어 골프선수권대회가 열릴 정도로 두 지역은 초창기 일본 골프의 중심지였다.[18]

오츠카는 1921년 5월부터 다음 해 8월까지 제1차 세계대전 후의 구미 사정을 시찰했는데 런던 체재 중에 아는 사람의 권유로 골프 레슨을 받았다. 이후 영국 체재 중은 물론 미국 여행 중에도 틈나는 대로 골프장을 방문했다. 조선에 돌아오자 골프의 본고장에서 배운 그의 골프 지식은 당시 골프인들 사이에 센세이션을 일으켰으며, 그가 들고 온 새로운 골프클럽은 누구에게나 선망의 대상이 되었다. 이쿠다는 1920년 4월부터 중국, 인도, 구미 각국에 약 1년 반 동안 시찰하고 돌아왔다.[19]

1922년 7월 조선에 부임한 아리요시는 다음 해 1월 재경 관민 유지가 골프협의회를 만들 것을 앞장서 제안하고 조선호텔에서 제1회 협회의를 개최했다. 이날 회의에는 총독부 측에서 정무총감 아리요시, 내무국장 오츠카, 외사과장 이쿠다, 사회과장 야지마(矢嶋杉造), 총독비서관 나카무라(中村寅之助) 등이, 민간 측에서 조선은행 인사부장 이이즈미, 같은 은행 비서 모리히라(森平正一), 만철 경성관리국 공장장 구로사와, 미츠이물산 지점장 스미이, 조선호텔 지배인 데라사와(寺澤) 등이 참석했다. 이 자리에서 아리요시가 조선의 골프 발전 방안을 제시하자 참석자들이 만장일치로 찬성했다.[20]

> 앞으로 다른 적당한 장소를 선정해서 골프장을 설비할 필요가 있다고 생각합니다 … 현재 효창원 골프장에서 골프를 칠 때 대부분 규칙이 정확하게 지켜지지 않고 있습니다 … 골프 경기에 관한 규칙을 연구해 정확한 기준을 정해 시행할 필요가 있습니다 … 효창원 골프장은 만철회사가 관리 경영하고 있는데 만약 다행히 회원 조직을 확립할 수 있다면 회의 조직을 견실히 해서 회장 부회장 간사 등의 조직을 두고 이 사람들이 책임지고 골프장의 개선 수리, 공 찾는 훈련, 기술의 향상, 규칙의 이행 등 그 외 문제들을 담당하면 …

아리요시는 새로운 골프장을 건설할 것, 골프 규칙을 제정할 것, 골프구락부를 조직할 것 등의 필요성을 강조했다. 그리고 이를 실행해 갔다.

골프장을 만철의 관리 경영에서 벗어나 독립된 사단법인으로 운영하기 위해 골프구락부를 설립했다. 1924년 3월 조선호텔에서 경성골프구락부 창립총회를 개최했다. 아리요시를 비롯해 55명이 출석한 가운데 열린 총회는 아리요시를 의장으로 추대하고 사단법인 경성골프구락부 설립의 건, 정관 작성의 건, 임원 선정의 건, 청량리골프장 설계의 건 등을 의결했다. 초대 임원으로는 이사에 안도(총독부 토목회 위원), 이우치(조선은행 이사), 오자키(동양척식회사 이사), 이항구(이왕직 예식과장), 스미이(조선생사회사 감사), 오츠카(총독부 내무국장), 나카노(만철 경성관리국 건설과장), 무샤(경성전기회사 전무이사), 데이비드 선을, 감사에는 아리가(조선식산은행장), 시노다(이왕직 차관)를 각각 선임했다.[21]

아리요시는 새로운 골프장 건설에 착수했다. 당시 효창원 골프장은 주민들의 민원 이외에 골퍼들 사이에서도 코스가 협소하다는 불만이 불거졌다. 실제로 효창원 골프장은 주민들의 안전 확보와 관리 곤란 때문에 9홀 중 7홀만을 사용하고 있었다. 이에 지리적으로 주민들의 반발을 사지 않고 명실상부한 18홀 규모의 정규 골프장을 만들자는 의견이 대두하였다.[22]

아리요시 등은 토지 매수 경비를 고려하여 청량리 근처 고양군 숭인면 석곶리(현재 서울시 성북구 석관동)에 있는 이왕가의 의릉(경종의 묘)이 포함되어 있는 능림을 임대하기로 결정했다. 이때 이왕가의 사무를 담당하던 이왕직의 차관 시노다와 예식과장 이항구가 도와주었는데 이들은 골프 마니아였기 때문에 순조롭게 일이 진행되었다. 골프장 설계는 일본인 이노우에게 맡겼다. 당초 완전한 18홀로 예정했으나 지형상 17, 18홀의 2코스를 중복해서 사용하는 16홀로 완성되었다. 전 코스가 푸른 소나무에 둘러싸이고 북한산, 불암산, 수락산, 도봉산의 봉우리를 소나무를 통해 볼 수 있는 매우 웅장한 경치였으며, 효창원 골프장과는 달리 매우 한적한 정말로 속세와 떨어진 장소였다. 청량리 골프장은 같은 해 7월 일본에 돌아간 아리요시가 조선에 주고 가는 최후의 선물이었다. 1924년 12월 6일 청량리 골프장이 준공되고 다음 날

내무국장 오츠카를 비롯해 총독부, 은행, 회사 등의 골퍼 약 40명과 신문기자들이 모여 개장식을 거행했다.[23]

아리요시는 영국에서의 골프 경험을 바탕으로 골프에 대한 이해가 높아 정확한 규칙과 에티켓을 지키며 플레이할 것을 강조했다. 그는 퍼팅은 무사도를 중시하는 사내대장부가 해서는 안 된다며 생략했던 관례를 깼으며 플레이 도중 숲속에 들어가 소변보는 것을 에티켓 위반이라며 질타하는 등 골프에 대한 규칙을 만들어 조선의 골프가 골프다워졌다.[24]

이처럼 아리요시는 조선에 부임해 실무적인 문제를 해결해 조선에 골프구락부가 수용되는 데 결정적인 역할을 하였다. 이는 지금까지 본 바와 같이 골프에 대한 그의 개인적인 열정에 많은 부분 기반하고 있다. 그러나 그가 단순히 사적 개인이 아니라 조선 지배의 실질적인 책임자였음을 감안하면 조선 지배 목표와 총독부 내부의 사정도 함께 작용하였음을 알 수 있다.

아리요시는 당시 조선에서 일제의 지배 목표인 동화를 달성하기 위해 골프구락부를 조선인과 일본인 간의 의사소통의 장으로 활용했다. 그는 일본인과 조선인 간의 동화를 하루아침에 실현하는 것은 불가능하다고 생각했다. 가장 큰 이유는 일본과 조선의 풍습과 언어가 서로 달라 총독부가 정책을 시행하는 데 오해가 생기고 그로 인해 갈등이 일어나기 때문이라고 진단했다. 따라서 아리요시는 양자 간의 오해를 해소하고 갈등을 제거하여 동화를 점진적으로 달성하기 위해서는 골프 등을 통해 조선인과 일본인 간의 의사소통을 도모해야 한다고 생각했다.[25]

아리요시는 총독부 내에서 취약한 자신의 입지를 골프구락부를 통해 극복하려 하였다. 그는 전임 정무총감 미즈노가 급거 내무대신에 취임하면서 총독 사이토와의 오랜 연고와 내무대신 미즈노의 두터운 신임에 힘입어 지방관에서 일약 정무총감에 취임하여 조선에 부임했다. 지방관 출신 정무총감 취임에 대해서 조선에서의 여론은 호의적이지 않았고, 내각과 의회 교섭에서는 전임자인 미즈노의 협력에 의존했기 때문에 총독부 내의 그의 입지가 확고하지 않았다. 미즈노가 여전히 총독부 인사권에 막강한 영향력을 유지하고 있었기 때문에 강력한 리더십을 기대했던 총독부 관료에게도 백안시되었다. 이 과정에서 그는 미즈노파 관료들과 갈등을 빚기도 하였다. 아리요시는 골프를 통한 사교 활동으로 만들어진 고위 관료들과의 유대가 총독부 내에서 자신의 입지를 견고히 다질 수 있을 것으로 기대했다.[26]

골프는 배부른 양반들의 놀이이다

새로 수용된 골프구락부에 대해 업무 소홀에 대한 비난, 땔감을 잃은 주민들의 반발, 유한계급의 유희·오락에 대한 반감, 미비한 골프장 설비에 대한 불만, 정경유착에 대한 불평 등의 저항이 생겨났다.

골퍼들이 골프를 즐기기 위해 맡은 업무를 소홀히 하는 데에 대해 비난이 일었다. 이왕직의 예식과장 이항구와 차관 시노다가 종묘 안에서 어보가 분실되는 사건이 일어났을 때 골프를 치러 갔다가 업무 소홀로 비난받았다. 두 사람은 골프 마니아로 청량리 골프장 건설을 적극 도왔으며 경성골프구락부의 초기 임원으로 이사와 감사를 맡았다.

1924년 4월 종묘 안에 도적이 들어 덕종과 예종의 어보를 훔쳐 갔다. 종묘 내의 절도사건은 조선왕조 500년 이래 처음 있는 일로 범인에 대한 어떤 단서도 찾지 못했다. 창덕궁 내는 근심과 걱정으로 가득했으며 특히 이왕은 거의 침식을 잊고 어보의 행방을 물으며 노심초사했다. 그런데 이 사건의 직접 책임자라고 할 수 있는 이항구와 시노다는 아침부터 자동차를 몰고 골프장에 가서 온종일 골프를 즐겼다. 이왕직 안에서는 물론 왕족과 귀족들도 두 사람이 업무를 소홀히 했다고 비난했고 일반인도 눈살을 찌푸

렸다.[27]

청량리 골프장 건설 당시 그 인근에는 100여 호의 주민들이 살고 있었다. 그들은 골프장 건설 이전 그곳 산기슭에 여러모로 의탁해서 대대손손 생활해 왔다. 특히 겨울에 낙엽을 긁거나 풀을 베어서 땔감으로 사용해 추위를 면했다. 갑자기 골프장이 건설되면서 인근 주민들은 땔감을 구해왔던 삶의 터전을 잃게 되었다. 그들은 중대한 사활문제로 생각하고 강하게 반발하였다. 진행 중인 공사를 물리적으로 저지하거나 경찰 당국에 탄원서를 제출하기도 하였다. 주민들은 삶의 보금자리를 잃을 것으로 느껴서 새로운 문화요소인 골프에 대해 격렬한 적의를 품고 배척한 것이다.[28]

골프를 유한계급의 유희나 배부른 양반들의 놀이, 황금에 싸여있는 일부 관민의 오락 등으로 간주하고 반감을 갖는 사람들이 생겨났다. 그들은 관청의 고관이나 민간 회사의 임원들이 한가하게 즐기는 골프는 스포츠가 아닌 유희나 오락에 불과하며 노동자 계급의 생활을 위협한다고 주장했다. 이는 당시 골프장에 이동하기 위해 꼭 필요했던 자동차에 대한 그들의 인식을 통해서도 잘 알 수 있다. 당시 청량리 골프장은 청량리 전차 종점에서 언덕 넘어 10리 정도 떨어져 있었기 때문에 자동차를 이용해야만 했다. 그런데 초기 80여 명의 회원 중에 개인 자동차를 가진 사람은 이왕직 예식과장 이항구뿐이고 나머지는 공용차나 관용차를 이용했다. 그들은 골프구락부 회원들이 지위와 세력을 남용해 사원들이 땀 흘려 벌어놓은 회사의 비용이나 주민이 고혈을 다해 바친 세금으로 개인의 유희나 오락을 즐기고 있다고 생각했다.[29]

청량리 골프장에 이전한 후 경성골프구락부 회원들이 늘어나고 구락부 운영이 활성화되어 회원들의 골프 실력이 향상되자 골프장 설비에 대한 불만이 생겨났다. 회원의 경우 일본인과 외국인은 물론 외국에서 골프를 배운 몇 명을 제외하고 토착 조선인 중에서도 골프를 배우는 사람들이 증가했다. 경성골프구락부는 이들에게 일본의 프로골퍼를 초청하여 골프 게임의 기본을 알려주고 골프 레슨을 실시했다.

1925년에는 전조선 골프선수권대회를 개최하는 등 회원들의 골프 실력 향상을 위해 노력하자 효과가 나타났다. 그 결과 경성골프구락부 회원들 사이에 골프장 코스가 짧다, 잔디 상대가 좋지 않다, 벙커가 제대로 만들어지지 않았다, 정규 18홀이 아니다 등의 골프장 설비에 대한 불만이 분출하였다. 특히 골프의 본고장인 외국이나 일본의 골프장에서 골프를 치고 온 사람들 사이에 이러한 불만이 고조되었다.[30]

골프 경기는 기본적으로 4명이 한 팀을 이루어 비교적 긴 시간 동안 플레이되므로 다른 사람의 접근을 막을 수 있어 은밀한 로비의 수단으로 이용되었다. 당시 골프구락부 회원의 대부분은 총독부 고관과 상층자본가였다. 일부 실업가는 총독부 고관을 일요일에 방문해서 진정 형식으로 거의 봉쇄된 상태에서 골프를 즐기며 자신들의 이해를 관철하려 하였다. 이 때문에 골프를 매개로 총독부 정치권력과 부르주아가 유착한다는 데에 대한 불평이 생겨났다.[31]

영친왕의 골프 사랑과 군자리 골프장 개장

외래문화요소인 골프구락부는 18홀 정규코스 군자리 골프장 개장, 다양한 골프대회 개최, 베이비골프의 유행 등을 통해 문화요소의 의미가 재해석되어 충분히 수용되었다.

경성골프구락부는 회원 증가와 회원들의 골프 실력 향상 등으로 청량리 골프장의 설비가 미비하다는 불만이 일자 이를 해소하기 위해 골프장 이전을 추진했다. 1927년 가을부터 구체적인 논의를 시작하여 골프장 건설에 적당한 장소를 물색한 결과 경기도 고양군 뚝도면 군자리를 선정했다. 군자리는 현 광진구 군자동 어린이대공원 일대로 이왕가의 유릉이 있었던 곳이다. 유릉은 원래 순종이 황제에 즉위하기 전에 사망한 황태자비를 안장한 곳으로 유강원으로 불리었다. 1907년 즉위한 순종이 황태자비를 순명효황후로 추봉하고 능호를 부여했다. 1926년 순종이 사망하자 순명효황후의 묘는 경기도 양주군 금곡리로 이장되어 순종과 합장되었다. 이장 후 약 30만 평의 유릉터는 소나무 숲으로 그대로 남아있어 새로운 골프장 부지로 낙점된 것이다.[32]

이후 경성골프구락부가 군자리 골프장을 순조롭게 건설할 수 있었던 것은 당시 이왕직 차관 시노다가 이왕(이은, 李垠)을 설득하여 그의 전폭적인 지원을 받았기 때문이다. 시노다는 당시 경성

골프구락부의 초대 임원으로 청량리 골프장 건설 때에도 이왕가의 능림을 임대하는 데 일조했다. 이왕은 고종의 7남 영친왕으로 1907년 황태자에 책봉되어 11세 때 일본으로 유학 보내졌다. 한일병합으로 대한제국 황실이 이왕가로 격하되자 이왕세자가 되었으며 1926년 순종의 뒤를 이어 이왕에 즉위했다.

이왕은 이왕세자 때인 1923년 육군대학을 졸업하고 보병 대위로 승진하여 군 장교로 복무했다. 복무 중 골프를 비롯해 정구와 승마 등에도 비상한 관심을 갖고 매일 열심히 연마했다. 참모본부에 근무할 때는 황실 정원인 신쥬쿠교엔에서 황족들과 수시로 골프를 즐겨 황태자가 주최하는 동궁컵 쟁패 골프 경기에 참가할 정도로 대단히 숙달된 골퍼였다.[33]

이왕은 조선의 골프구락부에 대해 적극 지원하기 시작했다. 1926년 10월 경성골프구락부가 주최한 조선 골프대회 겸 조선 골프선수권대회에 조선 골프계의 발전을 위해 우승컵을 '하사'했다. 1927년에는 경성골프구락부 명예총재에 취임했다.[34]

한편, 이왕은 1927년 5월부터 1928년 4월까지 거의 1년에 걸쳐 영국, 프랑스, 독일, 벨기에, 네덜란드, 이탈리아, 오스트리아, 스위스, 폴란드, 체코슬로바키아 등 유럽의 13개국을 방문했다. 이 방문이 성사되는 데 도움을 준 시노다가 직접 이왕을 수행했다. 이왕은 참모본부 소속이었기 때문에 공식적인 방문 목적은 제1차세계대전의 전적지를 시찰하는 것이었지만 박물관, 병원, 대학, 음악당, 미술관, 성당 등 다양한 곳을 둘러보았다. 또한 골프와 관련된 여러 활동을 왕성하게 펼쳤다. 부인과 시노다 등 일행을 비롯해 골프장 소속 프로골퍼 등과 총 20여 회에 걸쳐 라운딩

했다. 특히 영국에는 8월 초부터 10월 초까지 머물면서 골프의 발생지로 알려진 스코틀랜드의 세인트앤드루스(Saint Andrews) 골프장 등에서 무려 15번이나 골프를 쳤다. 라운딩 외에도 방문한 골프장 소속 프로골퍼에게 레슨을 받았으며 골프 아카데미와 던롭 골프공 제조 공장을 방문하였다.[35]

유럽 방문을 마치고 돌아온 이왕은 군자리 골프장 건설에 큰 힘이 되었다. 그는 시노다의 요청을 받아들여 이왕가 소유의 유릉터 일대 골프장 부지를 무상으로 경성골프구락부에 대여하고 골프장 공사비로 20,000엔을 주었다. 또한 이왕직은 3년 동안 매년 5,000엔씩 15,000엔의 운영비와 골프장 내의 벌목 매각 대금 약 10,000엔을 제공했다. 여기에 경성골프구락부는 구락부 기금 20,000엔과 회원 및 유지의 특별 기부금을 더해 1928년 6월에 골프장 공사에 착수했다. 1930년 6월 22일 파 69, 총연장 6,160야드의 조선 최초의 18홀 정규코스인 군자리 골프장을 준공하고 그곳으로 이전하였다.[36]

이처럼 이왕직 차관 시노다와 이왕이 군자리골프장 개장에 중요한 역할을 하였다. 그 이유는 두 사람이 골프 애호가이며 둘 사이의 관계가 원만했다는 점을 들 수 있다. 특히 유럽에서 앞선 골프를 직접 체험한 이왕은 경성골프구락부의 명예총재로서 조선에도 국제 수준의 정규골프장이 필요하다고 생각했을 것이라는 조상우의 추정은 매우 타당하다. 이왕은 과거의 봉건적인 유제를 머금은 전통적인 능터가 그대로 남아있기보다는 일본과 유럽 등 근대사회에서 유행하는 골프를 위한 새로운 공간으로 변모하는 것이 조선의 미래를 위해 더 필요할 것으로 판단했을 것이다.

이는 유럽 방문을 마치고 순종의 3주기 제사에 참석하기 위해 조선에 돌아오는 그에 대한 조선 사회 일부의 기대에서 엿볼 수 있다. 당시 한 신문은 골프에 취미를 가진 이왕이 유럽 각국의 실제를 돌아보고 얻은 지식을 바탕으로 장래 조선인의 복지와 건강에 대해 깊이 생각할 것으로 전망했다.[37]

다양한 골프대회 개최는 골프구락부가 소수의 폐쇄적인 고급 사교구락부로서 단순히 유희나 오락을 즐기는 집단이라는 인식에서 벗어나 골프의 저변 확대와 골퍼들의 기량 향상을 통해 대중적이고 개방적인 스포츠 성격의 구락부라는 이미지를 강화하려는 것이다.

경성골프구락부는 1925년부터 전조선 골프대회와 전조선 골프선수권대회를 개최하였다. 전자는 메달플레이로, 후자는 매치플레이로 진행되었다. 1926년 대회부터 우승자에게는 이왕이 기증한 우승컵이 수여되었다. 1932년 대회의 경우 9월 23일부터 25일까지 3일간에 걸쳐 전조선 골프선수권대회와 전조선 골프대회가 군자리 골프장에서 거행되었다. 23일부터 시작된 전조선 골프선수권대회에는 경성 9명, 평양 2명, 원산 1명, 대구 4명 등 총 16명의 선수가 18홀 매치플레이로 겨룬 결과 25일 결승에서 평양의 사카모토가 우승하였다. 이어 25일에 열린 전조선 골프대회에는 각지에서 65명이 참가하여 27홀 메달플레이를 펼친 결과 총독부 이재과장 고지마가 우승하였다.[38]

이 외에도 경성골프구락부는 정무총감컵경기, 창덕궁컵경기, 오사카마이니치신문사컵경기, 아리가조선식산은행장컵전, 미츠이물산지점장컵쟁탈전 등을 열었다. 특히 경성골프구락부는 골프구락부 상호 간의 연락을 밀접하게 하고 골프의 향상 발전을 도모하는 것을 목적으로 조선골프연맹 창립을 주도했다. 당시 조선에는 경성, 부산, 대구, 평양, 원산 등 5개 지역의 골프구락부가 있었다. 1937년 9월 설립된 조선골프연맹은 전조선 아마추어선수권경기대회와 가맹구락부 경기대회 등을 개최하고 대회의 규정을 발표했으며 기관지『클럽라이프』를 발행했다. 이후 전국 규모의 대회가 활기를 띠었으며 조선인 골퍼도 늘어났다. 또한 경성 골프구락부는 조선인 연덕춘을 프로골퍼로 육성했다.[39]

베이비(ベビー, Baby)골프는 오늘날의 미니 골프로 골프장을 단순하고 짧게 축소하여 만들어 퍼터만을 사용하기 때문에 쉽고 간단해서 어린아이에서 노인까지 누구나 즐길 수 있었다. 이 때문에 골프가 유한계급의 유희·오락이라는 비난을 누그러뜨리는 데 일조했다.

베이비골프는 1920년대 미국에서 미니어처(Miniature, 소형) 골프 또는 탐썸(Tom Thumb, 난쟁이) 골프 등으로 불리었는데 이후 일본과 조선에 도입되면서 붙여진 이름이다. 베이비골프가 미국에서 크게 유행하게 된 것은 1927년 테네시주의 발명가이자 사업가인 가넷 커터(Garnet Carter)가 인조 그린을 사용해 표준화된 미니골프장인 탐썸골프 특허를 취득해 대량 판매하면서부터이다. 탐썸골프장은 1920년대 후반까지 뉴욕시에만 150개 이상이 옥상에 생겼고 이후 1930년대에 미국 전역으로 퍼져나가 옥상, 빈집, 빈 극장 등에 수만 개가 들어섰다.[40]

미국으로부터 일본에 베이비골프가 건너온 것은 1930년 10월이다. 도쿄에 18홀 70평 정도의 베이비 골프장이 처음 만들

경성전기(주)가 만든 최초의 베이비골프장
매일신보, 1931년 4월 8일, 2면.

어진 후 이듬해 3월에는 도쿄에만 27개로 늘어났다. 이어 1930년 12월 오사카를 시작으로 고베, 교토 등에서도 많은 베이비 골프장이 생겨났다. 1931년 6월경에는 도쿄와 그 근교에 60여 개, 요코하마와 나고야를 포함하면 140~150개에 이를 정도로 크게 유행했다.[41]

베이비 골프장이 미국에서 일본에 상륙한 지 불과 6개월 후인 1931년 4월 조선에 베이비 골프장이 처음 만들어졌다. 경성전기주식회사는 경성 혼마찌(현재의 충무로) 구사옥 터에 총공사비 2,500원을 들여 베이비 골프장을 개장했다. 개장 전날 2백여 명의 신사 숙녀를 초대했는데 홀은 18개로 경기료는 1게임에 30전이었다. 베이비 골프장은 경성 이외에 평양, 인천, 대구, 전주 등 각 도시에 속속 생겨났다. 점점 대중화되어 골프대회가 열리기도 하였으며 온천지와 피서지에도 즐길 정도로 최신 유행 시설이 되었다.[42]

골프구락부

1930년대 중반에 이르면 골프구락부는 문화요소의 재해석이 잠 잠해지고 재구성되어 조선을 대표하는 고급사교구락부로 신평형을 이루었다. 골프열이 왕성하여 골프팬의 수가 격증함에 따라 경성골프구락부 회원은 1929년 100명, 1931년 213명에서 1939년 499명으로 크게 증가했다. 군자리 골프장 입장자 수는 1937년 13,581명, 하루 평균 37명에서 1938년에는 16,762명, 하루 평균 46명으로 늘어났다. 1937년 골프장 내장자 중 회원은 12,562명(92%), 방문자는 1,019(8%)명이었으며, 1938년은 회원 15,492(92%)명, 방문자 1,270명(8%)이었다. 그리고 1938년 경성골프구락부 주최 골프 경기는 월례회를 포함해 21개가 열려 총 1,579명의 선수가 출전했다[43].

골퍼들은 군자리 골프장에서 평일과 주말을 가리지 않고 골프를 즐겼다.

> 어느 날이나 경성 시외 뚝섬 저쪽 능리에 있는 끝이 보이지 않게 넓은 경성골프운동장에는 조선 일류 명사들의 경쾌한 웃음소리가 끊이지 않으며 일요일마다 전 조선으로부터 모여든 아마추어 골프선수들의 대항전이 벌어진다. 일곱 날에 하루씩 있는 일요일에 자연에 덮인 골프 코스를 하루 종

표6. 경성구락부 재경 회원의 직업 분포

	총독부	회사	은행	학교	이왕직	영사관	언론	병원	계
1931	43	21	25	3	3	3	1	0	98
1939	40	191	46	12	1	1	4	6	301

출처:「メンバーリスト 1931」;「會員名簿」.

일 달리다 피곤한 몸 신선해진 머리로 귀로에 서는 것이 그들만이 맛볼 수 있는 행복이라 하겠다.[44]

그러면 당시 경성골프구락부의 회원들은 어떤 사람들이었는지에 관해 좀 더 자세히 알아봄으로써 새로운 평형을 이룬 골프구락부의 실제 모습을 파악하는 데 한 걸음 더 다가서 보자.

전체 회원 중 서울에 거주하는 재경 회원에 한해 직업을 분석해 보자.

1931년과 1939년을 비교해보면 우선 총독부가 거의 절반인 44%에서 13%로 크게 하락했다. 이에 비해 회사는 21%에서 63%로 거의 세 배 이상 급증했으며, 은행은 26%에서 15%로 줄어들었다. 총독부 고관의 수는 미미하게나마 오히려 감소하고 은행 중역의 수는 2배 정도 증가했지만, 회사의 중역이나 대주주 수는 무려 9배 이상 폭증했다. 경성골프구락부 회원은 초기에는 총독부 고관이 다수였지만 시간이 지나면서 회사와 은행을 중심으로 한 상층자본가들이 주류를 이루었음을 알 수 있다.

조선인만을 대상으로 세밀하게 분석해 보자. 조선인 회원의 비율은 1931년 24명(11%), 1939년 75명(15%)이다. 조선인 비율이 약간 늘어난 것 같지만 사실은 외국인 비율이 줄어든 데 기인하

서울 한복판에서 베이비골프를 즐기는 여성
매일신보, 1932년 4월 15일, 5면.

표7. 경성골프구락부 일본인 조선인 외국인 회원수

	일본인(%)	조선인(%)	외국인(%)	계
1931	148(69)	24(11)	41(19)	213
1939	402(81)	75(15)	22(4)	499

출처 :「メンバーリスト 1931」;「會員名簿」.

며 실제로 일본인 비율이 10% 이상 증가했다고 볼 수 있다.

1939년까지 활동한 조선인 회원은 1931년 24명과 1939년 75명인데 중복된 인원을 제외하면 총 81명이다. 이 중에서 아무 자료를 구할 수 없는 최응구를 제외한 나머지 80명의 학력 및 주요 이력을 알아보자.

학력을 살펴보면 절반이 넘는 41명(51%)이 일본, 미국, 영국 등에서 유학했다. 특히 경성골프구락부의 초기 회원인 1931년 회원은 24명 중 무려 15명(63%)이 유학 경험자이다. 더구나 6명은 골프가 일찍이 정착한 구미 유학파(영국 2명 미국 4명)이다. 직업을 보면 총독부 관료인 김영상과 지주인 배석환을 제외하고 모두 회사의 대표나 중역 또는 대주주로 상층자본가들이었다. 당시 잡지『삼천리』가 서울 재산가들의 1년 소득을 은밀히 조사한 바에 의하면 3만 원을 넘는 조선인 수는 98명 정도이다. 이중 경성골프구락부 회원이 16명(16%)인데 특히 1위 최창학(24만 원), 2위 민대식(23만 원), 3위 김연수·박흥식(20만 원), 8위 민규(奎)식(14만 원), 9위 최남(13만 원), 10위 송성진(12만 원), 11위 조인섭·조병학(11만 원) 등 최상위를 차지하고 있다. 일본인과 비교해 볼 때 관료의 수가 지나치게 적은 것을 알 수 있다.[45]

총독부가 중앙과 지방에서 각각 제한적으로 허용했던 정치

참여 기관인 중추원 또는 도(평의)회, 부(협의회)에 진출한 회원이 27명(34%)이다. 외국 유학을 비롯해 근대적 교육을 받고 회사의 대표나 중역으로 부를 축적해 상층자본가층에 진입한 조선인들이 골프구락부를 통해 총독부 고관과의 친교를 유지하면서 중앙 또는 지방의 정치에 참여하고 있음을 알 수 있다.

정치적 성격의 내선융화구락부에서 스포츠 성격의 골프구락부로 변화한 식민지에서의 고급사교구락부의 문화접변은 당시 식민지 조선에서 다수를 차지했던 조선인 스스로의 필요에 의해서가 아니라 주로 총독부 일본인 고관들의 주도하에 강제적인 접촉 상황에서 이루어졌다. 만철 경성관리국에 의해 골프가 외래문화요소로서 전파·제시되고 골프구락부가 수용, 재해석되는 데 총독부 및 이왕직 고관들이 중요한 역할을 하였으며 골프구락부 회원의 대다수는 일본인 상층자본가였다.

이 때문에 식민지기 골프구락부는 아시아·태평양전쟁이 격화되자 다수가 즐기는 개방적인 스포츠 형식의 구락부가 아닌 소수의 특수 계층이 향유하는 폐쇄적인 고급사교구락부로 인식되어, 골프는 단지 사치와 오락에 불과하다는 비난에 직면했다. 이에 경성골프구락부는 1940년 전시체제에 협력할 골프의 신체제를 협의해 골프장 이용 제한, 골프 물품 절약, 은제컵 헌납 등의 자숙안을 발표했다. 하지만 경성골프구락부는 더 이상 버티지 못하고 결국 종전 직전인 1944년 3월 임시총회를 열고 구락부 해산을 결정했다. 군자리 골프장은 전쟁 준비를 위한 할공훈련도장으로 바뀌었다.[46]

표8. 경성구락부 조선인 회원의 신상명세

회원명	31	39	학력 및 주요 경력
고원훈	0	0	일본 메이지대학, 보성전문학교장, 조선체육회장, 선만척식(주)·동일은행 감사, 도지사, 중추원참의
김동훈	0	0	관립한성일어학교, 조선식료품(주) 대표이사, 도지사, 중추원참의
김종선	0	0	일본 니혼대학, 조선식산신탁(주) 부사장
김한규	0	0	관립한성일어학교, 군수, 조선상업은행·조선생명보험(주) 감사, 한일은행(주) 전무이사, 부협의회의원, 도평의회의원, 중추원참의
민규奎식	0	0	영국 케임브리지대학, 한일은행·동일은행 이사, 조선견직(주) 대표이사, 중앙주조(주) 이사, 중추원참의
민대식	0	0	미국 웨슬리언대학, 동일은행 대표이사, 도평의회의원
민병수	0		미국유학, 조선견직(주) 이사
박석윤	0	0	일본 도쿄제국대학, 영국 케임브리지대학, 조선총독부재외연구원, 매일신보사 부사장
박영철	0		일본육사관학교, 도지사, 조선상업은행장, 조선철도(주) 이사, 중추원참의
박용구	0		관립일어학교, 도참여관, 중추원참의, 성남전등(주) 이사
박용균	0	0	세브란스의학전문학교, 병원장, 도평의회의원, 세브란스의용품상회(주)전무이사
백명곤	0		일본 와세대학, 서울호모공사(주) 이사, 화성사(합명) 대표
유일한	0	0	미국 미시간대학, 유한양행(주) 대표이사
윤치왕	0	0	영국 글래스고우대학, 세브란스의학전문학교 교수, 세브란스의용품상회(주) 이사, 남포수산(주) 대표이사
윤치창	0	0	미국 루이스대학, 천은광업사(합자)·남포수산(주) 이사
윤호병	0	0	일본 도쿄고등상업학교, 한일은행과장, 동일은행 이사
이병길	0	0	일본 교토제국대학, 후작, 한성은행(주) 대주주, 선만공업사(합자) 대표이사, 중추원참의
이항구	0	0	남작, 이왕직예식과장·차관·장관, 한성은행(주) 대주주
임경순	0		한일은행원, 조선생명보험(주) 대주주, 경성자동차(주) 이사
조병상	0		선린상업학교, 조선농업(주) 대표이사, 부협의회의원, 중추원참의
최진	0	0	일본 간사이대학, 한성재판소 판사, 한일은행(주) 감사
최창학	0	0	진명학교, 삼성금광 대표, 대창산업(주) 대표이사
한상룡	0	0	일본 세이조학교, 한성은행(주)·조선생명보험(주) 대표이사, 부협의회의원, 도(평의)회의원, 중추원참의
한익교	0	0	관립일어학교, 한성은행(주)·조선생명보험(주) 이사, 부협의회의원, 중추원참의

회원명	31	39	학력 및 주요 경력
김건영		0	일본 메이지대학, 동양상사(주) 대표이사. 부회의원, 조선양지(주) 감사
김계조		0	동양연료(주) 대표이사, 회문탄광(주) 상무이사
김긍환		0	경성융흥(주)·광장(주) 대주주
김동성		0	미국 오하이오주립대학, 조선중앙일보사(주) 대주주이사·편집국장, 배합원(요정) 대표
김명하		0	성진전주(주) 감사, 삼륭(합자) 대주주
김사연		0	일본 게이오의숙대학, 한일은행 부지배인, 조선공론사 사장, 동일은행(주) 감사, 부(협의)회의원, 도회의원, 중추원참의
김연수		0	일본 교토제국대학, 경성방적(주)·해동은행 대표이사, 삼양사(합자) 대표, 중추원참의
김영상		0	일본 메이지대학, 경성부청 재무부장
김유환		0	금보(합명) 대주주, 유신상회 대표
김의명		0	일본 센슈대학, 국경상사(주) 대표이사. 의명광업(합자) 대표
김준호		0	한성신탁(주) 대주주
구창조		0	인일상회(주)·조선공영(주) 대표이사
나용균		0	일본 와세다대학, 영국 런던대학, 동광당서점(주) 이사
문승탁		0	양정법과전문, 조선제빙(주) 상무이사, 조선기업(주) 감사, 도회의원
민규식		0	일본 게이오대학, 동일은행 지배인
민희식		0	미국 네바다주립대학, 동해농업(주) 이사, 천은광업사(합자) 대표
박기효		0	북청공립농업학교, 공흥(주)·북청전등(주) 이사, 응덕사(합명) 대표
박두병		0	경성고등상업학교, 조선은행원, 박승목상점(주) 이사
박영근		0	일본 메이지대학, 조선총독부 서기·군수, 광산 대표, 조선토목(주) 이사, 부회의원
박용수		0	국경통운(주)·합성광산(주) 이사, 신연철공소(주) 대표이사
박용운		0	일본 도쿄외국어학교, 신연상회(주)·신흥자동차운수(주) 대표이사, 조선일보사(주) 감사
박흥식		0	진남포상공학교, 선광인쇄(주)·선일지물(주)·화신(주) 대표이사
방규환		0	일본 게이오대학, 동방농사(합자) 대표, 부협의회의원
방태영		0	사립철도학교, 매일신보 기자, 조선서적인쇄(주)·조선천연빙(주) 이사, 중추원참의
배석환		0	지주

정치에서 스포츠로

회원명	31	39	학력 및 주요 경력
송성진		0	조선상업은행(주) 대주주, 조선물산무역(주) 상무이사, 가평상회(주)·영익사(주) 이사, 도회의원
신용욱		0	일본 도쿄항공전문학교, 미국 힐라헬리콥터학교, 신항공사업사사장
오한영		0	미국 에모리대학, 세브란스의학전문학교 교수
유억겸		0	일본 도쿄제국대학, 연희전문학교 교수, 변호사, 남포수산(주) 감사
이갑수秀		0	경성의학전문학교, 독일 베를린대학, 일본 교토대학, 경성여자의학전문학교 교수
이갑수洙		0	일본 오카야마의학전문대학, 일본 교토제국대학, 경성제국대학의학부 교수
이상옥		0	경성법학전문학교, 대지주, 환이하주운수조(합자) 대표
이성희		0	대구교남중학교, 조선화재보험조선취인소 참사, 영춘농장(합명) 중역
이승우		0	일본 쥬오대학, 변호사, 동아신탁(주)·경성흥업신탁·동일은행(주) 감사, 부회의원, 중추원참의
이정재		0	경성고등상업학교, 동일은행 지배인, 영보(합명) 상무이사, 부회의원
이중철		0	세브란스의학전문학교, 일본 큐슈제국대학, 이중철의원 대표
이춘웅		0	충주전기(주) 감사, 기웅상점(합자) 대표, 도평의회의원
윤기익		0	관립외국어학교, 영국런던유학, 갑암광산(주) 이사
윤덕기		0	조선공작(주) 이사, 강원약미(주) 대표이사
윤창현		0	일본 호세대학, 고려광업(주) 대표이사
양재창		0	경성학당, 조선총독부 군수, 조선생명보험(주) 이사, 선만토지광산부로커(주) 대표이사, 부회의원, 중추원참의
장기식		0	경성법학전문, 압록강토지개량(주) 전무이사, 도회의원
장병량		0	선만교통(주)감사
전용순		0	선린상업학교, 금강제약소 사장
정옥현		0	일본 쥬오대학, 야마이찌증권회사 경성지점장 대리
정운용		0	일본 메이지대학, 경북합동은행 이사, 소화산업(주) 대표이사
정현모		0	일본 와세다대학, 대동광업(주) 상무이사, 안동주조(주) 이사
조계영		0	원동무역(주) 대표이사
조병학		0	경성창고금융(주) 감사, 영익사(주) 이사, 대지주, 한성정미소
조인섭		0	천일약방 대표, 조선고약(주) 대표이사, 조선토지건물(주) 이사
조준호		0	일본 쥬오대학, 동아상사(주) 전무이사, 동아증권미두(주) 대표이사

회원명	31	39	학력 및 주요 경력
조중환		0	일본 사립대, 거창어채(주) 대표이사, 목도주조(주) 감사, 도회의원
최남		0	경성보성중학교, 덕영상점(합명) 대표, 경성하주조(주) 대표이사
최선익		0	조선중앙일보사(주) 대주주·부사장, 개성상사(주) 대표이사
최응구		0	불명
한상억		0	변호사, 동해농업(주)·동양백화(주) 대표이사, 부회의원
하준석		0	일본 와세다대학, 경남자동차(주) 이사, 조선공작(주) 대표이사, 도회 의원, 중추원참의

출처: 국사편찬위원회 한국데이터베이스(https://db.history.go.kr/).

폐쇄적 소수에서　　　　　개방적 다수로

사교 골프

> 우리나라에 도입된 지 10여 년에 불과한 골프는 그간 스포츠로서의 기능은 사교 기능에 밀려나고 부와 사치의 상징이 돼 일반인들의 경원의 대상이 되었다. 아직도 이같은 이미지가 완전히 불식됐다고는 볼 수 없으나 이미 골프 인구가 10만 명 선으로 추산되는 오늘날 점차 스포츠로서의 제 자리를 찾아가고 있는 추세다 … 골프 자체는 좋은 운동이면서도 그간 몇몇 돈 있고 권력 있는 사람들의 전유물처럼 인식된 데서 저항을 받았으나 이제 스포츠로서의 제 기능이 점차 회복돼 간다는 것은 아무튼 다행한 일이 아닐 수 없다.[47]

구평형은 식민지 조선에 1920년대 초 전파·제시되어 1930년대 중반에 정착한 사교골프이다. 사교 골프는 특수 계층의 소수가 향유하는 폐쇄적인 고급 사교 성격의 골프이다. 당시 국제적으로 행해진 다양한 계층의 다수가 즐기는 개방적인 성격의 스포츠 골프와는 다른 것이었다. 이는 식민지 조선에서 골프의 문화접변이 고급사교구락부의 형태로 재조일본인 주도하에 강제적인 접촉 상황에서 진행되었기 때문이다. 식민지 조선에서 골프는 소수의 일본인 고관과 조선의 상층자본가들이 유착해서 회원 간의 친목을 도모하는 매우 제한된 사람들에 의해 행해진 사교 골프였다.

한편 식민지 말기에 아시아·태평양전쟁을 겪으면서 골프장이 황폐되어 식민지기에 정착한 사교 골프는 해방 직후 해체된 상황이나 마찬가지였다. 그럼에도 식민지기의 사교 골프를 구평형으로 설정한 이유는 두 가지이다. 하나는 골프장 시설이 매우 미비했지만 식민지기에 골프를 했던 사람들이 계속 생존해 있었으므로 골프라는 문화요소는 여전히 남아있었기 때문이다. 다른 하나는 식민지기의 사교 골프와의 비교 분석을 통해 해방 후 일어난 골프의 문화접변의 성격과 특징을 더욱 잘 이해할 수 있기 때문이다.

미군에게 골프장을 제공하라

일제의 식민지 지배로부터 해방되어 1948년 한국 정부가 수립되자 식민지기에 일제의 정치적 압박이라는 강제적 상황 속에서 정착한 사교 골프는 곧 부분적인 해체를 시작했다. 식민지기에 사교 골프를 주도했던 일본인 총독부 고관과 상층자본가들의 영향력이 사라지고 한국 정부와 한국인들의 새로운 필요성에 의해 부분적인 해체가 개시된 것이다. 그 주요 요인은 외국인에게 스포츠 골프 시설을 제공할 필요성, 골프를 통한 국제교류의 필요성, 외국 골프 경험자의 증가 등이다.

식민지 지배로부터 해방되어 주권 국가로서 한국 정부가 수립되자 외국과의 교류가 활발해지면서 외국인 관리나 상인들을 비롯해 주한 미군 등 많은 외국인이 한국에 체류하였다. 그중에 골프로 스포츠 활동을 하려는 사람들이 생겨나자 한국 정부는 그들에게 골프할 수 있는 시설을 제공할 필요성에 직면했다. 본국에서 이미 골프를 즐기던 외국인은 한국에서도 계속 골프를 치고 싶어 했기 때문이다.[48]

특히 당시 주한 외교관과 미군은 휴일에 골프를 즐겼는데 한국에 골프장이 없어 군용기를 이용해 일본의 오키나와까지 가서 골프를 치고 있었다. 이에 한국 정부는 그들에게 스포츠로서의 골프 시설을 제공할 필요성을 절감했다. 왜냐하면 만약 스포츠 골프 시설을 제공하지 못하면 그들이 한국에서 소비할 돈을 일본에서 쓰게 되므로 한국 경제에 손실이고, 미군의 사기 저하는 물론 유사시 미군의 일시적 부재로 인해 한국 안보에 위협이 된다고 판단했기 때문이다.[49]

한국 정부가 국제사회에 참여하면서 스포츠를 통한 외국과의 교류가 늘어났다. 당시 국제적인 스포츠로 성장한 골프도 국제교류의 일환으로 크고 작은 국제대회가 열렸는데 한국도 참가 초청을 받았다. 한국 골프가 처음 해외 원정에 나선 것은 1956년 필리핀 오픈 골프선수권대회이다. 1913년에 발족한 이 대회는 아시아·태평양지역의 국가들이 참여하는 정평있는 국제적 오픈 골프 경기였다. 한국은 이 대회에 아마추어(신용남과 조권중)와 프로(연덕춘과 박명출) 선수 각각 2명이 참가하였다. 이어 같은 해 영국에서 개최된 국제골프협회가 주최하는 대표적인 국제 골프 경기인 캐나다컵 인터내셔널 트로피 챔피언십에도 초청받아 2명의 프로선수(연덕춘과 박명출)가 참가했다. 이 대회는 1953년 국제골프협회가 창설한 대회로 여러 나라를 순회하며 개최되었는데 각국을 대표하는 2명의 선수가 참가해 단체전과 개인전을 치렀다. 이처럼 국제사회에서 늘어나는 골프를 통한 국제교류는 한국에서 스포츠 골프의 필요성을 더하였다.[50]

이미 스포츠로 정착한 골프를 미국, 일본, 호주, 홍콩 등 외국에서 유학생 또는 은행원, 군인 등으로 주재하면서 배우고 귀국한 사람들이 늘어나면서 한국에서 스포츠로서의 골프의 필요성이 커졌다.

미국에서 송인상(유학), 김정렬(군인), 유재흥(군인, 유학), 이순용(독립운동), 윤치영(유학), 이하우(유학) 등이. 일본에서 김진형(은행원), 천병규(은행원), 이병희(군인), 소상영(군인), 호주에서 장주호(유학), 홍콩에서 박승순(은행원) 등이 골프를 배우고 귀국해 이후 스포츠 골프의 '용감한 개척자'가 되었다.[51]

미국과 일본처럼 골프를

사교 골프가 부분적인 해체를 개시하자 그것이 골프 문화 전체의 해체로 이어지는 것을 막기 위해 스포츠 골프라는 외래문화요소가 미국과 일본으로부터 전파·제시되었다. 1954년 군자리CC, 1956년 부산CC, 1959년 미8군CC의 개장을 통해서이다.

 1954년 7월 서울에 군자리CC가 개장하였다. 원래 이 골프장은 식민지기인 1930년에 건설되었는데 아시아·태평양전쟁 말기에 폐쇄되어 해방 직후에는 폐허가 된 상태였다. 1949년 주한 미군의 여가 생활 공간을 조성하기 위해 정부 주도로 복구가 시작되어 1950년에 일단 마무리되었다. 그러나 한국전쟁으로 다시 완전히 황폐되어 1953년에 사실상 새로운 골프장 건설에 착수했다. 당시 골프장 공사를 주도한 이순용은 일찍이 미국에서 골프를 배웠는데 그는 미국의 협조를 얻어 골프장 건설을 추진했다. 미군은 정지 작업에 필요한 중장비를 제공했으며 잔디 씨와 잔디 깎는 기계 등 코스용 기자재를 본국으로부터 공급받도록 알선해 주었다. 또한 개장 후에 미군은 한미친선 골프대회를 통해 스포츠로서의 골프를 한국에 전파, 제시하는 데 중요한 역할을 하였다.[52]

 1956년에 부산CC가 개장했다. 골프장 건설을 주도한 사람은 당시 대선발효공업주식회사를 경영했던 박선기이다. 그는 부산

상공회의소 부회장 등을 역임하며 일본을 자주 왕래했는데 일본 곳곳에서 본 골프장에 매혹되었다. 박선기는 부산이 임시수도의 성격에서 벗어나 서울을 잇는 제2의 중심도시이자 국제적인 항구도시로 발전하기 위해서는 스포츠 및 문화적 기반을 마련해야 한다고 생각했다. 그를 위해서는 하루속히 골프장을 건설해야 한다는 집념으로 부산CC 개장을 이끌었다.[53]

1959년 서울 용산에 미8군CC가 개장했다. 1957년 7월 유엔군사령부가 도쿄에서 서울로 옮겨온 것을 계기로 주한미군사령부가 신설되고 조지 데커(George H. Decker) 대장이 유엔군 사령관과 초대 주한 미군 사령관, 미8군 사령관을 겸직하면서 주한 미군은 평시 체제로 전환하였다. 데커는 골프광으로 전쟁 후에 실추된 미군 병사들의 사기를 진작시키기 위해 레크리에이션 시설로서 골프장을 미8군 영내에 만들었다.[54]

1950년대 3개의 골프장 개장을 통해 스포츠 골프가 전파되자 대다수의 사람들은 이를 받아들이려 하지 않았다. 특히 한국전쟁 후 정치적 혼돈과 경제적 궁핍 속에서 어렵게 삶을 영위하던 사람들은 실제 생활에서 스포츠 골프를 필요로 하지 않았다. 또한 그들은 당시의 골프는 다수가 즐기는 개방적인 스포츠로서의 골프가 아니라 일부 생활이 풍족한 사람들, 즉 소수의 유한계급만이 즐길 수 있는 폐쇄적인 사교에 불과하다며 비난했다.[55]

1960년대에 들어서면서 골프 인구의 급증, 한국골프협회의 창립, 골프장 수의 증가, 골프 관계 전문잡지와 서적의 출간, 대학에서의 골프 도입 등은 새로운 문화요소인 스포츠 골프가 일단 수용되었음을 보여준다.

정치인, 장군, 실업인, 외교관 등을 중심으로 골프열이 상당히 높아져 1961년에 불과 1,000명에 지나지 않던 골프 인구가 1967년에 5,000명, 1968년에 10,000명, 1970년에 20,000명으로 대폭 늘어났다. 이에 따라 골프장 입장객 수도 1964년에 5,980명에서 1968년에는 197,000명으로 5년 동안 무려 33배나 늘어났다.[56]

1965년 9월 서울CC, 부산CC, 한양CC 회원들을 중심으로 창립된 한국골프협회의 취지를 살펴보자.

> 골프 의욕이 점점 높아져 국가적 진출이 빈번하여짐에 따라 우리나라 골프계는 발전하고 있습니다 … 국민 체위 향상은 물론 세계 우방 제국 외빈의 편의에 기여하고 있으며 … 한국골프협회를 설립하여 한국 최고기관으로서 대외적으로 대표하여 명예 있는 전통을 가진 골프를 일반에게 널리 보급시키고 점진적으로 골프선수를 해외에 파견하여 우방 제국과의 우호 증진함과 동시에 사회문화의 발전에 기여함을 목적으로 합니다.[57]

한국골프협회는 세계적으로는 물론 한국에서도 골프가 점차 보급되고 있으며 한국에서 골프는 한국인의 체력 증진뿐만 아니라 한국에 체류하는 외국인들의 여가 생활에도 편의를 제공하고 있음을 밝혔다. 한국골프협회는 국내에서 골프를 대중화시키고 선수를 양성하여 해외에 진출시켜 국제교류를 증진하고 사회문화 발전에 이바지할 것을 목적으로 제시했다. 즉 소수의 사교 골프에서 벗어나 다수의 스포츠 골프로의 변화를 이끄는 통괄기관임을 명시했다.

이러한 목적은 협회 정관에도 그대로 반영되어 협회가 국내외 각종 경기대회의 개최, 경기규칙의 제정, 코스 난이도, 내셔널 핸디캡, 아마추어와 프로의 자격 등 골프에 관한 모든 문제를 결정하기로 하였다.[58]

서울과 그 근교를 중심으로 1964년에 한양CC, 1966년에 태릉CC, 뉴코리아CC, 1967년에 관악CC, 1968년에 안양CC 등이 속속 개장했으며 1966년 제주에도 처음으로 골프장(제주CC)이 생겨났다.[59]

월간 골프 전문지로서 1968년에『골프다이제스트』가, 1969년에『월간골프』가 각각 창간되었다. 월간골프는 창간사에서 날로 향상되는 국내외의 골프 기술과 경기 현황 및 각종 정보 등을 신속하게 전달해 막 한국에 수용된 스포츠 골프가 대중화하는 데 기여할 것을 창간 목적으로 내걸었다. 또한 1969년에 벤 호건(Ben Hogan)의 골프 교습서인『파워 골프와 골프의 5가지 레슨』이 번역 출판되었다. 1970년에는 골프 백과사전인『최신 골프대전』이 발간되었다. 이 사전은 세계 각국의 골프책과 자료를 총정리하여 골프의 역사, 기본지식, 국내 코스 공략법, 골프 용어, 골프 경기규칙 등을 수록하였다.[60]

1960년대 후반 이화여대, 서울여대, 연세대, 경희대 등을 중심으로 대학가에도 골프붐이 일었다. 골프가 인기 스포츠로 등장해 이화여대는 골프부와 골프연습장을 만들었으며 서울여대는 체육시간에 골프를 가르쳤다. 연세대는 간이골프 시설을 갖추었으며, 경희대는 체육대학에 선택과목으로 골프를 채택하고 400평가량의 연습용 필드를 마련하였다.[61]

골프장에 어린이 공원을 조성하라

새롭게 수용된 스포츠 골프에 대해 특권층 독점에 대한 반발, 사치에 대한 비난, 식량 부족에 대한 위기감, 골프장 부족에 대한 불만, 비싼 골프비용에 대한 부담 등의 저항이 생겨났다.

스포츠 골프가 관권 금력을 상징하는 일부 특권층만이 즐기는 유희라며 반발하는 사람들이 생겨났다. 이는 당시 서울에 위치한 관악CC와 군자리CC가 경기도로 이전하고 부산CC가 변두리로 옮겨간 데에서 잘 알 수 있다.[62]

1971년 서울의 관악CC가 경기도 안양으로 이전했다. 그 자리에는 서울대학교 종합캠퍼스가 들어섰다. 당시 정부는 서울대 종합캠퍼스 부지를 물색하고 있었는데 적당한 곳을 찾지 못하고 있었다. 이에 박정희 대통령이 관악CC 자리를 골프장으로 쓰기에는 아깝다며 골프장을 이전하고 그곳에 서울대 종합캠퍼스를 건설할 것을 제안했다.[63]

부산CC는 1971년 도심인 해운대에서 변두리인 노포동으로 이전했다. 당시 부산CC를 방문한 박정희 대통령은 해운대는 도심에 인접하고 경관이 아름다워서 골프장보다는 고급 주택지를 조성할 것을 추천했다. 이에 해운대골프장은 주택단지로 개발되고 골프장은 노포동 임야로 옮겨갔다.[64]

1972년 군자리CC는 경기도 고양으로 이전했다. 당시 골프붐이 일면서 일부 어른을 위한 넓은 초원의 골프장이 점점 증가하고 어린이에게 필요한 놀이터나 공원은 오히려 줄어드는 상황이었다. 이에 도심에 있는 군자리CC를 특권층이 독점하고 있다며 반발하는 사람들이 늘어났다. 1970년 12월 박정희 대통령은 서울시장에게 군자리CC를 시가로 매입해서 시민과 어린이를 위한 맘모스 놀이터를 조성하라고 지시했다.[65]

이러한 대통령의 결단에는 당시 건설부 장관이던 L씨의 경험을 전해 들은 것이 크게 영향을 미쳤다. 군자리CC 2번 홀 우측에는 조그만 오두막집이 하나 있었는데 공이 슬라이스만 나면 그곳으로 넘어갔다. 어느 날 L씨가 골프를 치며 골프장 옆에 있는 오두막집 앞을 지나가는데 페어웨이에 칼이 놓여있었다. 그 후 L씨는 대통령과 라운딩을 하면서 그 말을 전해주고 군자리 일대는 소득격차가 심한 지역이어서 골프장을 옮겨야 한다고 간청했다. 또한 대통령도 2번 홀은 큰 도로와 접해있어 겨울에 오들오들 떨면서 버스를 기다리는 시민의 눈에 코스에서 한가롭게 골프 치는 사람들이 얄밉게 비칠 것이라며 골프장 이전을 결심하였다.[66]

스포츠 골프는 특수층이 자기를 과시하는 사치이며 향락에 불과하다고 비난하는 사람들이 생겨났다. 이들은 골프를 다수가 즐기는 스포츠가 아닌 소수의 특권층이 향유하는 호화성 사치행위로 보고 골프장을 사치성 재산으로 간주했다. 이는 골프장 입장에 대해서 개별소비세를 부과하고, 골프장의 골프장용 부동산의 취득과 그 보유에 대하여 취득세와 재산세 및 종합부동산세를 중과세하는 근거가 되었다.[67]

개별소비세는 1949년 입장세로 출발해 1977년 특별소비세로 바뀌었는데 골프장의 입장에 대하여 입장료의 30%에 상당하는 금액을 과세했다. 1975년부터 개정된 지방세법은 골프장용 부동산의 취득에 대하여 기존의 2~6%에서 15%의 세율로 취득세를, 골프장용 부동산의 보유에 대해서는 기존의 0.2~0.4%에서 5%의 세율로 재산세를 각각 중과세하였다. 이에 1976년 골프장 입장객 1인당 평균비용 약 10,000원 중 세금은 입장세 3,000원을 포함해 4,500원 정도로 거의 절반을 차지했다.[68]

> 해마다 막대한 양의 외곡을 도입해야 하는 우리네 경우 사정은 더욱 급할 수밖에 없다 … 한치의 농경지가 아쉬움은 물론 식량 증산을 위해서 온갖 슬기로운 길잡이가 아쉬운 때다. 이와 같은 판국에 금싸라기 같은 농경지의 귀중함에는 아랑곳도 없이 협소한 국토에 수많은 골프장이 들어서 있다는 현실은 정말 아이러니가 아닐 수 없다.[69]

식량을 외국으로부터 수입하고 있는 상황에서 식량 증산이 필요함에도 골프장 건설이 늘어나면서 농경지가 잠식되어 식량이 더욱 부족해질 것이라는 위기감이 생겨났다.[70]

1974년 전국골프장의 총면적은 영업 중인 17개소의 384만 평과 건설 중인 4개소의 132만 평을 포함해 총 21개소의 516만 평에 달했다. 이러한 방대한 면적의 골프장을 농경지로 전환하면 연간 최고 10만여 가마의 곡류를 생산할 수 있는 것으로 추정되었다. 실제로 1980~1988년 8월 말까지 골프장으로 사용된 농경지 면적은 연평균 11만 4천 평 늘어나 모두 104만 평의 농경지가 골프장 조성을 위해 용도 변경되었다. 이 가운데 절대농지는 20만 3천 평이 잠식당해 전체의 24.1%를 차지했다.[71]

골프를 즐기는 사람들이 늘어나면서 골프장 부족에 대한 불만이 터져 나왔다. 골프 인구 및 골프장 내장객 수는 1970년대 중반까지 정체상태를 보이다가 중반 이후 급증했다. 이에 비해 골프장은 반대로 1970년대 초반에 활기를 띠다가 중반 이후 거의 건설되지 않았다. 골프 수요와 골프장 공급의 심각한 불균형이 초래된 것이다.

골프장은 주중에도 초만원을 이루어 예약이 너무 어렵고 특히 주말이면 예약 전쟁이 빚어졌다. 골프 인구는 매년 30% 이상 증가해 1980년 추정 인구는 10만 명을 넘었다. 그런데 당시 22개 골프장에서 하루에 소화할 수 있는 최대 인원은 약 6천 명이었다. 주말에 플레이할 수 있는 골퍼 수는 바늘구멍을 낙타가 뚫고 지나가는 정도였다. 또한 적정 인원을 훨씬 넘는 인원이 입장했다. 골퍼들은 예약에 애를 태우다가 예약에 성공했다고 하더라도 초과 내장객 수로 인해 경기 지연 등의 불편을 감수해야 했다. 그리고 골프장이 경기도에 밀집되어 있어 1981년까지 강원도, 충북, 전남, 경남 등에는 아예 없었다. 이에 지방의 골퍼들도 불만을 안고 있었다.[72]

골프를 하는 데 드는 비용은 골프장 이용료와 골프용품으로 나누어 볼 수 있다. 골프 이용료의 경우 대부분의 골프장이 회원제였기 때문에 무엇보다도 비싼 회원 가입금이 골프를 하려는 사람들에게 큰 부담으로 작용했다. 1971년의 경우 가입금은 대부분

표9. 1970~80년대 초 골프장 내장객 수(단위: 만)[73]

	70	71	72	73	74	75	76	77	78	79	80	81	82	83
내장객 수	33	36			35	40	42	47	54	66	71	81	110	115
추정 인구		2		2.5		6					10	15	20~30	

표10. 1970~80년대 초 회원제 골프장 개장 현황(골프장명은 개장 당시임)[74]

	경기	강원	충남	충북	경남	경북	전남	전북	제주	계
1970	부평시사이드, 용인, 오산									3
1971	남서울, 산성				동래, 부산(이전)					4
1972	관악(이전), 로얄					대구		팔봉		4
1975	수원, 여주		도고							3
1976				유성						1
1979						경주보문			오라	2
1980	명성									1
1982					창원					1
1983							광주			1
계	10	0	2	0	3	2	1	1	1	20

최하 50만 원에서 최고 150만 원을 호가해 골프의 대중화를 막고 부유층의 놀음이라는 소리를 듣게 만드는 원인이 되었다. 또한 골퍼들도 80% 이상이 그린피와 입장세, 세금이 비싸다고 생각했다. 특히 비회원의 경우 회원보다 훨씬 많은 비용을 지불했기 때문에

비싼 골프장 이용료는 골퍼들에게 매우 부담이 되었다.[75]

골프를 하는 데는 채(클럽)를 비롯해 가방, 신발, 장갑, 점퍼, 양말, 모자, 볼, 티 등 많은 용품이 필요하다. 이 중 가장 중요한 비중을 차지하는 골프채와 골프공을 중심으로 살펴본다. 1974년 국민 생활의 안정을 위한 대통령긴급조치에 의해 골프용품이 사치성 품목으로 정해져 국내에서 생산되는 골프용품에 150%의 특별세율이 부과되었다. 수입 골프 용구에 대해서는 70%의 관세가 부과되었다. 이처럼 비싼 세금 때문에 내수를 위한 국내에서의 골프용품 생산은 이루어지지 않았고 약간의 수출용품이 생산되었다. 골프채의 경우 퍼시몬(감나무) 드라이버를 제작해 전량 일본에 수출했다. 골프공은 1970년 서울화학이 1973년에는 동성화학이 각각 원피스 연습공을 생산해 대부분 일본을 비롯해 미국, 유럽, 동남아 등에 수출했다.[76]

골프용품은 대부분 수입에 의존해 비싼 가격에 판매되어 골퍼들에게는 큰 부담으로 다가왔다. 1981년 수입자유화 조치 이전에는 정식 수입이 아니었다. 대부분 미군 PX나 홍콩, 일본 등 해외 출장·여행자들을 통해서 비공식적으로 들여온 것이어서 매우 비싼 가격에 거래되었다.[77]

표11. 회원제 골프장 가입금 및 요금표(1972년)[78]

골프장			부평	오산	용인	유성	동래	안양
가입금(만원)			50	60	65	60	70/60	10
평일	회원	그린피	850	550	500	350	800	800
		캐디피	600	600	600	600	600	600
		입장세	1,000	1,000	1,000	1,000	1,000	1,000
		협회비	50		50		50	150
		락카룸						
		계	2,500	2,150	2,150	1,950	2,450	2,550
	비회원	그린피	1,150	1,050	1,000	850	1,900	1,500
		캐디피	600	600	600	600	600	600
		입장세	1,000	1,000	1,000	1,000	1,000	1,000
		협회비	50		50		50	150
		락카룸	100					200
		계	2,900	2,650	2,650	2,450	3,550	3,500
주말	회원	그린피	1,350	950	1,900	750	1,100	1,500
		캐디피	600	600	600	600	600	600
		입장세	1,000	1,000	1,000	1,000	1,000	1,000
		협회비	50		50		50	150
		락카룸						
		계	3,000	2,550	3,550	2,350	2,750	3,250
	비회원	그린피	3,350	2,450	2,000	2,750	3,100	4,500
		캐디피	600	600	600	600	600	600
		입장세	1,000	1,000	1,000	1,000	1,000	1,000
		협회비	50		50		50	150
		락카룸	100					200
		계	5,100	4,050	3,650	4,350	4,750	6,450

골프장			서울	관악	한양	뉴코리아	태릉
가입금(만원)			150	100	120	150	20
평일	회원	그린피	600	900	900	900	500
		캐디피	700	600	600	600	500
		입장세	1,000	1,000	1,000	1,000	1,000
		협회비	50	50	50	50	
		락카룸					100
		계	2,350	2,550	2,550	2,550	2,100
	비회원	그린피	3,000	2,700	2,700	2,700	1,550
		캐디피	700	600	600	600	550
		입장세	1,000	1,000	1,000	1,000	1,000
		협회비	50	50	50	50	
		락카룸		200			100
		계	4,750	4,550	4,450	4,350	3,200
주말	회원	그린피	1,200	1,800	1,800	1,800	1,000
		캐디피	700	600	600	600	500
		입장세	1,000	1,000	1,000	1,000	1,000
		협회비	50	50	50	50	
		락카룸					100
		계	2,950	3,450	3,450	3,450	2,600
	비회원	그린피	5,000	5,400	5,400	5,400	4,550
		캐디피	700	600	600	600	500
		입장세	1,000	1,000	1,000	1,000	1,000
		협회비	50	50	50	50	
		락카룸		200	200		100
		계	6,750	7,250	7,250	7,050	6,150

대한체육회에 가맹하다

외래문화요소인 스포츠 골프는 골프장의 증가, 국산 골프공의 개발과 수출, 퍼브릭 골프장의 점진, 국내외 골프대회의 확대와 대한골프협회의 대한체육회 가맹, 골프연습장의 증가 등을 통해 문화요소의 의미가 재해석되어 충분히 수용되었다.

골프장의 증가는 골프장 부족에 대한 불만을 누그러뜨리고 골프의 저변 확대에 크게 기여했다. 1980년에 들어 골프장 연간 내장객 수와 골프 인구가 점점 늘어났다. 이에 따라 교통부는 1977년부터 견지했던 골프장의 신규 허가 억제 방침을 변경하여 1981년 말부터 신규 허가를 재개해 1982년 상반기까지 설악·원효·광주·신갈·한성 CC 등 5개 골프장 건설을 허가했다. 이 같은 정부의 정책 변화는 1986년 아시아경기와 1988년 올림픽 개최를 앞두고 외국인 관광객 유치도 염두에 둔 것이었다.[79]

이후 1984년부터 3년 연속 4개의 골프장이, 1988년과 1989년에는 각각 3개의 골프장이 새로 개장했다. 특히 1983년 전남(광주CC), 1984년 강원도(설악CC), 1989년 충북(청주CC)에서 골프장이 처음 생겨나 마침내 전국 모든 도에 20개의 골프장이 건설되어 골프 인구가 지방으로까지 확산했다.

표12. 1980년대 골프장 내장객 수 및 골프 인구(단위: 만)[80]

	1981	1982	1983	1984	1985	1986	1987	1988
내장객 수	81	110	115	139	154	189	220	
추정 인구	15	20~30		25~30	40			50

표13. 1980년대 회원제 골프장 개장 현황(골프장명은 개장 당시임)[81]

	경기	강원	충남	충북	경남	경북	전남	전북	제주	계
1982					창원					1
1983							광주			1
1984	한인, 한성	설악			통도					4
1986	제일, 골드, 덕평								제주 2차	4
1987	뉴서울, 중부, 남수원					팔공				4
1988	88				울산, 가야					3
1989		용평		청주					중문	3
계	9	2	0	1	4	1	1	0	2	20

골프공의 국산 개발이 활발하게 이루어져 자체 브랜드로 국제공인을 획득하자 해외 수출이 증가하고 국내에 값싸게 공급되었다. 이는 당시 고가의 골프용품 수입으로 인해 외화가 낭비된다는 비난을 완화하고 골프 인구 확산에 기여했다.

1976년에 서울화학은 투피스 시합구인 낫소우 프러스10과 프로 엘리트를 만들어 국제적인 골프용품 심사 기구인 영국의 왕실골프클럽(R&A)과 미국골프협회(USGA)로부터 시합용 공인구로 인정받았다. 1984년 동성화학도 투피스 시합구인 팬덤 개발에 성공해 이듬해 역시 두 기관으로부터 공인받아 86아시안게임 공

식 골프공 공급업체로 지정되었다.[82]

이후 국산 공의 수출이 급격히 늘어나 1986년 24만 달러, 1987년 59만 달러, 1988년 99만 달러, 1989년 113만 달러에 달했다. 이에 비해 수입은 각각 8만 달러, 9만 달러, 13만 달러, 23만 달러에 불과했다. 국산 공은 해외에서의 호평에 힘입어 외국산의 절반 정도의 가격으로 점차 국내 점유율을 높여갔다. 1984년까지 불과 5%에도 미치지 못했지만 1985년 23%, 1987년 40%, 1988년에는 50% 정도를 차지했다.[83]

골프공과는 달리 골프채는 국산 개발이 진전되지 않아 거의 외국산에 의존했다. 특히 1981년 7월부터 수입자유화 조치로 골프용품의 수입이 허용되자 맥그리거, 슬레진저, 파워빌트, 윌슨, 혼마, 마루망 등 세계 유명브랜드의 골프채 대부분이 국내에 유통되어 치열한 각축전을 벌였다. 1980년대 후반에 선마스터, 뱅가드, 리더, 골드이글, 파워플라이, 크리안 등의 국산 골프채가 선을 보였지만 외국산에 밀려 거의 보급되지 않았다.[84]

원칙적으로 고가의 회원권을 가진 사람만이 이용할 수 있는 회원제 골프장에 비해 저렴한 비용으로 누구나 이용할 수 있는 퍼블릭 골프장이 조금씩 생겨났다. 이는 특권층의 사치라는 골프에 대한 반발과 골프장 부족에 대한 불만 등을 누그러뜨리고 개방적인 스포츠 골프의 이미지를 강화해 특히 초보 골퍼들에게 환영받았다.

최초의 퍼블릭 골프장은 1968년 6월 서울 뚝섬경마장 내에 만들어진 3홀짜리 간이골프장이다. 경마장을 시찰한 박정희 대통령이 골프장 개발을 권유하자 당시 경마장 시설 투자업체였던 덕마홍업이 한국마사회로부터 토지를 임차해 덕마골프클럽을 개장했다. 덕마골프클럽은 개장 때 44타석의 연습장과 장·중·단거리 3개 코스를 갖추었다. 1971년에 9개 코스로 시설을 확충해 이름을 덕마골프장으로 변경했다. 1972년에는 한국마사회가 골프장 시설 일체를 덕마홍업으로부터 인수해 마사골프장으로 명칭을 바꾸었다.[85]

두 번째 퍼블릭 골프장은 1971년에 경기도 고양군 신도면(현 고양시 덕양구)에 개장해 현재도 운영 중인 1.2.3골프클럽이다. 총 6홀(파3 2개, 파5 1개, 파4 3개 홀, 1,755야드)로 구성된 이 골프장은 서민적인 골프장을 표방했다[86].

> 1·2·3골프클럽은 서울에서 근거리에 위치하여 시내버스가 왕래하는 곳으로서 골프 동호인 제위는 물론 동반 가족분께서도 사계를 막론하고 도시공해를 피해 일반시민의 건강향상에 기여하여 여가를 선용할 수 있는 휴식의 전당일 뿐 아니라 저렴한 회원비로서 누구나가 활용할 수 있는 유일한 서민적인 골프장으로 발전시켜 성실과 최대의 봉사로서 여러분의 뜻에 보답하고자 하오니 널리 애용해 주시기 바랍니다.

기존의 회원제 골프장과는 달리 지리적으로 자가용이 아닌 대중교통을 이용할 수 있고 누구나 저렴한 비용으로 이용할 수 있는 서민적인 스포츠 시설임을 강조하고 있다.

세 번째 퍼블릭 골프장은 1985년 강원도 용평리조트에 만들어진 7홀 규모의 용평 골프코스이다. 쌍용종합건설이 세운 이 골프장은 수도권이 아닌 지방에, 그리고 리조트의 부속시설로 세워졌다는 점에서 퍼블릭 골프장의 또 다른 진전이었다고 할 수 있다.[87]

1987년에 경주에 보문 골프클럽(6홀, 1989년에 9홀), 대구에 냉천 골프장(7홀), 1988년에는 경주에 경주가든(8홀) 골프장이 각각 개장하였다.[88]

1987년 마침내 퍼블릭 골프장 설립에 관한 법적 근거가 만들어졌다. 교통부는 관광진흥법 시행령 및 시행규칙을 시행하였다. 이에 따라 관광업종은 크게 관광숙박업, 여행업, 관광 이용 시설업 등 세 종류로 나뉘고 관광 이용 시설업 내에 동·식물원과 골프장업이 추가되었다. 이로써 골프가 관광업종에 포함되어 관광 시책의 테두리 안에서 개발 또는 조정되게 되었다. 그 결과 골프장의 영업방식이 바뀌었다. 기존에는 회원제 골프장(18홀 이상) 한 종류뿐이었는데 이를 세분화해 대중(퍼블릭)골프장(9홀 이상), 간이골프장(3홀 이상)으로 구분하여 허가해 주었다. 회원제 골프장만이 회원을 모집할 수 있고 퍼블릭 골프장은 회원모집과 예약을 할 수 없으며 캐디를 둘 수 없게 되었다.[89]

다양한 국내 골프대회와 국제골프대회에의 참가가 늘어나고 해외에 진출한 프로골퍼들의 활약상이 국내에 전해지며 골프협회가 대한체육회에 가맹함으로써 골퍼들은 물론 골프를 하지 않는 사람들에게도 스포츠 골프의 개방적인 성격이 각인되었다.

1970년대 들어 기존의 3개 대회, 한국 아마추어·오픈·프로 골프 선수권대회에 더해 아시아 골프 서킷대회와 내셔널 타이틀 경기, 민간 스폰서 대회가 생겨나는 등 다양한 국내대회가 증가하였다. 1970년부터 한국은 아시아 골프 서킷대회에 참가했다. 1962년 필리핀, 홍콩, 싱가포르가 창설하여 말레이시아, 일본, 태국, 타이완이 가세한 이 대회에 한국은 1970년에 인도와 함께 가입해 한국 오픈 골프 선수권대회를 겸해 아시아 골프 서킷대회를 개최했다. 이후 1982년 매일경제신문사가 아시아 골프 서킷대회를 인수해 매경오픈 골프선수권대회 겸 아시아 골프 서킷대회로 개칭했다. 이 대회에는 12개국에서 166명의 선수들이 참가하여 국제적인 스포츠로서의 골프의 이미지를 구축하는 계기가 되었다.[90]

1976년에 내셔널 타이틀 경기로서 한국 아마추어 골프팀 경기와 한국 아마추어 부녀골프 경기가 창설되었다. 전자는 국내의 시·도팀을 비롯하여 실향 5도민팀, 해외동포팀이 참가하는 대회로서 골프가 전국적이고 국제적으로 보급된 스포츠임을 알렸다. 후자는 스포츠 골프가 더 이상 남성들만의 전유물이 아니라 여성들도 즐기는 경기임을 보여주었다. 또한 1983년에는 만 19세 미만의 아마추어 골퍼들이 참가하는 한국 주니어 골프선수권(1984년에 한국 주니어선수권 및 학생 골프선수권으로 개칭)이 창설되어, 초등부, 중등부, 고등부, 대학부, 여자부로 나누어 경기가 진행되었다.[91]

그리고 민간기업이 스폰서로 참여하는 오픈 골프 선수권대회가 줄을 이었다. 1976년 동아제약이 후원한 오란씨오픈에 이어 1977년에 태평양화학의 바이스터오픈(1978년부터 쾌남 오픈), 1981년 재일동포 골퍼들의 동해오픈, 1984년 일간스포츠와 해태

음료의 일간스포츠오픈 등이 창설되었다.[92]

국제골프대회에 활발히 참가해서 국내에 전해지는 좋은 성적은 골프가 국제적인 스포츠임을 알렸다. 월드컵 골프선수권대회의 경우 1971년에 한장상·김승학 조가 단체전 5위, 개인전에서 한장상이 9위, 김승학이 10위를, 1982년에는 한장상·최상호 조가 단체전 5위, 개인전에서 최상호가 공동 5위를 차지하는 등 상위권에 들었다. 세계 아마추어골프팀선수권대회에서는 1980년과 1982년에 19위, 1984년에는 15위로 중위권에 올랐다. 그리고 세계 시니어팀 겸 선수권대회에서 1981년 김영창이 동양인으로서는 처음 우승을 차지했다. 또한 아시아경기대회에서 1982년 단체전 은메달에 이어 1986년에는 단체전 금메달과 개인전 은메달(김기섭)을 각각 획득했다. 그리고 아시아주니어 골프선수권대회에서 1987년 단체전과 개인전을 석권한 데 이어 1988년에는 개인전에서 오진근과 민혜식이 우승했다. 특히 민혜식은 1988년 미국에서 열린 1988옵티미스트 주니어골프선수권대회에서도 우승을 차지했다. 1989년 아시아 아마추어 여자골프팀선수권대회에서 한국팀이 우승했다.[93]

프로 골퍼들의 해외에서의 활약은 직업으로서의 골프에 대한 전망을 밝게 해 유소년 골프의 저변 확대를 가져오고 외화획득과 국위선양 등을 통해 골프를 하지 않은 사람들에게도 스포츠 골프에 대해 긍정적인 인식을 갖게 하였다.

1970년대에 접어들면서 김학영, 한장상 등이 일본의 프로 무대를 본격적으로 노크해 1972년 한장상은 일본 PGA투어에서 활약하면서 일본오픈을 제패하는 등 한 해 동안 약 1,100만 원의 상

금을 벌어 일본 남자프로 상금순위 8위까지 올라갔다.[94]

　1980년대에 들어 여자 프로골퍼의 해외 진출이 본격화되었다. 1982년 한국 여자 프로사상 처음으로 해외 원정이 시작되어 구옥희, 안종현, 배성순, 강수자 등 4명이 일본 프로골프대회(JLPGA)에 출전했다. 이를 계기로 본격적인 해외 진출이 이루어져 1983년에 한명현과 구옥희가, 1984년에는 강춘자와 정길자가 일본 여성 프로골프협회 테스트에 합격했다. 이후 구옥희의 활약이 두드러졌다. 그녀는 1985년 일본에서 한국 선수로는 처음으로 우승하며 3승을 거두고 약 1억 5천만 원의 상금을 획득해 상금 랭킹 3위에 올랐다. 1986년과 1987년에도 연속해서 상금 1억 원을 돌파했다. 또한 구옥희는 1985년 미국프로골프협회(LPGA)의 투어 테스트에 합격해 1986년부터 미국 프로 무대에 진출했다. 1988년 3년 만에 첫 승을 거둬 총상금 약 1억 3천만 원을 획득, 상금 랭킹 13위에 올라 세계적 선수로 자리를 굳혔다.[95]

　이처럼 골프는 국내외에서 확대된 각종 골프대회와 해외에서의 프로들의 활약 등을 통해 사교 골프에서 벗어나 스포츠 골프로서의 위상을 인정받아 갔다. 특히 1982년 제9회 뉴델리아시안게임에 골프가 정식종목으로 채택되자 단순한 놀이나 소일거리로만 취급되어 오던 사교 골프가 스포츠로서 대접을 받기 시작했다. 마침내 1982년 2월 한국골프협회는 대한체육회 준회원으로 가맹하였다. 이어 1986년 서울 아시아경기대회를 앞두고 대한골프협회로 이름을 바꿔 대한체육회의 정회원으로 가맹하였다.[96]

　골프연습장은 골프를 배우는 첫 관문이며 실제 골프장에 비해 비용이 저렴하고 접근이 편리하며 시간에 구애받지 않는다. 이 때문에 골프 초보자는 물론 숙달된 골퍼들도 골프장에 나가기 전에 골프연습장에서 연습하거나 골프장을 대신해 이용한다. 골프연습장의 증가는 골프의 저변 확대에 중요한 기반이 되었으며 골프의 사치성에 대한 반발, 골프장 부족에 대한 불만, 비싼 골프 비용에 대한 부담 등의 저항을 완화하는 데 일조했다.

골프연습장은 1970년대에 들어서면서 서울, 부산, 대구 등을 중심으로 늘어나기 시작해 1972년 서울에만 30여 개에 이르렀다. 1980년대에 들어서면서 골프붐이 일자 서울을 비롯한 대도시의 아파트 및 신흥 주택단지는 물론 변두리 주택가에도 으레 골프연습장이 자리했다. 서울의 강남 일대 큼직한 규모의 빈 땅과 아파트단지 주변에는 골프연습장이 어김없이 들어섰다. 특히 1982년부터 골프연습장 설치가 허가제에서 신고제로 바뀌면서 골프연습장이 급증했다. 서울의 경우 1980년에 50여 개에서 1981년에는 80여 개, 1982년에는 120여 개로 늘어났다. 1982년 제주에서도 3개가 늘어나 5개소가 되었으며 속초 등지에도 골프연습장이 처음 생겨 전국에 170여 개가 운영되었다. 1985년에는 건국대학교 캠퍼스 내 12만 평 부지에 국내 최대 규모의 골프연습장이 만들어졌다. 또한 1982년에는 오늘날의 스크린골프라 할 수 있는 실내 골프오트론이 첫선을 보였다.[97]

스포츠 골프

1980년대 후반에 이르면 스포츠 골프는 문화요소의 재해석이 잠잠해지고 골프장 허가권의 시·도지사 위임과 골프장 건설 지역의 확대, 골프의 체육 영역에의 편입, 골프장 내장객 수와 갤러리의 급증, 퍼블릭 골프장 설치 의무화, 스포츠로서의 골프 인식 등을 통해 재구성되어 신평형을 이루었다.

    1988년 7월 도시계획법 시행령과 국토이용관리법 시행령이 개정되어 골프장 허가권이 시·도지사에게 위임되고 골프장 건설 지역이 확대되면서 대규모의 골프장 건설이 이루어졌다. 골프장 허가의 경우 사전에 청와대의 내인가를 얻어 교통부장관이 승인하던 까다로운 절차가 폐지되고 허가권이 시·도지사에게 위임되어 자율화되었다. 골프장 건설의 경우 허가 요건이 완화되어 그동안 건설이 불가능했던 경지 지역이나 산림 보전지역 안에도 건설할 수 있게 되었다.[98]

    이에 따라 전국적으로 골프장 조성 붐이 일어 각 시도는 골프장 신설 신청이 들어오면 요건의 하자가 없는 한 대부분 허가해 주었다. 그 결과 1983~1987년 사이에는 연 3~5개의 신규 골프장이 허가되었던 데 비해 1988년에만 10개, 1989년(1990년 1월 말까지)에는 무려 79개의 골프장이 새로 건설 계획을 승인받았다.[99]

골프가 학교 진학 때 체육 특기 대상이 되고 대학에서 교양 과목으로 개설되었으며 전국체육대회에서 정식종목으로 채택되었다. 또한 골프 시설이 법적으로 체육시설로 규정되는 등 체육의 영역에 정식으로 편입되었다.

골프는 1985년에 대학진학, 1987년에는 중·고교진학 때 체육 특기 대상 종목이 되어, 골프대회에서 우수한 성적을 거둔 학생들은 문교부의 자격심사 후 체육 특기자로 인정받아 대학에 무시험으로 진학했다. 이에 주니어 골퍼들이 급증하고 골프를 장래의 직업으로 생각하는 학생들도 늘어나 1988년 대한골프협회에 등록된 선수는 8백여 명에 이르렀다.[100]

1984년에 연세대학교를 시작으로 1988년에 고려대학교, 1990년에는 서울대학교에서 골프가 교양체육 과목으로 개설되었다. 1987년 제68회 전국체육대회에서 골프가 처음 정식종목으로 채택되었다. 사치성 오락이라는 이유에서 법적으로 관광시설로 규정되었던 골프장이 1989년 제정된 체육시설의 설치·이용에 관한 법률에 의해 체육시설로 재규정되어 체육부로 관할권이 옮겨 갔다.[101]

1980년대 후반에 골프 인구와 갤러리가 급증했다. 골프장 내 장객 수는 1987년 219만 명에서 1988년에는 22% 증가해 268만 명으로, 1989년에는 다시 19%가 늘어나 320만 명으로 급증했다. 골프장에서 직접 골프 경기를 관람하는 갤러리가 크게 늘었다. 국내외 선수들이 대거 참가하는 매경오픈 대회의 최종일에는 1984년 3천여 명에서, 1987년 이후에는 줄곧 1만여 명의 갤러리들이 골프장을 가득 메웠다. 이는 당시의 인기 구기종목인 축구,

야구, 농구, 배구 등의 관중 수에 버금가는 것이었다.[102]

1989년 9월 체육부는 회원제 골프장의 사업계획을 승인할 때 퍼블릭 골프장 설치를 의무화하는 골프장 운영제도 개선 방안을 승인기관인 각 시도에 시달했다. 이 안은 승인 신청 중인 골프장을 포함해 모든 회원제 골프장은 새로 골프장을 건설할 때 의무적으로 18홀당 6홀 비율로 퍼블릭 골프장을 설치하도록 규정했다. 만약 부지를 확보하지 못해 퍼블릭 골프장을 만들 수 없는 경우에는 1홀당 5억 원씩 30억 원을 한국 골프장 사업협회에 납부하고 협회가 퍼블릭 골프장을 건설하도록 명시했다. 또한 퍼블릭 골프장의 입지는 대중교통수단을 이용할 수 있는 도시 근교를 우선 선정하고 지방 대도시지역, 수도권지역, 지방 소도시 지역으로 확대하도록 하였다.[103]

일반 시민들의 골프에 대한 인식에도 큰 변화가 일어나 많은 사람들이 골프를 더 이상 부유층과 특정인의 전유물이 아닌 스포츠라고 생각하게 되었다. 1987년 『국제골프』가 골프를 하지 않는 서울과 부산시민 664명을 대상으로 골프에 대한 인식도를 조사한 결과, 90.5%가 골프에 대해 알고 있으며, 71%는 골프를 오락이나 사교가 아닌 스포츠로서 인식하고 있었다. 그리고 응답자의 94%가 앞으로 기회가 닿으면 골프를 하고 싶다고 응답했다.[104]

또한 1989년 『파골프』가 서울지역에 근무하는 20~30대의 내근직 사원 중 골프를 쳐본 적이 없는 180명을 대상으로 골프에 대한 인식도를 조사한 결과, 전체 응답자 중 75%가 골프를 스포츠로 인식하고 있었다.[105]

이처럼 식민지기에 소수의 총독부 일본인 고관들과 조선인과 일본인 상층자본가를 중심으로 폐쇄적으로 행해지던 사교 골프는 1980년대 후반에 이르러 다양한 계층의 다수의 한국인을 중심으로 개방적으로 행해지는 스포츠 골프로 신평형을 이루었다. 당시 서울에 있는 퍼블릭 골프장인 마사골프장에는 주말에 6백여 명, 주중에는 매일 4백여 명의 남녀노소 다양한 계층의 사람들이 찾아와 온종일 스포츠로서의 골프를 만끽했다.

> 아침 8시까지는 노년층과 직장인들이 출근 전 시간을 이용하고 상오에는 인근 아파트 단지에서 찾는 주부들이 성황을 이룬다. 점심시간 때엔 대체로 자유업인 의사들이 찾고 하오에는 결재를 마친 중소기업체의 사장이 많고 서머타임 실시부터는 6시 이후엔 은행 간부들이 눈에 띄게 늘어났다 … 부부 골퍼가 50여 팀이며 일반회사원 상업 외에도 초중고생의 학생 골퍼들이 갈수록 늘고 있다 … 지난달엔 여성 골퍼만 9천 9백 21명이, 5월에는 1만 8백 96명이 이곳을 찾았다.[106]

해방 후 한국에서 골프는 식민지기의 사교 골프에서 스포츠 골프로 변하였다. 이는 식민지기의 강제적인 접촉 상황에서 소수의 일본인 총독부 고관들과 조선의 상층자본가들에 의해 행해진 문화접변과는 달리 해방 후 한국 정부와 많은 한국인의 자발적인 필요와 노력으로 이루어진 것이다.

한편, 1980년대에 한국에 정착한 스포츠 골프의 가장 큰 특징은 회원제 골프장 중심이었다는 것이다. 1989년 49개 골프장 중

회원제가 42개로 대부분을 차지하고 있었고 그마저도 9홀 이상의 퍼블릭 골프장은 1개뿐이고 나머지 6개는 모두 9홀 이하의 간이골프장이었다. 이는 한국에 스포츠 골프를 전파·제시한 미국과 일본의 상황과는 다른 것이었다. 당시 미국과 일본은 각각 약 60%와 20%의 퍼블릭 골프장이 운영되어 많은 사람들이 퍼블릭 골프장을 이용하고 있었다.[107]

    1990년대 이후 스포츠 골프가 다시 변화를 시작하자 그 변화의 중심에는 바로 회원제 골프장에서 퍼블릭 골프장으로의 전환이 자리했다. 퍼블릭 골프장의 진전은 무엇보다도 1990년부터 모든 골프장에 적용되던 중과세 대상에서 퍼블릭 골프장이 제외되어 취득세와 재산세가 대폭 인하되면서 시작되었다. 그리고 2000년에 퍼블릭 골프장의 입장 행위에 대한 개별소비세, 교육세, 농어촌특별세, 부과세 등이 면제되면서 가속되었다. 2013년 드디어 퍼블릭 골프장 수(232개)가 회원제 골프장 수(228개)를 앞서기 시작했다.[108]

미주

들어가며

1   平野健一郎, 『국제문화론』(장인성·김동명 옮김, 풀빛, 2004년), 5-6쪽.
2   위와 같음, 19-24쪽.
3   위와 같음, 269-270쪽·88-97쪽·113-115쪽·124-126쪽·143-152쪽.
4   위와 같음, 110-111쪽, 최길성 편, 『일제시대 한 어촌의 문화변용』, 상, 아세아문화사, 1992년, 52-53쪽; 이병원, 「식민지기의 음악적 문화변용: 총체적, 비판적 시각으로 본 견해」, 『동양음악』, Vol. 27, 서울대학교 동양음악연구소, 2005년, 16-17쪽.

벚꽃 이야기

1   청오(靑吾), 「우이동의 앵화 앵화의 한 아버지는 조선」, 『조선일보』, 1933년 5월 2일, 조간 3면. 청오는 차상찬(車相瓚)으로 1920년대부터 개벽사가 발행한 여러 잡지의 편집인 겸 발행인을 맡았다.
2   박성호·박성표, 『예나 지금이나』, 그린비, 2016년, 15-16쪽; 『매일신보』, 1912년 4월 26일, 3면, 1913년 4월 9일, 3면, 4월 17일, 2면, 4월 19일, 2면, 4월 23일, 3면, 4월 25일, 2면, 4월 26일, 3면, 1913년 5월 3일, 2면, 1915년 5월 5일, 3면, 1917년 4월 24일, 2면.
3   1900년 전후 일본에서 조선이민론이 본격적으로 대두하면서 재조일본인은 1900년 15,829명에서 1905년 42,460명으로 급증했다. 이어 1906년 일본 정부가 조선에 통감부와 이사청을 설치하고 이민을 장려하자 83,315명으로, 한일병합 직후인 1910년 말에는 171,543명으로 더욱 늘어났다(高崎宗治 저, 이규수 역, 『식민지 조선의 일본인들-군인에서 상인, 그리고 게이샤까지』, 역사비평사, 2006년), 56, 98쪽; 이규수, 「재조일본인 연구과 식민지수탈론」, 『일본역사연구』, 제33집, 일본사학회, 2011년, 168쪽; 『매일신보』, 1913년 4월 16일, 2면.
4   『매일신보』, 1913년 4월 22일, 3면.

5   1911년 20만 명을 넘어서고 1915년에는 30만 명을, 1923년에는 40만 명을 각각 넘어섰다(이규수 역, 앞의 책, 98쪽; 이규수, 앞의 글, 168쪽).
6   「花見の季節」,『京城新報』, 1909년 4월 25일, 2면.
7   豊田鉄騎,『星霧十五年』, 帝國地方行政學會, 1926年, 238-239쪽. 요시노는 일본 나라켄(奈良県) 남부에 위치하며 예부터 벚꽃의 명소로 알려져 있다.
8   亀岡栄吉,『四季の朝鮮』, 朝鮮拓殖資料調査会, 1926年, 5-6쪽.
9   한편, 일본에서 벚꽃이 봄을 상징하다가 일본혼을 상징하게 된 것은 일본이 제국주의적 팽창을 꾀하던 청일전쟁 즈음부터이다. 식민지로 이주하게 된 일본인들은 일본의 선진문화 혹은 일본 영토의 상징으로 벚나무를 심고 벚꽃을 감상하고자 하였다(김정은a,「한일 상춘문화와 근대-벚꽃의 상징 변화를 중심으로」『일본연구』, Vol. No.22, 고려대학교 글로벌일본연구원, 2014년, 90-94쪽).
10 권보드래,「1910년대의 새로운 주체와 문화-『매일신보』가 만든,『매일신보』에 나타난 대중」『민족문학사연구』(36), 민족문학사학회, 2008년, 149-150, 158쪽; 김현숙,「창경원 밤 벚꽃놀이와 야앵」,『한국근현대미술사학』, 19호, 한국근현대미술사학회, 2008년, 140-143쪽; 김영미,「식민지기 '오락 부재(不在)' 담론의 양상」,『사회와 역사』, 112권, 한국사회사학회, 2016년, 258-271쪽.
11 권보드래, 앞의 논문, 159쪽.
12 『매일신보』, 1912년 4월 26일, 2면;『조선일보』, 1921년 4월 15일, 석간 3면.
13 『매일신보』, 1915년 4월 20일, 1916년 3월 1일, 3면;『조선일보』, 1921년 4월 25일, 석간 3면.
14 『조선일보』, 1935년 4월 12일, 조간 2면;『동아일보』, 1936년 4월 29일, 조간 2면; 김현숙, 앞의 논문, 147쪽; 김해경, 앞의 논문, 130쪽; 류순열,『벚꽃의 비밀』, ESSAY, 2012년, 100-101쪽.
15 김정은a, 앞의 논문, 84-85쪽; 김정은b,「일제강점기 창경원의 이미지와 유원지 문화」,『한국조경학회』, 43(6), 한국조경학회, 2015년, 5쪽; 박소현,「제국의 취미-이왕가박물관과 일본의 박물관 정책에 대해」『미술사논단』, 제18호, 한국미술연구소, 2004년, 156-157쪽.
16 김정은b, 앞의 논문, 5쪽; 김현숙, 앞의 논문, 143쪽.
17 김정은b, 앞의 논문, 6쪽; 김현숙, 앞의 논문, 143쪽; 박소현, 앞의 논문, 145-147쪽.
18 上田常一,「京城の桜の来歴」(上),『京城日報』, 1933년 4월 27일, 조간 3면; 김현숙, 앞의 논문, 147쪽; 김정은a, 앞의 논문, 88쪽.

19　청오, 「조선 각지 꽃 품평회: 요새에 피는 팔도의 꽃 이야기」, 『별건곤(別乾坤)』, 제20호, 1929년 4월호, 146쪽; 김해경, 「벚꽃을 통해 본 근대 행락문화의 해석」, 『한국전통조경학회지』, Vol. 29. No.4, 한국전통조경학회, 2011년, 129쪽; 김현숙, 앞의 논문, 154쪽.

20　豊田鉄騎, 앞의 책, 240쪽; 김정은a, 앞의 논문, 96쪽.

21　권보드래, 앞의 논문, 167-168쪽; 김현숙, 앞의 논문, 142쪽.

22　김현숙, 앞의 논문, 147쪽; 김해경, 앞의 논문, 130쪽; 류순열, 앞의 책, 100-101쪽;『京城日報』, 1928년 4월 17일, 석간 2면, 1924년 4월 22일, 조간 2면;『동아일보』, 1935년 4월 9일, 조간 2면;『동아일보』, 1940년 4월 22일, 석간 2면.

23　청오, 앞의 「조선 각지 꽃 품평회: 요새에 피는 팔도의 꽃 이야기」, 148쪽.

24　『동아일보』, 1935년 4월 12일, 26일, 1933년 5월 3일, 석간 2면;『조선일보』, 1935년 4월 12일, 조간 2면.

25　『동아일보』, 1935년 4월 12일, 조간 2면.

26　「휴지통」,『동아일보』, 1935년 4월 20일, 조간 2면.

27　『동아일보』, 1935년 4월 9일, 12일, 조간 2면;『조선일보』, 1933년 4월 28일, 조간 2면;『京城日報』, 1935년 4월 12일, 석간 3면, 4월 9일, 조간 7면.

28　『동아일보』, 1933년 5월 1일, 조간 2면, 1934년 3월 28일, 석간 2면;『조선일보』, 1934년 3월 28일, 석간 22면.

29　『조선일보』, 1935년 4월 12일, 조간 2면.

30　『京城日報』, 1930년 4월 12일, 조간 7면;『동아일보』, 1936년 4월 29일, 조간 2면;『동아일보』, 1940년 4월 9일, 조간 2면,『동아일보』, 1940년 4월 22일, 석간 2면.

31　『동아일보』, 1935년 4월 17일, 조간 2면.

32　『동아일보』, 1933년 5월 1일, 석간 2면;『조선일보』, 1933년 4월 28일, 조간 2면.

33　『조선일보』, 1938년 4월 7일, 석간 22면;『조선일보』, 1939년 4월 9일, 석간 22면;『조선일보』, 1940년 4월 5일, 조간 2면;『동아일보』, 1940년 4월 12일, 조간 2면, 22일, 석간 2면.

34　손정목,『서울 도시계획 이야기 2』, 한울, 2003년, 74쪽.

35　김수자, 「제1공화국 시기 창경원의 탈식민성의 불완전성과 공원 기능의 확대」, 『사림』제56호, 수선사학회, 2016년, 282쪽.

36　『동아일보』, 1957년 4월 29일, 석간 3면, 1958년 4월 23일, 조간 3면. 1970년 5월 16일, 석간 8면, 1973년 5월 15일, 1974년 6월 1일, 석간 7면;『조선일보』,

1953년 4월 29일, 조간 2면, 1962년 4월 15일, 조간 4면, 1963년 3월 23일, 조간 6면, 1964년 4월 15일, 조간 3면, 1968년 4월 13일, 조간 4면, 1972년 5월 12일, 조간 6면.

37 『조선일보』, 1970년 4월 26일, 조간 3면.

38 이와 같은 창경원의 「탈식민성의 불완전성」에 관해서, 김수자는 「식민유산 청산」은 단순히 외형만의 철거, 복원이 아니라 의식적인 것도 함께 이루어져야 하는데, 「근대화, 문명화 전략의 이름으로 추진된 일제의 문화정책, 민족말살정책」은 한국의 문화에 겹겹이 착종되어 있어 그것을 끄집어내는 작업이 쉽지 않았음을 지적했다. 김수자, 앞의 논문.

39 『동아일보』, 1960년 4월 10일, 조간 3면, 1963년 5월 24일, 석간 8면, 1973년 4월 17일, 석간 6면;『조선일보』, 1963년 3월 23일, 조간 6면, 4월 14일, 조간 6면, 1968년 4월 13일, 조간 4면.

40 「젊은이 발언」,『조선일보』, 1979년 4월 24일, 조간 4면.

41 「조류(潮流) 독자의 소리」,『동아일보』, 1977년 4월 25일, 석간 4면.

42 「독자가 만드는 독자난」,『동아일보』, 1982년 3월 25일, 석간 9면.

43 『동아일보』, 1986년 4월 21일, 석간 10면.

44 『조선일보』, 1972년 4월 23일, 조간 6면.

45 창경궁 문화재 복원을 위해 동물원과 식물원을 이전하는 「서울대공원계획안」은 1977년 1월 당시 대통령 박정희가 서울특별시를 연두순시하고 업무보고를 받는 자리에서 승인 재가하면서 실행되었다. 서울대공원은 1978년 10월에 기공해서 1984년 5월에 동물원이 1985년 5월에 식물원이 각각 이전하였다(오창영 편,『한국동물원 80년사(창경원편)』, 서울특별시, 1993년, 376-377, 381쪽;「서울대공원 설립 목적 및 연혁」http://grandpark.seoul.go.kr).

46 「서울열린데이터광장」 (http://data.seoul.go.kr); 오창영 편, 앞의 책, 405쪽;「사설」『동아일보』, 1981년 4월 14일, 석간 2면;『동아일보』, 1977년 3월 2일, 석간 6면.

47 「사설」『조선일보』, 1982년 4월 9일, 조간 2면.

48 『동아일보』, 1968년 6월 1일, 석간 7면;『조선일보』, 1968년 6월 2일, 조간 7면.

49 『중앙일보』, 1968년 4월 11일, 8면;『조선일보』, 1968년 4월 12일, 조간 4면.

50 『동아일보』, 1968년 6월 1일, 석간 7면;『조선일보』, 1968년 6월 2일, 조간 7면. 1971년 봄 벚나무 묘목 심기를 주도한 당시 서울시 녹지과장 허형식은 재일교포가 벚나무 묘목을 기증하자「당시 국내엔 벚꽃 묘목을 생산하는 데가 없어 고맙게

받았다」고 회고했다(『세계일보』, 2008년 1월 22일 http://www.segye.com/newsView/20060403000635). 또한 진해웅천향토문화연구회 회장 황정덕도 해방 이후 한국에서 벚나무가 많이 베어져 1966년경에는 국내에서 묘목을 아예 구할 수가 없었다고 회고하고 있다. 그리고 1971년 한국의 묘목시장에서 벚나무는 비쌌다. 그냥 벚나무가 3,000원, 겹벚나무는 5,000원이었는데 이는 무궁화(500원)에 비해 훨씬 비싼 가격이었다(류순열, 앞의 책, 173-174쪽).

51 손정목, 앞의 책, 74쪽.

52 손정목은 1968년 윤중제 준공 이후인 1970년에 서울시에 부임했기 때문에 3년 전의 벚나무 식수 계획을 몰랐을 수도 있다. 한편 손정목은 재일교포가 「애국심」에서 벚나무 묘목을 기증했다고 회고하고 있으며, 묘목심기를 주도한 허형식은 「60대 재일교포로만 기억하고 있으며 무슨 이유로 기증했는지는 모르지만 당시 국내엔 벚꽃 묘목을 생산하는 데가 없어 고맙게 받았다」고 회고하고 있다. (『세계일보』, 2008년 1월 22일 http://www.segye.com/newsView/20060403000635).

53 손정목, 앞의 책, 63-65쪽.

54 'History of the Cherry Trees'(https://www.nps.gov); 'History of the Cherry Blossom Trees and Festival'(https://nationalcherryblossomfestival.org/about/history).

55 『중앙일보』, 1983년 4월 15일, 12면, 1988년 4월 6일, 10면;『동아일보』, 1989년 3월 31일, 석간 10면. 창경궁은 1983년 12월 원래의 이름으로 환원되고 복원 공사를 위해 1984년 1월 1일부터 2년간 일반 공개를 중지했는데 벚꽃놀이도 처음에는 2년 동안 중단하고 1986년 봄부터 다시 시작될 예정이었다. 그러나 이후 창경궁 복원공사 완공을 앞두고 벚나무를 없애자는 의견이 강하게 대두되어 결국 벚나무를 모두 제거하고 벚꽃놀이도 영구히 폐지하였다. 한편, 창경궁 복원공사는 1985년 4월에 착공해 1986년 8월에 완공되어 공개 관람이 재개되었다(『동아일보』, 1983년 8월 18일, 석간 6면, 1984년 3월 17일, 석간 7면, 1986년 4월 21일, 석간 10면;『조선일보』, 1984년 3월 18일, 조간 10면;「창경궁 역사」http://cgg.cha.go.kr).

56 『동아일보』, 1990년 5월 16일, 석간 14면.

57 「독자의 소리」,『동아일보』, 1992년 4월 15일, 석간 15면.

58 「독자의 소리」,『동아일보』, 1996년 5월 1일, 조간 31면.

59 「지하철 5호선」·「여의도역」(https://ko.wikipedia.org/). 한편, 서강대교는 1993년 공사를 재개하여 1996년부터 단계적으로 개통되다가 1999년에 완공되었다.

60 왕벚나무 제주도 원산지설에 관한 자세한 내용은, 문만용,「소메이요시노, 왕벚나무,

벚꽃놀이-역사·문화와 과학의 관계 맺기-」,『비교일본학』, 34집, 한양대학교 일본학국제비교연구소, 2015년; 김해경, 앞의 논문, 131-132쪽.

61 『세계일보』, 2008년 1월 22일(http://www.segye.com/newsView/20060403000635);「독자의 편지」,『동아일보』, 1992년 4월 21일, 석간 15면;『중앙일보』, 1993년 4월 9일, 33면;『조선일보』, 1996년 4월 2일, 4면. 당시 신한국당이 식목일을 맞아 국립묘지에 벚꽃을 무궁화꽃으로 바꾸는 행사에 참가하면서「과거의 굴절된 역사에 대한 국민의식을 새롭게 가다듬는 의미」라며 자민련 김종필 총재를 일본과의 과거사 청산을 제대로 하지 못한 친일을 상징하는 벚꽃에 비유하자 자민련이 신한국당을 향해 반격한 것이다.

62 『조선일보』, 2009년 4월 1일, A25면;『조선일보』, 2010년 4월 15일, A31면;「영등포 여의도 봄꽃축제」(http://tour.ydp.go.kr).

63 『동아일보』, 2004년 3월 31일, A25면, 2006년 3월 28일, A16면;『조선일보』, 2006년 3월 29일, A14, 2007년 4월 6일, A14면, 2008년 4월 9일, A14면, 2009년 4월 6일, A27면, 2013년 4월 17일, A16면, 2016년 4월 2일, A11면.

64 『조선일보』, 2005년 4월 6일, A12면, 2006년 3월 29일, A14면, 2007년 4월 6일, A14면, 2008년 4월 9일, A14면, 2009년 4월 1일, A25면, 2010년 4월 15일, A31면;『동아일보』, 2006년 3월 28일, A16면,『동아일보』, 2011년 4월 11일, A18면.

65 『중앙일보』, 1992년 4월 4일, 18면, 1993년 3월 15일, 19면, 4월 9일, 33면;『중앙일보』, 2010년 4월 15일, A31면.

66 「독자 의견」,『조선일보』, 1996년 4월 26일, 31면;『중앙일보』, 1992년 4월 4일, 18면, 1993년 3월 15일, 19면, 4월 9일, 33면, 2010년 4월 15일, A31면;『조선일보』, 2005년 4월 6일, A12면, 2006년 3월 29일, A14면, 2007년 4월 6일, A14면, 2008년 4월 9일, A14면, 2009년 4월 1일, A25면, 4월 6일, A27면, 4월 7일, A23면, 2010년 4월 15일, A31면, 2016년 4월 2일, A11면;『동아일보』, 2005년 3월 10일, A12면, 2011년 4월 11일, A18면, 2013년 4월 17일, A16면;「영등포 여의도 봄꽃축제」(http://tour.ydp.go.kr);『아시아투데이』, 2011년 4월 21일.

67 「영등포 여의도 봄꽃축제」(http://www.ydp.go.kr/site/spring_festival/sub1.html)

녹차 이야기

1 「가정 상식 식료품 살 때는 차(茶)」,『동아일보』, 1930년 9월 30일, 5면.

2   여연,『우리가 정말 알아야 할 우리차』, 현암사, 2006년, 54-84쪽.
3   여연, 앞의 책, 87-99쪽; 김상현,「차」, 한국정신문화연구원,『한국민족문화대백과사전』, 21, 1991, 580쪽; 김명배,『다도학』, 학문사, 1984년, 265-267쪽.
4   여연, 앞의 책, 100-135쪽.
5   김명배, 앞의 책, 363-364쪽; 류건집,「류건집 교수의 연표로 보는 차문화사 50. 조선시대 25」(news. buddhapia. com, 2005년 11월 9일).
6   김명배, 앞의 책, 365쪽.
7   김명배, 앞의 책, 366-367쪽; 류건집,『한국차문화사 하』, 이른 아침, 2007년, 28쪽.
8 「生れ出た製茶業 附. 移入茶の取引狀況」,『京城日報』附錄『産業第一 24』, 1926年 2月 28日, 4面(이하「生れ出た製茶業」).
9   渡邊彰,「朝鮮の茶業に就て」,『朝鮮』, 1920年 8月號, 56, 62-63쪽.
10 諸岡存·家入一雄,『朝鮮の茶と禪』, 東京, 日本茶道社, 1940年, 1, 77-78쪽; 김명배 역,『조선의 차와 선』, 보림사, 1991년, 54, 196-197쪽.
11 「生れ出た製茶業」.
12 이 조사는 이에이리 가즈오(家入一雄)에 의해 이루어졌다. 그는 총독부의 방침에 따라 조선인에게 막걸리라는 탁주를 과도하게 음용하는 나쁜 관습이 있으므로 일본과 마찬가지로 음다에 의해 기호 전향을 꾀할 목적으로 당국으로부터 조사를 명받았다고 한다(諸岡存·家入一雄, 앞의 책, 1쪽). 한편, 조사기간은 1937년부터 1939년까지이다(김명배 역, 앞의 책, 33쪽).
13 諸岡存·家入一雄, 앞의 책, 80쪽; 김명배 역, 앞의 책, 199쪽.
14 渡邊彰, 앞의 글, 50쪽;「生れ出た製茶業」.
15 「광고」,『조선일보』, 1925년 11월 24일, 석간 3면.
16 『동아일보』, 1930년 9월 30일, 5면.
17 『동아일보』, 1931년 7월 18일, 4면.
18 『동아일보』1930년 9월 25일 2면.
19 『동아일보』, 1933년 11월 18일, 6면.
20 김명배, 앞의 책, 379쪽.
21 「座談会 お茶と半島の生活」,『綠旗』, 1941년 12月號, 111쪽. 이하,「お茶と半島の生活」라고 줄여 씀.
22 김명배, 앞의 책, 379쪽;『京城日報』, 1939년 3월 3일, 5면
23 川本理絵,「近代日韓における女子茶道教育―その背景と関連性―」,『일어교육』, Vol.

41, 한국일본어교육학회, 2007년, 187-189쪽; 『中等家事敎科書』, 卷一, 朝鮮總督府, 1941년, 49-50쪽; 『매일신보』, 1942년 8월 8일, 2면.

24 「國民精神總動員朝鮮聯盟實踐要目」, 森田芳夫, 『朝鮮における国民総力運動史』, 国民総力朝鮮聯盟, 1945年, 89쪽; 「お茶と半島の生活」, 104쪽.

25 「お茶と半島の生活」, 104쪽.

26 「お茶と半島の生活」, 107, 110쪽.

27 「お茶と半島の生活」, 111쪽.

28 김명배, 앞의 책, 375-376쪽. 도코노마(床間)는 다다미방 정면에 바닥을 한 층 높여 만들어 놓은 곳으로 다도를 할 때 벽에는 족자를 걸고 바닥에는 도자기·꽃병 등을 장식해 두는 곳이다. 후쿠사(견포, 絹布)는 비단으로 만든 작은 보자기로 다구를 닦거나 다구 밑에 받치는 수건인데, 사용하지 않을 때는 허리띠에 끼운다.

29 「한국차인회 창립 취지(1979년)」, (「(사)한국차인연합회 창립 회원 1차」, 한국차인연합회 홈피, www.teaunion.or.kr).

30 리차드 러트, 「茶이야기」, 『동아일보』, 1964년 5월 11일, 석간 5면; 동, 『풍류한국』, 신태평양사, 1965년, 160쪽. 리처드 러트(Richard Rutt)는 영국 출신 성공회 신부로 한국 이름은 노대영(盧大榮)이다. 그는 1956년부터 20여 년간 대한성공회 소속 사제와 주교로서 한국에서 사목활동을 펼쳤다.

31 강찬호, 「문헌을 통해 본 우리나라 커피의 역사-개화기와 일제시대를 중심으로」, 대한관광경영학회, 『관광연구』 28(3), 1913년; 김경한·김근종 「한국 커피전문점의 발전사-개화기부터 1945년 이전까지」, 『호텔관광연구』 15(4), 한국호텔관광학회, 2013년; 강준만·오두진, 『고종 스타벅스에 가다-커피와 다방의 사회사』, 인물과 사상사, 2005년, 62-74쪽.

32 강준만·오두진, 앞의 책, 62-74쪽.

33 「차의 역사」, 『조선일보』, 1962년 4월 29일, 조간 4면.

34 강준만·오두진, 앞의 책, 124-125, 148-149쪽; 동서식품 홈페이지(https://www.dongsuh.co.kr/2017/01_company/01_02_history.asp).

35 「고유의 우리 것이 사라져가는 다도」, 『동아일보』, 1977년 3월 3일, 석간 4면; 이기윤, 『다도열풍』, 보림사, 1987년, 52쪽.

36 「소비혼돈시대⟨8⟩」, 『중앙일보』, 1979년 1월 29일, 3면; 「전통차 건강·정신수양에 도움」 『동아일보』, 1982년 12월 21일, 석간 7면; 「(11)차」, 『중앙일보』, 1973년 7월 24일, 5면.

37 「한국 차문화제」, 『동아일보』, 1974년 12월 3일, 석간 5면; 「다도로 우리것 찾자」,

『한국일보』, 1982년 8월 13일.

38 유태종,「식품카르테 녹차」『동아일보』, 1975년 12월 4일, 석간 4면;「바쁜 일상 속에서 정의 세계」,『중앙일보』, 1981년 5월 20일, 11면;「한국의 차」『중앙일보』, 1982년 11월 16일, 1면;「다도로 우리것 찾자」,『한국일보』, 1982년 8월 13일;「다담·정담」『다원』, 창간호, 1983년, 35쪽.

39 김경우,『중국차의 이해』, 월간 다도, 2005년, 13-17쪽;「お茶百科」(http://www.ocha.tv).

40 守屋毅,『喫茶の文明史』, 東京, 淡交社, 1992년;「お茶百科」(http://www.ocha.tv).

41 최범술,『한국의 다도』, 보련각, 1975,「서문」; 이기윤, 앞의 책, 58쪽:「진주차인회」,『설록차』, 1987년 5월호, 24쪽;「한국의 다도」『차문화』, 1999년 3·4월호, 33쪽; 김상현,「해방 이후의 차문화」,『차의 세계』, 통권 60호, 2006년 12월호, 114쪽.

42 최규용,『금당다화』, 금당다우, 1978년, 19-21쪽, 214-219쪽; 동,『현대인과 차』, 국제신문출판국, 1981년, 90-92쪽;「부산 최규용옹 다도연구 반세기」『동아일보』, 1991년 3월 26일, 석간 15면;「현대 한국차문화사의 산 증인」, 한국차인연합회,『茶人』, 2002년 3·4월호, 9-10쪽 등을 종합하여 필자가 정리.

43 김의정 엮음,『차의 선구자 명원 김미희』, 학고재, 2010년, 27-28쪽.

44 「(사)한국차인연합회 창립 회원 1차」,「일지암 복원이 첫사업」, 한국차인연합회 (www.teaunion.or.kr);「차에 손댄 박동선」,『조선일보』. 1979년 1월 21일, 7면;「차의 날 제정 선언문」,『차인』, 2000년 5월호, 한국차인연합회, 20-21쪽;「바쁜 일상 속에서 정의 세계」,『중앙일보』, 1981년 5월 20일, 11면.

45 「생활다도 발표회」,『한국일보』, 1980년 9월 6일, 5면;「우리다도는 자연스럽게」,『조선일보』. 1980년 9월 9일, 5면; 고 김미희 여사 추모문집,『빛의 뜨락에서』, 열음사, 1991년, 248쪽.

46 「전통다도를 우리의 접객문화로」,『중앙일보』, 1982년 11월 19일, 7면.

47 「전통茶道…어떻게 이어나갈까」,『동아일보』, 1983년 4월 2일, 석간 6면.

48 「녹차 커피에 눌리고 동해까지」,『중앙일보』, 1984년 4월 10일, 9면; 홍기룡,「가격도 비싸고 맛도 떨어지고」,『다원』, 1983년 3월호, 147-148쪽. 한편 1차 재료비의 경우 커피는 설탕값을 제외하고 34원인데 비해 녹차는 130원이었다.

49 「전통차보급 좋지만 좀 더 대중화 바람직(독자 투고)」,『중앙일보』, 1982년 11월 29일, 8면; 공종원,「나의 다론」,『설록차』, 태평양화학, 1984년 5월호, 5쪽; 윤병

상,「나의 다론」,『설록차』, 태평양화학, 1987년 5월호, 4쪽.

50 오광도,「나의 다론」,『설록차』, 태평양화학, 1984년 4월호, 5쪽.

51 윤병상,「나의 다론」,『설록차』, 태평양화학, 1987년 5월호, 4쪽.

52 「전통차보급 좋지만 좀 더 대중화 바람직(독자 투고)」,『중앙일보』, 1982년 11월 29일, 8면;「녹차 커피에 눌리고 동해까지」,『중앙일보』, 1984년 4월 10일, 9면;「전통차 즐겨 마시면 성인병 예방에 도움」,『중앙일보』, 1985년 2월 8일, 5면.

53 「전통茶道⋯어떻게 이어나갈까」,『동아일보』, 1983년 4월 2일, 석간 6면.

54 예용해,「차를 마시는 일」,『설록차』, 1984년 1월, 7쪽.

55 「다도 일 모방에 충격 우리것『뿌리찾기』시작」,『중앙일보』, 1990년 6월 6일, 10면;「다도 붐은 일어도 바탕이 없다」,『중앙일보』, 1983년 3월 7일, 6면; 송정속,「나의 다론」,『설록차』, 1984년 11월호, 4-5쪽.

56 홍기룡,「가격도 비싸고 맛도 떨어지고」,『다원』, 1983년 3월호, 147쪽; 장진경,「차를 마시는 기쁨」, 단국대학교 화경다회,『화경다보』, 제3호, 1986년, 41쪽.

57 신현득,「서민과 다도」,『설록차』, 태평양화학, 1985년 10월호, 4쪽.

58 「전통茶 건강·精神修養에 도움」,『동아일보』, 1982년 12월 21일, 석간 7면.

59 「전통茶道⋯어떻게 이어나갈까」,『동아일보』, 1983년 4월 2일, 석간 6면.

60 「잊혀져 가는 우리 옛것을 되찾아」,『중앙일보』, 1980년 12월 5일, 5면;「명원다회 한국전통의식다례발표회」, 김의정 엮음,『차의 선구자 명원 김미희』, 학고재, 2010년, 부록 자료.

61 명원다회,「한국다도자료총서 제1집」,『茶經·東茶頌·茶神傳』(영인본), 1980년; 장의순 저(김두만 역),『동다송·다신전』, 태평양박물관, 1982년; 김명배 편역,『한국의 다서』, 탐구당, 1983년;「태평양 다예관 개관」,『중앙일보』, 1981년 2월 21일, 7면.

62 김운학,『한국의 차문화』, 현암사, 1981년; 정상구,『한국다문화학』, 세종출판사, 1983년; 석성우,『다도』, 백양출판사, 1982년; 김상현·김봉호,『생활다예』, 태평양박물관, 1984년; 김명배, 앞의 책; 석용운,『한국다예』, 초의, 1988년; 모로오카 다모츠, 이에이리 가즈오 공저(최순자 역),『조선의 차와 선』, 삼양출판사, 1983년.

63 「녹차 커피에 눌리고 동해까지」,『중앙일보』, 1984년 4월 10일, 9면; 광고「한국 교유의 차 설록차」,『설록차』, 1985년 10월호, 21쪽; 광고「설록차 티백」,『설록차』, 1987년 2월호, 21쪽.

64 「가정음료수 전통차바람」,『동아일보』, 1987년 4월 17일, 석간 7면.

65 「녹차 온도 맞아야 제맛 나온다」,『조선일보』, 1992년 10월 6일, 16면; 오설록 홈

페이지(https://www.osulloc.com/kr/ko/about/since1979);「녹차 즐긴 덕에 10년은 젊어보여」,『조선일보』, 1997년 5월 9일, 34면;「뜨는 기업을 찾아서(2) (주)보성녹차테크」,『조선일보』, 2004년 2월 2일, 호남 A14면.

66 박순희,「한국다도에 있어서 일본 녹차의 수용과 정착-덖음녹차를 중심으로」,『일어일문학』(53), 대한일어일문학회, 2012년.

67 「한국 교유의 차 설록차」,『설록차』, 1985년 10월호, 21쪽;「누룽지처럼 구수한 맛 앞세워 올해 차수출 3배로 키우겠다」,『동아일보』, 2012년 3월 19일, B6면.

68 「(20)오관에 스미는 다향에 번뇌는 씻은 듯」,『중앙일보』, 1981년 2월 13일, 9면;「전통차 즐겨 마시면 성인병 예방에 도움」,『중앙일보』, 1985년 2월 8일, 5면;「가정음료수 전통차 바람」,『동아일보』, 1987년 4월 17일, 석간 7면;「한국차 많이 마시자」,『중앙일보』, 1991년 5월 25일, 11면;「녹차와 혈압(신 동의보감)」,『조선일보』, 1993년 3월 4일, 21면;「녹차 항암 효과 높다」,『동아일보』, 1990년 12월 1일, 석간 11면.

69 「녹차 커피에 눌리고 동해까지」,『중앙일보』, 1984년 4월 10일, 9면「하루에 녹차한잔 환경 호르몬 피해 막아」,『조선일보』, 1998년 9월 17일, 29면;「녹차 마시면 암 억제」,『조선일보』, 1999년 4월 8일, 42면;「녹차 암 예방 큰 효과」,『조선일보』, 1987년 11월 6일, 조간 5면;「녹차 항암 효과 크다」,『동아일보』, 1998년 12월 16일, 조간 37면;「녹차에 대장암 예방효과」,『조선일보』, 1991년 3월 26일, 4면;「하루에 녹차 한잔 환경호르몬 피해 막아」,『조선일보』, 1998년 9월 17일, 29면.

70 「항암-혈당 강하 작용」,『조선일보』, 1989년 9월 19일, 조간 8면;「녹차 발암물질 생성 억제 혈당 등 낮춰 성인병 예방」,『동아일보』, 1989년 9월 22일, 석간 10면;「녹차 알레르기 치료-충치예방 효과」,『조선일보』, 1995년 9월 1일, 27면;「녹차 노화-암발생 억제 중금속 제거효과도」,『조선일보』, 1993년 8월 30일, 23면;「녹차 노인질환 효과」,『조선일보』, 1997년 9월 3일, 36면.

71 「고궁·관광지에 전통다원 개설」,『중앙일보』, 1982년 7월 23일, 7면;「문화공보부 전통차 보급계획」,『다원』, 창간호, 1983년 2월, 180쪽;「다원」,『중앙일보』, 1984년 3월 28일, 1면;「다방 국산차 7종 이상 꼭 팔게」,『동아일보』, 1983년 1월 8일, 석간 6면;「장원산업 녹차공장 준공」,『조선일보』, 1983년 4월 27일, 조간 2면; 오설록 홈페이지(https://www.osulloc.com/kr/ko/about/since1979).

72 「가정음료수 전통차바람」,『동아일보』, 1987년 4월 17일, 석간 7면;「좋은 차 고르기」,『다담』, 1994년 5월호, 78쪽 참조.

73 「민속자료조사보고서 전통다도풍속조사」, 문화재관리국 문화재연구소, 1980년

5월;「되살아나는 전통 생활 문화」,『중앙일보』, 1980년 6월 4일, 4면; 김운학, 앞의 책, 6쪽.

74 「고궁·관광지에 전통다원 개설」,『중앙일보』, 1982년 7월 23일, 7면;「문화공보부 전통차 보급계획」,『다원』, 창간호, 1983년 2월, 180쪽.

75 「政府부처 여직원 전통茶道 가르쳐」,『동아일보』, 1982년 11월 16일, 석간 10면. 이기윤, 앞의 책, 88쪽;「모든 학생들에 전통다도를 가르친다」,『중앙일보』, 1982년 12월 9일, 7면;「문교부실시 다도교육」,『다원』, 창간호, 1983년, 224-225쪽;「다도 붐은 일어도 바탕이 없다」,『중앙일보』, 1983년 3월 7일, 6면; 김순오,「학교에서의 다도교육」,『설록차』, 1987년 2월, 8-9쪽 등 참조.

76 김명배, 앞의 책, 434-435쪽;「올림픽식품 14종 추가」,『조선일보』, 1984년 3월 6일, 조간 2면;「올림픽 食品 29개 開發」,『동아일보』, 1984년 3월 5일, 석간 1면.

77 한국방송공사편,『한국전통차문화자료전』, 한국방송공사, 1983년;「한국전통차 문화자료전시회」,『다원』. 1983년 5월호, 191쪽, 6월호, 77쪽;「'84한국 차생활 문화제」,『설록차』, 1984년 3월호, 2쪽;「한국차문화전」,『설록차』, 1985년 10월호, 22-25쪽;「주부들에 인기 끄는 전통차문화전」,『중앙일보』, 1985년 9월 12일, 11면;「한국 차 많이 마시자」,『중앙일보』, 1991년 5월 25일, 11면;「맛으로 전통을 음미한다」,『동아일보』, 1993년 5월 20일, 조간 16면;「인사동서 '차축제' 열린다」, 『조선일보』, 1998년 4월 22일, 13면.

78 「간추린 전국 뉴스」,『동아일보』, 1985년 5월 13일, 10면;『茶人』, 2007년 3, 4월, 한국차인연합회, 36쪽; 이기윤, 앞의 책, 72-23쪽;「이 달의 문화인물 5월」,『중앙일보』, 1997년 4월 24일, 15면.

79 「대학생 특별좌담」,『다원』, 1983년 4월호, 84-85쪽; 전국대학다회연합,「1987년 제6회 전국대학다회연합 하계수련회」, 34-44쪽; 동,「차샘」, 1993년 제1호, 6쪽.

80 「대학다회의 차문화운동 전개방향」,『다원』, 1983년 4월호, 96-101쪽;「단국대 화경다회」,『설록차』, 1983년 4월호, 24-25쪽;「원광대 초의선다회」,『설록차』, 1985년 10월호, 24-25쪽;「부산여전 동다회」,『설록차』, 1986년 10월호, 24-25쪽;「전남대 남도다문화회」,『설록차』, 1987년 5월호, 28쪽;「전국대학다회 동정」,『다원』, 1983년 8월호, 215쪽.

81 김명배, 앞의 책, 439-440쪽;「전국대학다회 동정」,『다원』, 1983년 2월 창간호, 226쪽;「전국대학다회 동정」,『다원』, 1983년 4월호, 102-123쪽;「다도로 우리것 찾자」,『한국일보』, 1982년 8월 13일; 전국대학다회연합,「1987년 제6회 전국대학다회연합 하계수련회」;「전국대학연합소식」,『다담』, 1987년 9월호, 152-153쪽;

「전국대학다회연합 동계수련회 및 정기총회」,『설록차』, 1989년 3월호, 2쪽; 전국 대학다회연합,『전국대학다회연합』, 1992년 제3호; 부산여대 수련다도회,『차』, 제 3호, 1990년; 전국대학다회연합,『차샘』, 1993년 제1호 봄.

82 전국대학다회연합,『전국대학다회연합』, 1992년 제3호, 63-67쪽; 부산여대 수련 다도회,『차』, 제3호, 1990년, 40쪽; 전국대학다회연합,『차샘』, 1993년 제1호 봄;『다담』, 1989년 11월호, 135쪽.

83 「녹차시대는 오는가」,『한겨레』, 1997년 5월 21일, 11면; 박문호,「우리나라 녹차산 업의 경쟁력 제고방안」, 한국농촌경제연구원,『농촌경제』제26권 제1호, 2003년, 4-5쪽;「녹차 온도 맞아야 제 맛 나온다」,『조선일보』, 1992년 10월 6일, 16면; 「맛으로 전통을 음미한다」,『동아일보』, 1993년 5월 20일, 조간 16면;「녹차 즐 긴 덕에 10년은 젊어보여」,『조선일보』, 1997년 5월 9일, 34면;「국내시장 성장 거 듭 '녹차가 몸에 좋다'」,『전북도민일보』, 1997년 6월 22일. 구체적으로 재배면적 은 1991년 507ha, 1995년 715ha, 2000년 1,505ha, 생산량은 1991년 564톤, 1995년 699톤, 2000년 1,731톤, 1인당 소비량은 1991년 12.1g, 1995년 13.7g, 2000년 38.1g 등으로 각각 증가하였다.

84 이는 2000년 한국과 중국 및 일본과의 녹차의 연간 1인당 소비량과 총 생산량에도 잘 나타나 있다. 한국의 경우 연간 1인당 소비량이 38g, 총생산량이 1천 7백톤인 데 비해 중국과 일본은 각각 360g/72만톤, 1,080g/8만 9천톤으로 양국에 훨씬 못 미 친다(박문호, 앞의 논문, 5쪽).

85 금당 최규용,「다도교실 탐방」,『설록차』1984년 7월호, 25쪽.

86 민길자,「차가 생활화된 나라」,『다원』창간호, 1983년, 96쪽. 민길자는 앞에서 말 한 명원다회가 개최한 생활다도정립 발표회와 한국 전통의식다례 발표회에 적극 참 여했으며, 1982년부터 국내 4년제 대학으로는 처음으로 국민대학교에 정식 교양 과 목으로 개설된 다도 수업을 담당했다. 또한 같은 해 같은 대학에 창립된 명운다회의 초대 지도교수를 맡았다.

테니스 이야기

1 「요람시대를 넘은 평양 대구의 여자정구대회」,『조선일보』, 1926년 1월 24일, 석간 2면.

2 문호개방 이후 근대 체육의 도입에 관해서는, 이학래,『한국체육백년사』, 한국체육 학회, 2000년, 25-80쪽 참조.

3 장강일,「한국정구 100년 ①」,『모던테니스』, 1983년 10월호, 75-76쪽; Olive R.

Avison(황용수 역), 『구한말 40여년의 풍경』, 대구대학교 출판부, 2006년, 361-362쪽; 정건, 『한국 초기 테니스의 보급과 발전』, 경북대학교 교육대학원 석사학위논문, 2011년, 8-20쪽.

4 곽애영·곽형기, 「한국 개화기 기독교계 학교의 체육활동 연구」, 『체육사학회지』, 제16호, 체육사학회, 2005년; 정건, 앞의 논문, 22-33쪽.

5 이규수 역, 앞의 책, 98-99쪽; 이규수, 앞의 논문, 168쪽 참조.

6 大島勝太郞, 『朝鮮野球史』, 朝鮮野球史發行所, 1932년, 6, 123-124쪽; 武者練三, 「電氣瓦斯の今昔」朝鮮及滿洲社, 『朝鮮及滿洲』, Vol. 293, 1932년, 66쪽; 장강일, 「한국정구 100년 ②」, 『모던테니스』, 1983년 11월호, 79쪽; 『부산일보』, 1918년 4월 30일, 4면.

7 「日本テニスの歷史」(일본테니스협회홈피, https://www.jta-tennis.or.jp); 立石隆司, 「テニス十五年略史」, 『文敎の朝鮮』, Vol.- No.4, 朝鮮敎育會, 1927년, 53쪽; 鈴木正, 「テニスの起源と發達について」『一橋大學硏究年報 自然科學硏究』13, 1971년, 32-36쪽 등 참조. 1910년대 1다스에 일본산 연식공이 1원 20전이었던 데 비해 외제 경식공은 무려 25원 정도로 20배 정도의 차이가 있었다(장강일, 「한국정구 100년 ②」, 1983년 11월호, 79쪽).

8 이규수, 앞의 논문, 167쪽 참조.

9 林原憲貞, 「庭球界にこれ丈けは必要」, 『조선신문』, 1929년 1월 1일. 2면 참조; 이학래, 『한국체육사연구』, 국학자료원, 2003년, 271쪽.

10 大島勝太郞, 앞의 책, 6, 123-124쪽; 武者練三, 앞의 글, 66쪽.

11 장강일, 「한국정구 100년 ③」, 『모던테니스』, 1983년 12월호, 84쪽; 『매일신보』, 1910년 10월 14일, 2면. 학교명은 창립 당시의 것으로 필자가 수정.

12 『황성신문』, 1909년 5월 4일, 2면; 『대한매일신보(국한문)』, 1910년 4월 23일, 2면; 『대한매일신보(한글)』, 1910년 4월 23일, 3면; 大島勝太郞. 앞의 책, 7쪽.

13 「半島の運動界(三)」, 『조선신문』, 1924년 4월 21일, 1면; 大島勝太郞. 앞의 책, 7, 124쪽. 한편, 『조선신문』 기사는 1909년으로 오시마(大島)는 1911년으로 기록하고 있는데 후자가 정확하다고 판단된다. 왜냐하면 오시마는 이후의 대회에 관해서도 상세히 기록하고 있기 때문이다.

14 전계원, 「한국 테니스의 발전사 ②」, 『테니스저널』, 테니스저널사, 1976년 6월호, 63쪽에서 재인용.

15 大島勝太郞. 앞의 책, 8, 124쪽; 『매일신보』, 1915년 10월 24일, 26일, 3면; 『京城日報』, 1915년 10월 25일, 석간 2면.

16　波荷生,「한말전후의 조선체육계」,『동아일보』, 1929년 1월 3일, 석간 4면.
17　大島勝太郎, 앞의 책, 7쪽;『매일신보』, 1914년 7월 7일 4면;『조선시보』, 1914년 11월 20일 5면.
18　『부산일보』, 1915년 9월 7일, 1면. 1916년 10월 21일, 5면, 10월 23일 3면, 10월 24일 7면, 10월 25일, 7면;『매일신보』, 1916년 3월 16일. 4면.
19　『매일신보』, 1917년 2월 2일, 4면;『조선시보』, 1917년 10월 14일, 3면.
20　大島勝太郎, 앞의 책, 7, 31쪽;『부산일보』, 1915년 9월 13일, 19일, 1면, 1916년 6월 1일, 5면, 10일 4면, 1917년 4월 26일, 4월 28일, 7면, 4월 30일, 3면, 9월 7일, 4면, 10월 3일, 5면;『조선시보』, 1914년 11월 25일, 5면.
21　「日本テニスの歷史」(일본테니스협회홈피, https://www.jta-tennis.or.jp); 鈴木正, 앞의 글, 55-58쪽.
22　연학년,「정구계의 편상(4)」,『조선일보』, 1924년 1월 1일, 석간 13면.
23　연학년,「내가하는 운동의 특색과 자랑(2)」,『중외일보』, 1927년 1월 9일, 2면.
24　大島勝太郎, 앞의 책, 126-127, 132-133쪽;『매일신보』, 1922년 9월 26일, 3면.
25　『동아일보』, 1920년, 6월 18일, 28일, 7월 13일, 석간 3면, 1925년 6월 5일, 석간 5면; 대한체육회편집실편,『대한체육회70년사』, 1990년, 38-41쪽; 손환,「조선체육회의 설립과 활동에 관한 연구」,『한국체육학회지』, 제47권 제3호, 한국체육학회, 2008년, 2-3쪽;『매일신보』, 1923년 9월 21일, 3면;『조선일보』, 1924년 9월 21일, 3면.
26　『조선신문』, 1924년 7월 19일, 5면.
27　『동아일보』, 1927년 9월 7일, 석간 4면.
28　김보영(金保榮),「우리의 급무는 체육민중화에 있다」,『조선체육계』, 제1권 제1호, 창간호, 1933년 7월 참조;『매일신보』, 1922년 8월 31일, 3면,
29　「여자정구대회 선수제씨에게(2)」,『동아일보』, 1927년 9월 29일, 석간 3면,
30　김현숙, 앞의 논문, 142쪽;『동아일보』, 1926년 10월 4일, 석간 1면.
31　『동아일보』, 1921년 10월 15일, 석간 3면, 10월 16일, 석간 3면. 1923년 9월 27일, 석간 3면;『 매일신보』, 1922년 05월 21, 22일, 3면; 일기자,「전조선정구대회를 보고」,『개벽』, 제41호, 개벽사, 1924년 11월호, 100-101쪽; 김봉섭,『한국 근대 스포츠의 전개 양상-1880년~1940년 간 근대 스포츠의 도입·수용·확산』, 용인대학교 대학원 박사학위논문, 2003년, 105-114쪽 참조.
32　『조선시보』, 1921년 10월 11일, 3면;『매일신보』, 1922년 9월 22일, 23일, 26일, 3면.

33 『동아일보』, 1923년 6월 14일, 22일, 28일, 석간 3면, 6월 30일, 석간 1면, 7월 2일, 석간 3면, 1924년 6월 21일, 석간 2면.

34 『매일신보』, 1923년 5월 18일, 31일, 3면, 6월 11일, 3면.

35 유학생학우회의 체육활동에 관한 자세한 연구는, 손환, 「재일본동경조선유학생학우회의 스포츠 활동에 관한 연구」, 『체육사학회지』 제13호, 체육사학회, 2004년; 정미량, 「일제강점기 재일조선유학생의 체육활동에 관한 고찰: 재동경유학생학우회(1912.10-1931.2)을 중심으로」, 『한민족문화연구』 제27집, 한민족문화학회, 2008년 등 참조.

36 『매일신보』, 1918년 7월 26일, 3면, 1920년 7월 25일, 3면, 7월 26일, 3면, 7월 28일, 3면, 7월 30일, 3면, 8월 06일, 3면, 1922년 7월 22일, 3면, 23일, 4면, 1922년 7월 22일, 3면, 7월 23일, 4면, 1924년 7월 21일, 3면; 『동아일보』, 7월 15일, 석간 4면, 1922년 7월 29일, 석간 3면, 8월 2일, 석간 4면, 1924년 7월 4일, 20일, 석간 3면, 1928년 2월 18일, 석간 2면, 7월 7일, 석간 5면, 7월 14일, 석간 5면, 7월 16일, 석간 2면, 7월 19일, 석간 7면; 『조선일보』, 1924년 6월 20일, 석간 3면; 『시대일보』, 1924년 6월 19일, 1면.

37 『시대일보』, 1924년 6월 19일, 1면.

38 김영미, 앞의 논문, 258-271쪽; 권보드래, 앞의 논문, 149-150, 158쪽; 김현숙, 앞의 논문, 140-143쪽; 大島勝太郎, 앞의 책, 12쪽 참조.

39 『매일신보』, 1920년 11월 10일, 4면, 1921년 8월 31일, 3면, 10월 12일, 4면, 1926년 8월 11일, 2면.

40 『매일신보』, 1922년 10월 3일, 1923년 10월 19일, 3면; 『조선시보』, 1923년 10월 17일, 3면, 1924년, 10월 2일, 25면.

41 波荷生, 「정구선수산지 선천대회를 보고(2)」, 『동아일보』, 1928년 7월 30일, 석간 4면; 「선천정구 10년사【상】」, 『동아일보』, 1935년 7월 11일, 조간 2면; 『조선일보』, 1924년 9월 13일, 24일, 석간 4면; 『동아일보』, 1928년 8월 26일, 석간 4면.

42 『동아일보』, 1925년 4월 28일, 석간 3면, 1928년 4월 10일, 석간 4면, 1933년 12월 16일, 조간 5면.

43 김승, 「한말·일제하 김해지역 민족운동과 사회운동」, 『지방사와 지방문화』, 17(2), 역사문화학회, 2014년; 김재영, 「1920년대 김제지역의 청년운동」, 『전북사학』, 제34호, 전북사학회, 2009년; 성주현, 「일제강점기 진위청년회의 조직과 활동」, 『역사와 교육』 vol. 28, 역사와 교육학회, 2019년; 최성환, 「1920년대 목포청년운동과 지역엘리트의 성격에 대한 연구」, 『순천향 인문과학논총』, 35(1), 인문학연구소,

2016년 등 참조.

44 『매일신보』, 1920년 8월 31일, 4면, 1921년 6월 26일, 4면, 8월 9일, 12일, 14일, 31일, 4면, 9월 6일, 3면, 14일, 4면.

45 『매일신보』, 1922년 9월 16일, 20일, 28일, 3면, 1923년 8월 29일, 9월 6일, 4면.

46 『시대일보』, 1924년 5월 4일, 6월 7일, 8월 8일, 25일, 9월 24일, 4면.

47 1925년의 경우 정구·축구·야구·육상경기·빙상경기·농구·배구 등 각종 운동대회가 열렸는데 이 중 전조선대회가 경성에서 17회, 지방에서 17회, 총 34회였으며, 지방대회는 200여 회 열렸다. 그중에서 정구대회가 가장 많았고 축구·야구 등이 뒤를 이었으며 농구·배구 등은 매우 적었다(「조선의 운동계 (6)」, 『동아일보』, 1926년 1월 6일, 석간 2면).

48 『동아일보』, 1925년 1월 1일, 석간 17면; 『매일신보』, 1926년 5월 31일, 3면; 『조선신문』, 1924년 5월 18일, 3면, 1928년 3월 13일, 3면.

49 『시대일보』, 1925년 5월 24일, 6월 15일, 2면; 『매일신보』, 1925년 6월 11일, 2면; 『동아일보』, 1925년 6월 13일, 석간 2면.

50 『동아일보』, 1925년 6월 13일, 석간 2면; 『시대일보』, 1925년 6월 26일, 29일, 2면.

51 『시대일보』, 1925년 7월 12일, 2면; 『동아일보』, 1925년 9월 13일, 2면; 『조선일보』, 1925년 10월 20일, 2면.

52 『시대일보』, 1925년 8월 30일, 3면. 이후 이 대회는 조선정구계에서 「가장 권위 있는」 대회로 성장했다. 1929년 8월에 열린 제5회 대회는 7개 구역으로 나누어 예선이 거행되어, 경기 32개조, 충청 23개조, 경상 32개조, 서선 26개조, 평북 24개조, 북선 28개조, 전라 26개조 등 총 190여개조가 참가했다(이길용, 「기사년 체육계」, 『동아일보』, 1930년 1월 4일, 석간 7면; 『동아일보』, 1929년 7월 28일, 5면).

53 『동아일보』, 1925년 6월 7일, 석간 02면.

54 『시대일보』, 1925년 7월 29일, 8월 25일, 3면; 『매일신보』, 1925년 8월 4일, 3면.

55 『동아일보』, 1928년 5월 31일, 6월 9일, 석간 2면, 9월 25일, 석간 5면, 10월 15일, 석간 3면, 1930년 9월 11일, 석간 7면, 1932년 6월 11일, 석간 7면; 『조선신문』, 1927년 9월 21일, 5면.

56 조두흠, 「연식정구전의 경기방법을 개선하자」, 『연합신문』, 1949년 6월 1일, 3면.

57 조두흠, 「정구계의 전망」 『조선일보』, 1952년 10월 23일, 조간 2면 참조.

58 『중앙신문』, 1946년 7월 27일, 2면; 『조선일보』, 1946년 12월 13일, 조간 2면; 『공업신문』, 1946년 12월 15일, 2면.

59 『동아일보』, 1947년 5월 27일, 석간 2면; 1947년 7월 11일, 석간 2면. 한편 임원에는 회장(안정원), 부회장(강성태, 나추건), 이사(이승학, 조두흠, 천병규, 곽성환), 감사(이종호, 김영중), 명예고문(러취 군정장관, 안재홍 민정장관, 이승만 박사, 원한경 박사, 劉 중국총영사 등), 고문(윤호병, 유억겸, 조병옥, 이용설, 구용서, 장봉호, 이종태, 김한규, 최두선 외 13명), 참여(김용택, 주병환, 이길용 외 19명)가 각각 선임되었다.

60 전계원, 「한국 테니스의 발전사 ③」, 『테니스저널』, 테니스저널사, 1976년 7월호, 74쪽.

61 장강일, 「한국정구 100년 ⑦」, 『모던테니스』, 모던테니스사, 1984년 4월호, 107-108쪽 참조; 길인형, 「국제식정구의 금석」, 『동아일보』, 1954년 8월 22일, 석간 4면.

62 조두흠, 「경구에의 전환기」, 『경향신문』, 1947년 4월 3일, 4면; 전계원, 앞의 글, 72쪽.

63 『중앙신문』, 1946년 7월 29일, 2면; 『자유신문』, 1946년 7월 31일, 2면; 『영남일보』, 1946년 8월 2일, 2면; 『동아일보』, 1946년 8월 4일, 석간 2면.

64 미국테니스협회홈피(https://www.usta.com); 데이비스컵홈피(https://www.daviscup.com); 길인형, 「국제식정구의 금석」, 『동아일보』, 1954년 8월 22일, 석간 4면; 『평화일보』, 1948년 8월 22일, 26면 참조.

65 전계원, 앞의 글, 72쪽; 조두흠, 「경구에의 전환기」, 『경향신문』, 1947년 4월 3일, 4면.

66 『조선중앙일보』, 1947년 8월 30일, 10월 9일, 2면; 『경향신문』, 1947년 8월 30일, 2면; 『중앙신문』, 1947년 8월 30일, 2면; 『자유신문』, 1947년 8월 31일, 2면, 9월 2일, 2면.

67 『평화일보』, 1948년 7월 11일, 13일, 17일, 2면; 『경향신문』, 1948년 7월 13일, 2면; 『조선일보』, 1948년 7월 13일 조간 2면; 『대한일보』, 1948년 7월 14일, 2면.

68 『평화일보』, 1948년 8월 22일, 8월 31일, 11월 6일, 2면; 『동아일보』, 1948년 8월 29일, 석간 4면; 『자유신문』, 1948년 8월 29일, 2면; 『경향신문』, 1948년 11월 7일, 4면.

69 전계원, 앞의 글, 27쪽; 장강일, 앞의 글, 107쪽 참조.

70 문기수 편, 『도설 테니스 백과사전』, 대진출판사, 1975년, 457; 『조선일보』, 1945년 12월 26일, 2면, 1월 5일, 조간 2면; 『중앙신문』, 1945년 12월 26일, 1월 10일, 2면.

71 『평화일보』, 1948년 3월 17일, 31일, 3면;『자유신문』, 1948년 3월 30일, 2면, 1949년 2월 9일, 4면;『동아일보』, 1949년 4월 21일, 석간 2면.

72 『국민신문』, 1948년 9월 22일, 2면;『조선일보』, 1948년 9월 25일, 조간 2면;『자유신문』, 1948년 9월 27일, 2면;『동아일보』, 1949년 7월 13일, 석간 2면.

73 『동아일보』, 1949년 8월 2일, 석간 2면, 1950년 11월 26일, 조간 2면;『조선일보』, 1949년 8월 3일, 2면, 9월 9일, 1950년 11월 23일, 조간 2면; 문기수 편, 앞의 책, 405-406쪽.

74 『동광신문』, 1950년 4월 20일, 2면:『상공일보』, 1950년 4월 19일, 2면;『경향신문』, 1950년 4월 19일, 2면.

75 『경향신문』, 1956년 3월 16일, 3면, 1958년 6월 4일, 2면; 대한체육회,『대한체육회 70년사』, 대한체육회, 1990년, 325-327쪽;『동아일보』, 1958년 5월 26일, 조간 3면.

76 『동아일보』, 1958년 6월 8일, 조간 4면.

77 대한체육회, 앞의 책, 330-332쪽.

78 『경향신문』, 1958년 10월 18일, 2면;『동아일보』, 1958년 10월 20일, 조간 3면, 1959년 3월 14일, 조간 2면; 조두흠,「데배참전을 앞두고」,『동아일보』, 1958년 11월 5일, 조간 2면.『조선일보』, 1959년 3월 14일, 15일, 조간 2면.

79 『경향신문』, 1959년 3월 5일, 4면, 15일, 3면, 19일, 20일, 4월 18일, 4면;『조선일보』, 1959년 3월 13일, 3월 21일, 조간 2면.

80 『조선일보』, 1960년 4월 9일, 조간 3면;『동아일보』, 1962년 1월 19일, 3월 27일, 석간 4면;『경향신문』, 1962년 2월 9일, 2면, 2월 27일, 28일, 4면, 3월 31일, 4면: 조두흠,「한·일대전총평」,『동아일보』, 1962년 4월 3일, 석간 4면; 문기수 편, 앞의 책, 503쪽.

81 식민지기 연식정구의「황금의 전성기 10년승」에 관해서는, 장강일,「한국정구 100년 ⑥」,『모던테니스』, 모던테니스사, 1984년 3월호, 96-97쪽 참조.

82 「방콕대회 전망 (4)테니스」,『동아일보』, 1966년 8월 17일, 4면; 김일수,「제3회 전국여자테니스대회 총평」,『동아일보』, 1967년 5월 24일, 석간 4면.

83 『경향신문』, 1967년 3월 2일, 4면.

84 김일수, 앞의 글.

85 『매일경제』, 1967년 4월 11일, 4면; 조두흠,「연식정구전의 경기방법을 개선하자」, 『연합신문』, 1949년 6월 1일, 3면; 조두흠,「정구경기의 금석(上)」.『경향신문』, 1959년 4월 23일, 4면;『동아일보』, 1963년 10월 29일, 석간 8면;『경향신문』,

　　　　1970년 10월 20일, 6면.
86　『경향신문』, 1970년 7월 24일, 6면, 1972년 4월 11일, 8면; 조두흠, 「소장들 진보는 현저」, 『동아일보』, 1959년 3월 15일, 조간 2면; 『조선일보』, 1970년 3월 7일, 조간 6면, 3월 8일, 조간 8면.
87　『경향신문』, 1972년 6월 24일, 6면; 『조선일보』, 1972년 7월 16일, 5면.
88　『조선일보』, 1972년 5월 5일, 6면, 7월 16일, 5면.
89　『동아일보』, 1971년 9월 18일, 석간 8면, 28일, 8면, 30일, 석간 8면; 『경향신문』, 1971년 9월 28일, 1972년 8월 26, 28일, 6면.
90　『동아일보』, 1973년 6월 29일, 7월 6일, 석간 8면; 『경향신문』, 1973년 6월 29일, 12월 26일, 8면; 『조선일보』, 1973년 3월 29일, 조간 8면, 12월 8일, 8면. 한편, 당시 윔블던대회의 혼합복식은 예선을 거치지 않고 심사위원회가 참가선수들의 경력을 심사해서 본선 진출을 추천했다. 경력 심사에서는 특히 국제경기 출전회수와 전적이 주된 평가 대상이었다(『동아일보』, 1973년 6월 29일, 석간 8면).
91　『경향신문』, 1974년 9월 6일, 6면; 『동아일보』, 1979년 12월 21일, 석간 8면; 대한체육회, 앞의 책, 334-338쪽.
92　『조선일보』, 1973년 3월 24일, 12월 8일, 8면; 『동아일보』, 1973년 3월 27일, 석간 8면, 1977년 12월 29일, 석간 8면, 1979년 12월 10일, 1980년 2월 9일, 8월 12일, 8면, 1981년 3월 6일, 석간 05면; 『경향신문』, 1973년 12월 26일, 8면; 진현서관 편집부 편, 『최신판 도설 테니스 백과사전』, 진현서관, 1979년. 503쪽.
93　『경향신문』, 1973년 1월 5일, 8면; 『동아일보』, 1973년 1월 17일, 석간 6면.
94　『매일경제』, 1975년 10월 20일, 5면; 『동아일보』, 1975년 10월 21일, 2면.
95　『매일경제』, 1975년 4월 18일, 5면; 『경향신문』, 1975년 3월 28일, 7월 11일, 8면; 『조선일보』, 1974년 3월 15일, 조간 6면.
96　『동아일보』, 1971년 6월 29일자, 석간 8면; 『조선일보』, 1971년 9월 15일, 조간 8면.
97　『경향신문』, 1972년 4월 11일, 8면, 10월 19일, 6면, 1973년 2월 22일, 6면, 12월 26일, 8면; 『조선일보』, 1972년 4월 20일, 조간 8면, 5월 5일, 6면, 1973년 4월 20일, 11월 9일, 조간 6면, 1974년 3월 9일, 조간 8면.
98　정영진, 「창간사」, 『월간테니스』, 창간호, 1974년 6월, 16쪽; 김용철, 「창간사」, 『모던테니스』, 창간호, 1975년 10월, 37쪽. 『조선일보』, 1974년 4월 20일, 8면; 『경향신문』, 1974년 5월 8일, 8면.
99　『조선일보』, 1975년 11월 30일, 6면; 문기수 편, 앞의 책; 진현서관 편집부 편, 앞의 책.

100 『경향신문』, 1974년 10월 16일, 1975년 1월 15일, 8면;『조선일보』, 1974년 10월 9일, 5면, 16일, 19일, 24일, 1975년 1월 15일, 8면.
101 문기수 편, 앞의 책, 491-497쪽;『매일경제』, 1973년 2월 13일, 8면;『경향신문』, 1976년 12월 28일, 6면.
102 『조선일보』, 1973년 12월 22일, 조간 8면;『경향신문』, 1975년 12월 4일, 6면. 1972년까지 가장 많은 선수를 갖고 있던 야구협회는 1973년 4천 1백 14명으로 테니스에 이어 2위를 차지했다.
103 『경향신문』, 1972년 1월 31일, 8면;『매일경제』, 1972년 2월 4일, 8면;『동아일보』 1973년 2월 6일, 8면;『조선일보』, 1974년 12월 28일, 8면.
104 『조선일보』, 1972년 5월 5일, 6면, 7월 16일, 5면, 1973년 7월 8일, 조간 5면, 10월 27일, 조간 7면;『경향신문』, 1972년 8월 5일, 8면, 10월 19일, 6면, 1973년 8월 4일, 6면, 12월 26일, 8면, 1976년 9월 9일, 6면;『동아일보』, 1975년 12월 22일, 석간 8면; 문기수 편, 앞의 책, 443-453쪽.
105 한승백,「도시 공간 테니스장의 사회적 생산과 소멸에 관한 연구」,『한국스포츠사회학회지』, 26(1), 한국스포츠사회학회, 2013년, 139-140쪽 참조.

골프 이야기

1 김동환,「서울의 上流社會, 入會金만 三百圓 드는 꼴푸場」,『삼천리』, 제10권 제1호, 1938년 1월, 31쪽(국사편찬위원회 한국사데이터베이스).
2 『매일신보』, 1914년 6월 24일, 11월 12일, 2면.
3 『매일신보』, 1911년 9월 9일, 2면; 심재욱,「1910년대 朝鮮貴族의 實態 -『每日申報』기사를 중심으로-」,『사학연구』, Vol., No.76, 한국사학회, 2004년 참조.
4 『매일신보』, 1916년 12월 1일, 2면;『京城日報』, 1916년 12월 2일, 2면; 장신,「대정친목회와 내선융화운동」,『대동문화연구』제60집, 성균관대학교 대동문화연구원, 2007년, 366-375쪽 참조.
5 『매일신보』, 1917년 1월 21일, 28일, 2월 7일, 27일, 4월 14일, 2면, 11월 2일, 3면, 10월 11일, 1면, 10월 14일, 16일, 2면, 17일, 20일, 3면; 장신, 앞의 논문, 375-380쪽 참조; 경성부,『경성부사, 제3권』, 선광인쇄주식회사, 1941년, 536, 517-518쪽.
6 김경남,「일제강점 초기 자본가 중역겸임제에 의한 정치 사회적 네트워크의 형성」,『한일관계사연구』제48집, 한일관계사학회, 2014년, 257-258쪽 참조.
7 『매일신보』, 1921년 1월 14일, 2면, 1922년 8월 3일, 3면 참조.

8   조성운,「1910년대 식민지 조선의 근대 관광의 탄생」,『한국민족운동사연구』, 56, 한국민족운동사학회, 2008년, 119, 127-129쪽; 다카하타(高畠種夫),「조선골프소사-이런저런 추억이야기」손환,『한국 골프의 탄생』, 민속원, 2021년, 122-123쪽. 이하,「조선골프소사」.

9   波荷生,「한말전후의 조선체육계 1,2,3,4」,『동아일보』, 1929년 1월 1일, 3면, 2일, 4면, 3일, 4면, 5일, 3면; 大島勝太郎, 앞의 책, 1-133쪽.

10 「全國 歷史の古い名門ゴルフ場ランキング」(https://www.100yardage.com); 이규수, 앞의 논문, 167쪽 참조.

11 홍선표,「일제하 미국 유학연구」,『국사관논총』, 96, 국사편찬위원회, 2001년, 157-158쪽 참조.

12 한편, 조선에 골프가 처음 전파된 것은 1900년경 당시 원산항 세관에 근무했던 외국인들이 세관 구내에서 골프를 하면서이며(다카하타,「일본골프의 발상지는 조선-40년 전 이야기」, 손환, 앞의 책, 115-117쪽; 조상우·정동구,「한국 골프코스 도입에 관한 사회학적 연구」,『한국체육학회지』, 제51권 제5호, 한국체육학회, 2012년, 28-29쪽), 1913-14년 사이에 황해도 구미포에 역시 외국인들에 의해 골프장이 만들어졌다는 설도 있다(조상우·정동구, 앞의 논문, 29-31쪽). 이는 본고에서 채용한 문화접변의 과정에서 보면 이때 골프가 실제 조선에 전파되었는지는 자세히 알 수 없지만 설사 전파되었다고 하더라도 제대로 제시되지도 못하고 거절 또는 묵살되었다고 할 수 있다.

13 「조선골프소사」, 122쪽. 손환, 앞의 책, 17-18쪽.

14 「철도관리국 회의 제1,364호」,「조선골프소사」, 122쪽에서 재인용.

15 김해경,「효창공원의 장소성 형성과 변화 해석」,『서울학연구』, 제39호, 서울시립대학교 서울학연구소, 2010년, 82-91쪽; 강혜정,「효창공원의 역사적 중층성과 상징성을 이용한 스토리텔링」,『The Journal of the Convergence on Culture Technology (JCCT)』, Vol.5 No.1, 국제문화기술진흥원, 2019년, 228-229쪽; 이순우,「효창원(孝昌園), 아주 오래 지속된 공간수난사의 이력」,『내일을 여는 역사』, 74호, 내일을여는역사재단, 2019년, 249-256쪽; 박수원,『노기남 대주교』, 한국교회사연구소, 1985년, 127쪽;『매일신보』, 1915년 6월 5일, 1921년 5월 4일, 3면.

16 『조선시보』, 1921년 6월 25일, 3면;「조선골프소사」, 123-125쪽; 손환, 앞의 책, 18-21쪽;『한국골프 100년』, 67-71쪽.

17 「조선골프소사」, 131쪽; 박수원, 앞의 책, 127-128쪽;『한국골프 100년』, 71쪽.

18 有吉忠一,「思い出のま々(一)」,『朝鮮新聞』, 1935년 8월 9일, 1면;『한국골프 100년』, 68쪽;「조선골프소사」, 128쪽; 앞의「全國 歷史の古い名門ゴルフ場ランキング」;「競技発祥から日本人 チャンピオンが誕生するまで」, 日本ゴルフ協會,『Golf Journal』vol. 67, 2001년(http://www.jga.or.jp/jga/html/about_jga/vol67/index.html); 日本プロゴルフ協會(監修),『現代ゴルフ全集 1』, 東京, 中央公論社, 1959년, 90-91쪽.

19 大塚常三郎,「ゴルフを通じて観た人生」,『鮮滿體育界』, 제1권 제2호, 1922년 12월호, 2쪽;「조선골프소사」, 129쪽.

20 「京城ゴルフ研究会生る」,『鮮滿體育界』, 제2권 제1호, 1923년 2월호, 62쪽.

21 「조선골프소사」, 134쪽. 전체 회원은 80여명이었다(『조선일보』, 1924년 10월 8일, 2면).

22 「조선골프소사」, 123, 131쪽;『한국골프 100년』, 71쪽.

23 「조선골프소사」, 131-133쪽;『매일신보』, 1924년 7월 5일, 3면;『京城日報』, 1924년 12월 8일, 2면.

24 『한국골프 100년』, 68쪽;「조선골프소사」, 126-130쪽.

25 『매일신보』, 1922년 8월 3일, 3면;『조선일보』, 1923년 3월 11일, 2면 참조.

26 이형식,「중간내각 시대(1922.6-1924.7)의 조선총독부」,『동양사학연구』제113집, 동양사학회, 2010년, 274-276쪽 참조.

27 『동아일보』, 1924년 4월 13일, 15일, 2면.

28 『매일신보』, 1924년 10월 5일, 5면;『조선일보』, 1924년 10월 8일, 2면, 10월 10일, 1면.

29 『매일신보』, 1924년 10월 5일, 5면;『조선일보』, 1924년 10월 8일, 2면, 10월 10일, 1면, 1927년 7월 5일, 2면. 한편 경성골프구락부에서는 교통 불편을 해소하기 위해 자동차 회사와 특약하여 동대문에서 골프장까지 왕복 1원에 승객 네 사람만 있으면 언제든지 차를 운행하기로 했다(『매일신보』, 1924년 12월 3일, 3면).

30 「조선골프소사」, 139쪽; 100년사, 72-75; 손환, 앞의 책, 22-27쪽; 조상우·강승애·곽성연,「원산의 골프 도입과 발달에 관한 사회사적 연구」,『한국여성체육학회지』, 제26권 제4호, 한국여성체육학회, 2012년, 5쪽.

31 「조선골프소사」, 135쪽 참조.

32 골프 100년, 74-75;「조선골프소사」, 139쪽.

33 『조선일보』, 1924년 12월 22일, 2면;『매일신보』, 1925년 3월 23일, 2면;「비운의 황태자 영친왕」,『국제골프』, 제1권 제3호, 1975년 7월호, 44-46쪽.

34 『동아일보』, 1926년 9월 14일, 5면; 조상우,「영친왕의 골프 활동에 관한 연구」,『한국응용과학기술학회지』, Vol.37, No.4, 한국응용과학기술확회, 2020년, 이하「영친왕의 골프 활동」, 989쪽.

35 李王職編,『(李王同妃兩殿下)御渡歐日誌』, 李王職, 1928년;篠田治策,『歐洲御巡遊隨行日記』, 大阪屋號書店, 1928년;篠田治策,「李王同妃兩殿下御外遊に扈從して(一), (二)」,『京城日報』, 1928년 5월 11일, 12일, 3면;「영친왕의 골프 활동」, 989쪽:「비운의 황태자 영친왕」,『국제골프』, 제1권 제3호, 1975년 7월호, 47쪽.

36 「조선골프소사」, 140-141쪽; 손환, 앞의 책, 26-29쪽;「영친왕의 골프 활동」, 991-992쪽;『한국골프 100년』, 75쪽. 한편, 군자리골프장의 정식 개장과 경성골프구락부 이전일에 대해 기존 연구에서는 6월 22일 날짜는 동일하나 연도는 1929년과 1930년으로 나누어져 있다. 하지만 필자가 1930년으로 특정한 이유는, 이미 최영정도 지적하고 있는 바와 같이(최영정,『코스에 자취를 남긴 사람들』, 국민체육진흥공단, 2000년, 비매품), 당시 신문이 명확하게 1930년에 경성골프구락부가 군자리골프장이 준공되어 이전했다고 보도하고 있으며(『京城日報』, 1930년 6월 24일, 2면), 또한 같은 해 10월에 열린 전조선 골프대회가 군자리 골프장 준공 이후 처음 열렸다는 기사도 이를 방증하기 때문이다(『매일신보』, 1930년 10월 7일, 2면;『동아일보』, 1930년 10월 9일, 7면).

37 「영친왕의 골프 활동」, 991쪽;「李王殿下 御歸鮮」,『朝鮮新聞』, 1928년 5월 2일, 1면.

38 『한국골프 100년』, 74쪽;「조선골프소사」, 136쪽; 동아일보, 1932년 9월 28일, 7면. 메달플레이는 스트로크플레이라고도 하며 한 라운드에 소요된 타수를 종합하여 그 수가 적은 사람이, 매치플레이는 각 홀마다 타수가 적은 사람이 승리하여 이긴 홀이 많은 사람이, 각각 승자가 되는 경기 방식이다.

39 『동아일보』, 1932년 4월 23일, 8월 30일, 7면;『매일신보』, 1930년 11월 5일, 2면, 1933년 7월 6일, 7면;『京城日報』, 1930년 11월 5일, 3면; 손환, 앞의 책, 47-54, 143-153쪽. 연덕춘은 1932년 경성골프구락부의 군자리 골프장 프로후보생으로 취직하여 2년간 훈련한 후 1934년 일본인 회원의 권유로 일본으로 골프 유학을 떠났다. 경성골프구락부는 연덕춘에게 숙식비를 비롯하여 골프 유학에 필요한 경비를 매달 30원씩 지원해 주었다. 연덕춘은 1935년 2월 일본 관동프로골프협회의 프로자격증을 획득하고 1937년부터 각종 대회에 출전하여 1941년 마침내 제14회 일본 오픈골프선수권경기에서 우승하였다(유윤철·진윤수,「프로골퍼 연덕춘의 생애와 체육활동에 관한 연구」,『체육사학회지』17권 1호, 한국체육사학회,

2012년).

40 「Miniature golf」(https://en.wikipedia.org/wiki/Miniature_golf); 百瀬敏夫, 「昭和六年の流行りもの：ベビ—ゴルフ」,『市史通信』 21, 2014년, 4쪽.

41 百瀬敏夫, 앞의 글, 4쪽.

42 『매일신보』, 1931년 4월 8일, 2면, 4월 11일, 7면; 森秀雄編,『伸びゆく京城電気』, 京城電気(株), 1935년, 11, 130쪽; 善積三郎編,『京城電気株式會社二十年沿革史』, 京城電気(株), 1929년, 134-135쪽; 손환, 앞의 책, 108쪽;『釜山日報』, 1931년 9월 4일, 11일, 5면, 9월 28일, 3면, 1932년 3월 13일, 7면;『동아일보』, 1932년 11월 4일, 3면, 9월 28일, 7면; 徐光霽, 「避暑地報告 釋王寺餘錄(下)」,『조선일보』, 1936년 9월 5일, 5면.

43 『조선일보』, 1934년 7월 15일, 석간 22면;「朝鮮ゴルフクラブメンバ—リスト 1929년 12月」,『ゴルフア—』, 제3권 제1호 부록(「下村宏文書」, 517호, 일본 국립국회도서관 소재);「朝鮮ゴルフクラブメンバ—リスト 1931」,『ゴルフア—』, 제4권 제1호 부록(일본 국립국회도서관 소재, 이하, 「メンバ—リスト 1931」); 京城ゴルフ倶樂部, 「會員名簿」, 1939년(「사업상황의 건(경성골프구락부)」, 한국 국가기록원 소재, 이하, 「會員名簿」); 京城ゴルフ倶樂部, 「第十五回事業報告書」, 1939년(「사업상황의 건(경성골프구락부)」, 한국 국가기록원 소재), 4-5, 12-13쪽; 조상우·강승애·곽성연, 앞의 논문, 7쪽.

44 김동환, 앞의 글.

45 「機密室, 우리社會의 諸內幕」,『삼천리』, 제12권 제8호, 1940년 9월, 3-5쪽(국사편찬위원회 한국사데이터베이스). 조선인으로서 관계의 등용문인 고등문관시험에 합격하고 관리로서 근무하고 있던 사람은 1936년 당시 50명이었다(「三千里 機密室」,『삼천리』, 제8권 제11호, 1936년 10월, 204쪽, 국사편찬위원회 한국사데이터베이스).

46 『매일신보』, 1940년 8월 27일, 2면, 1944년 3월 22일, 3면.

47 홍승희(기자), 「다가온 레저시대〈4〉골프용품」,『매일경제』, 1978년 11월 9일, 8면.

48 「총무처 비서실장 최창규씨담」,『조선일보』, 1949년 11월 9일, 2면; 부산칸트리구락부편,『구락부 30년사 : 1955~1985』, 부산칸트리구락부, 1986년, 170-171쪽.

49 「나의 골프 이력 上」,『매일경제』, 1985년 9월 24일, 12면; 신영수,『용감한 개척자들-한국골프의 요람기』, 신기원사, 1987년(이하,『용감한 개척자들』), 34-35·109쪽.

50 『한국골프 100년』, 127쪽; 유윤철·진윤수,「한국 남자프로골퍼의 해외투어 출전

사」,『한국체육사학회지』, 제25권 제3호, 한국체육사학회, 2020년, 67-68쪽;『동아일보』, 1956년 1월 25일, 3면.

51 부산칸트리구락부편, 앞의 책, 171쪽 참조;『용감한 개척자들』, 130, 138, 143, 151, 183쪽;「싱글이 되기까지」,『매일경제』, 1969년 7월 15일, 6면;「나의 골프 이력」,『매일경제』, 1985년 6월 18일, 9월 24일, 1986년 8월 12일, 1987년 5월 12일, 19일, 12면, 1989년 1월 12일, 16면.

52 「나의 골프 이력 上」,『매일경제』, 1985년 9월 24일, 12면;『용감한 개척자들』, 34-35·109·146-147쪽;「한국골프 100년」, 86-92쪽;『동아일보』, 1959년 4월 5일, 2면.

53 앞의『俱樂部 30年史 : 1955~1985』, 170-181쪽;「한국골프 100년」, 95-96쪽;「박선기」·「체육」,『부산역사문화대전(busan.grandculture.net)』. 한편 일본 역시 식민지 조선과 마찬가지로 아시아·태평양전쟁 말기에는 골프장이 군용 또는 농경지로 변하면서 골프는 거의 명맥을 유지할 수 없었다. 그러나 전후 미군이 주둔하면서 골프장이 하나둘 복원되고 1949년 일본골프연맹이 창립되어 1950년부터 각종 대회를 재개하였다. 특히 아마추어선수권대회에 다수의 미군 등 미국인들이 참가하였고 미국의 유명 프로 선수가 일본에 와서 경기하는 등 미국은 전후 일본의 골프 부활에 불을 붙였다. 1952년 샌프란시스코강화조약이 발효되어 미군이 접수했던 골프장이 일본인의 손에 돌아오면서 골프붐을 부추겨 50여 개의 골프장이 운영되었다. 이후 일본 골퍼들이 각종 국제경기에도 참가하면서 일본의 골프는 스포츠골프로서 빠른 속도로 보급되어갔다(中央公論社編,『現代ゴルフ全集(1)=Modern golf』, 東京 : 中央公論社, 1959년, 126-132쪽).

54 『용감한 개척자들』, 150쪽;『동아일보』, 1959년 5월 22일, 3면, 1989년 7월 19일, 5면.

55 「골프 延德春氏」,『조선일보』, 1962년 5월 27일, 3면;『조선일보』, 1962년 7월 8일, 4면 참조.

56 『경향신문』, 1966년 8월 6일, 3면;『동아일보』, 1969년 7월 12일, 2면, 1971년 6월 24일, 6면.

57 『한국골프 100년』. 104쪽.

58 위와 같음, 105쪽.

59 위와 같음, 157쪽;『동아일보』, 1967년 8월 26일, 8면.

60 『경향신문』, 1968년 3월 23일, 1970년 5월 27일, 5면;『조선일보』, 1970년 5월 16일, 6면;「창간사」,『월간골프』, 제1권 제1호(창간호), 1969년 12월호, 3쪽;「싱

글이 되기까지」,『매일경제』, 1969년 11월 18일, 6면;『매일경제』, 1969년 12월 16일, 6면.

61 『조선일보』, 1970년 9월 20일, 7면.

62 『동아일보』, 1968년 11월 15일, 2면, 1971년 6월 24일, 6면; 이호철,「골프와 서민 감정」,『동아일보』, 1970년 6월 29일, 5면.

63 『동아일보』, 1970년 3월 17일, 2면.

64 부산칸트리구락부편, 앞의 책, 198-201·213쪽.

65 『동아일보』, 1970년 12월 4일, 7면;「(사설) 서울컨트리의 어린이 공원화를 환영한 다」,『조선일보』, 1970년 12월 6일, 2면.

66 「나의 골프 이력」,『매일경제』, 1987년 2월 17일, 12면;『용감한 개척자들』, 215쪽; 서울컨트리클럽,『서울컨트리클럽 50年史 : 한양컨트리클럽 40년』, 서울컨 트리클럽, 2004년, 289-280쪽.

67 김우석,「『고루푸』와『골프』」,『매일경제』, 1971년 8월 4일, 1면.

68 장기용,「현행 골프장업 관련 조세제도의 헌법적 평가와 개선방안」,『국제회계연 구』, 제51집, 한국국제회계학회, 2013년, 481-483쪽; 김완석·정지선,「회원제 골 프장에 대한 중과세제도의 위헌성」,『세무학연구』, 제33권 제4호, 한국세무학회, 2016년, 142쪽;『동아일보』, 1974년 11월 30일, 1면;『매일경제』, 1976년 11월 29일, 1면;『조선일보』, 1976년 10월 22일, 2면.

69 『동아일보』, 1974년 5월 13일, 2면.

70 『동아일보』, 1973년 8월 25일, 3면;『조선일보』, 1974년 5월 15일, 2면.

71 『동아일보』, 1974년 10월 16일, 2면;『경향신문』, 1988년 10월 6일, 10면.

72 『매일경제』, 1982년 1월 4일, 1983년 2월 2일, 12면;『조선일보』, 1983년 3월 27일, 2면;『동아일보』, 1984년 6월 20일, 3면;「부킹제도 개선할 수 없는가?」, 『국제골프』, 제6권 4호, 1989년 4월호, 18-19쪽;『경향신문』, 1981년 5월 15일, 8면.

73 『조선일보』, 1971년 3월 12일, 8면, 1983년 3월 27일, 2면;『경향신문』, 1971년 8월 26일, 8면;『동아일보』, 1981년 1월 15일자, 11면;『매일경제』, 1972년 1월 4일, 6면, 1978년 11월 9일, 8면; 1979년 1월 23일, 8면, 1980년 1월 15일, 8면, 1981년 1월 5일, 12면, 1월 19일, 12면, 5월 18일, 11면, 1982년 1월 4일, 12면, 1983년 2월 2일, 12면;『한국골프 100년』, 160쪽; 유승범,「골프의 대중화를 위 하여」,『골프계』, 통권 제21호, 1973년 11월호, 22쪽;「골프시설을 이용하는 인구 얼마나 되나」,『골프계』, 통권 제36호, 1975년 4월호, 36쪽.

74　사단법인 대한골프협회, 「국내 개장골프장 현황」, 「전국 골프장 현황(2000.11.1. 현재)」(『한국골프 100년』, 157쪽, 260-269쪽); 사단법인 한국골프장경영협회, 「전국골프장 현황(2008.12.31 현재 기준)」(http://www.kgba.co.kr/Infobank/infobank_list.asp?category=E2001); 각 골프장 홈피; 골프장 개장 신문기사.

75　『경향신문』・『조선일보』, 1971년 8월 26일, 8면; 「우리나라 골퍼의 실태 현황」, 『국제골프』, 제6권 6호, 1980년 8월호, 14쪽; 「우리나라 골퍼의 실태 현황」, 『국제골프』, 제6권 6호, 1980년 8월호, 14쪽. 1980년 회원권이 없이 골프를 치는 골퍼의 비율은 40%였다(「우리나라 골퍼의 실태 현황」, 『국제골프』, 제6권 6호, 1980년 8월호, 13쪽).

76　『매일경제』, 『매일경제』, 1974년 1월 15일, 4면, 1976년 6월 30일, 5면, 1985년 3월 7일, 12면, 1986년 3월 22일, 11면, 1987년 11월 13일 12면; 『조선일보』, 1990년 1월 12일 7면; 『한국골프 100년』, 167-168쪽.

77　『매일경제』, 1981년 5월 13, 9면; 『용감한 개척자들』, 176·185쪽.

78　「전국 골프장 요금표」, 『골프계』, 통권 3호, 1972년 3월호, 114-115쪽. 동래CC 가입금의 경우 서울 회원은 60만원, 부산 회원은 70만원이며, 안양CC는 1년회원제임. 태릉CC과 부평CC회원 가입금은, 「칸트리요금 일람표」, 『골프다이제스트』, 제4권 제2호, 1971년 4월호, 153쪽에 의함.

79　『동아일보』, 1982년 7월 21일, 7면.

80　『매일경제』, 1981년 1월 5일, 19일, 12면, 5월 18일, 11면, 1982년 1월 4일, 12면, 1983년 2월 2일, 12면, 1985년 12월 30일, 12면, 1987년 1월 6일, 12면, 1988년 8월 20일, 13면; 『조선일보』, 1983년 3월 27일, 2면; 『동아일보』, 1981년 1월 15일, 11면, 1984년 6월 20일, 3면, 1985년 6월 26일, 9면; 『경향신문』, 1985년 1월 16일, 8면, 1988년 1월 8일, 9면; 『한국골프 100년』, 160쪽.

81　사단법인 대한골프협회, 「국내 개장골프장 현황」, 「전국 골프장 현황(2000.11.1. 현재)」(『한국골프 100년』, 157·260-269쪽); 사단법인 한국골프장경영협회, 「전국골프장 현황(2008.12.31 현재 기준)」(http://www.kgba.co.kr/Infobank/infobank_list.asp?category=E2001): 각 골프장 홈피; 골프장 개장 신문기사.

82　『매일경제』, 1976년 6월 30일, 5면, 1985년 3월 7일, 12, 1986년 3월 22일, 11면, 『매일경제』, 1987년 11월 13일 12면; 『조선일보』, 1990년 1월 12일 7면; 『한국골프 100년』, 168쪽.

83　『한국골프 100년』, 271쪽; 『동아일보』,1986년 2월 7일, 9면; 『매일경제』, 1986년 3월 22일, 11면, 1987년 11월 13일 12면, 1988년 8월 20일, 13면.

84 『매일경제』, 1983년 5월 4일, 12면, 1988년 8월 20일, 13면;『한국골프 100년』, 167쪽.

85 「덕마골프클럽」,『국제골프』, 제3권 3호, 1970년 7월호, 60-63쪽;『경향신문』, 1970년 7월 27일, 5면, 1971년 8월 26일, 8면; 김성환,「'경마장 안 골프장 아시나요',『스포츠한국』, 2009년 9월 12일(https://sports.hankooki.com/news/articleView.html?idxno=3702027). 한편, 한국마사회는 1989년에 경마장이 과천으로 옮겨감에 따라 새로 9홀의 퍼블릭 골프장을 개장했으며 뚝섬골프장은 서울시가 인수해 재개장하였다(『매일경제』, 1989년 6월 26일, 16면;『조선일보』, 1989년 7월 4일, 14면).

86 1.2.3골프클럽 홈피(www.123golfclub.co.kr/);「123골프클럽 개장(광고)」,『매일경제』, 1972년 11월 7일, 1면, 11면, 3면, 15일, 7면.

87 『경향신문』, 1985년 7월 29일, 9면;『매일경제』, 1985년 8월 5일, 12면.

88 사단법인 대한골프협회,「전국골프장 현황(2000.11.1 현재)」(『한국골프 100년』, 270쪽); 사단법인 한국골프장경영협회,「전국골프장 현황(2008.12.31 현재 기준)」, 9-13쪽; 보문골프클럽 홈피(https://golf.gtc.co.kr/content/club-history.asp).

89 『매일경제』, 1987년 3월 30일, 11면;『경향신문』, 1987년 5월 12일, 7면;『조선일보』, 1987년 5월 13일, 10면.

90 『한국골프 100년』, 122쪽;『조선일보』, 1970년 1월 29일, 8면;『매일경제』, 1982년 4월 15일, 12면.

91 『한국골프 100년』, 121-123쪽;『매일경제』, 1983년 8월 11일, 12면, 1984년 8월 15일, 12면.

92 『한국골프 100년』, 123-126쪽.『조선일보』, 1976년 10월 17일, 8면;『매일경제』, 1977년 10월 11일, 8면, 1978년 11월 21일, 8면, 1981년 8월 31일, 12면, 1984년 10월 22일, 12면.

93 『한국골프 100년』, 127-135·275-293쪽;『매일경제』, 1971년 11월 16일, 7면, 1980년 10월 14일, 8면, 1981년 9월 21일, 12면, 1982년 11월 29일, 12면, 1984년 11월 12일, 12면, 1987년 5월 18일, 12면;『조선일보』, 1982년 12월 7일, 9면, 1988년 7월 23일, 11면;『동아일보』, 1986년 9월 25일, 8면, 1988년 7월 28일, 11면.

94 『한국골프 100년』, 153-154쪽;『매일경제』, 1972년 10월 2일, 7면;『동아일보』, 1972년 12월 23일, 8면.

95 『경향신문』, 1982년 5월 22일, 9면, 1983년 7월 27일, 8면, 1988년 11월 28일, 10면;『매일경제』, 1983년 10월 3일, 12면, 1984년 4월 23일, 12면, 1985년 12월 2일, 12면, 1985년 12월 12일, 1988년 3월 28일, 12면;『동아일보』, 1985년 4월 1일, 10월 22일, 5면;『조선일보』, 1988년 3월 29일, 13면.

96 『동아일보』, 1981년 1월 8일, 11면, 8월 28일, 7면;『경향신문』, 1982년 2월 12일, 9면;『매일경제』, 1985년 7월 22일, 12면;『조선일보』, 1986년 2월 14일, 9면.

97 「서울시내 골프연습장」,『골프계』, 통권 제3호, 1972년 3월호, 112쪽;「전국 골프연습장」,『골프춘추』, 통권 제44호, 1975년 7월호, 163쪽;『매일경제』, 1972년 6월 9일, 6면, 1982년 11월 11일, 18일, 12월 27일, 12면, 1983년 1월 17일, 10월 17일, 12면;『동아일보』, 1982년 11월 5일, 7면.

98 『동아일보』, 1988년 3월 16일, 10면;『경향신문』, 1988년 3월 16일, 11면, 6월 23일, 6면;『매일경제』, 1988년 6월 24일, 12면.

99 『경향신문』, 1989년 1월 5일, 9면;『동아일보』, 1989년 9월 21일, 1면;『조선일보』, 1989년 7월 19일, 13면, 1990년 3월 27일, 14면.

100 『경향신문』, 1985년 6월 10일, 8면;『동아일보』, 1986년 10월 3일, 11면;『매일경제』, 1986년 12월 8일, 12면, 1988년 7월 11일, 16면.

101 『조선일보』, 1991년 4월 11일, 22면;『동아일보』, 1989년 3월 9일, 12면;『경향신문』, 1987년 10월 12일, 1989년 3월 29일, 8면;『한겨레』, 1990년 7월 31일, 14면.

102 『매일경제』, 1986년 4월 22일, 1987년 4월 21일, 12면, 1989년 1월 9일, 4월 18일, 1990년 1월 22일, 16면;『동아일보』, 1988년 4월 19일, 8면, 1989년 2월 9일, 12면.

103 『매일경제』, 1989년 9월 21일, 16면, 1991년 5월 6일, 20면;『경향신문』, 1989년 9월 21일, 10면.

104 「비골프인의 골프인식도 조사」,『국제골프』, 제51호, 1987년 9월호, 72-83쪽;『동아일보』, 1987년 9월 9일, 9면.

105 「내일의 골퍼가 본 오늘의 골프」,『파골프』, 제39호, 1989년 2월호, 29-35쪽;『매일경제』, 1989년 2월 3일, 16면.

106 『경향신문』, 1987년 7월 20일, 7면.

107 「퍼블릭 코스 골프대중화 "열쇠"」,『조선일보』, 1989년 9월 26일, 14면;「미 골프장 줄잡아 1만 4천 곳」,『매일경제』, 1991년 2월 2일, 16면: 김낙중,「한·미간 골프장 고객서비스와 고객만족 및 재방문의사에 관한 비교 연구」, 경기대학교 대학원 박사

학위논문, 2009년, 15-16쪽 등 참조.

108　김완석·정지선, 앞의 논문, 148-149쪽; 김명애, 「2021년 귀하신 몸, 회원제 (169개) 골프장」(http://www.topgolfm.kr/664).

참고문헌

자료

『개벽』,『京城日報』,『경향신문』,『골프계』,『골프다이제스트』,『골프춘추』,『공업신문』, 『국민신문』,『국제골프』,『대한매일신보』,『동광신문』,『동아일보』,『매일경제』,『매일신보』,『모던테니스』,『文教の朝鮮』,『부산일보』,『삼천리』,『상공일보』,『세계일보』,『스포츠한국』,『시대일보』,『아시아투데이』,『연합신문』,『영남일보』,『월간골프』,『월간테니스』,『자유신문』,『朝鮮及滿洲』,『조선시보』,『조선신문』,『조선일보』,『조선중앙일보』, 『조선체육계』,『중앙신문』,『중앙일보』,『중외일보』,『파골프』,『평화일보』,『한겨레』,『황성신문』

- 경성부,『경성부사, 제3권』, 선광인쇄주식회사, 1941.
- 고 김미희 여사 추모문집,『빛의 뜨락에서』, 열음사, 1991.
- 국사편찬위원회 한국사데이터베이스(https://db.history.go.kr).
- 김명배 역,『조선의 차와 선』, 보림사, 1991.
- 김상현,「차」, 한국정신문화연구원,『한국민족문화대백과사전』, 21, 1991.
- 김의정 엮음,『차의 선구자 명원 김미희』, 학고재, 2010.
- 대한체육회,『대한체육회 70년사』, 대한체육회, 1990.
- 대한체육회편집실편,『대한체육회70년사』, 1990.
- 동서식품 홈페이지 (https://www.dongsuh.co.kr/2017/01_company/01_02_history.asp).
- 류건집,「류건집 교수의 연표로 보는 차문화사 50. 조선시대 25」(news. buddha pia. com, 2005. 11. 9).
- 문기수 편,『도설 테니스 백과사전』, 대진출판사, 1975.
- 「민속자료조사보고서 전통다도풍속조사」, 문화재관리국 문화재연구소, 1980.
- 박수원,『노기남 대주교』, 한국교회사연구소, 1985.
- 『부산역사문화대전(busan.grandculture.net)』.
- 부산칸트리구락부편,『구락부 30년사 : 1955~1985』, 부산칸트리구락부, 1986.

- 사단법인 대한골프협회,『한국골프 100년 1900~2000』, 비매품, 2001.
- 사단법인 한국골프장경영협회,「전국골프장 현황(2008.12.31 현재 기준)」(http://www.kgba.co.kr/Infobank/infobank_list.asp?category=E2001).
-「서울대공원 설립 목적 및 연혁」(http://grandpark.seoul.go.kr).
-「서울열린데이터광장」(http://data.seoul.go.kr).
- 서울컨트리클럽,『서울컨트리클럽 50年史 : 한양컨트리클럽 40년』, 서울컨트리클럽, 2004.
- 신영수,『용감한 개척자들-한국골프의 요람기』, 신기원사, 1987.
-「영등포 여의도 봄꽃축제」(http://tour.ydp.go.kr).
- 오설록 홈페이지(https://www.osulloc.com/kr/ko/about/since1979).
- 오창영 편,『한국동물원 80년사(창경원편)』, 서울특별시, 1993.
- 장강일,「한국정구 100년 ①-⑦」(『모던테니스』, 모던테니스사, 1983년 10월호-1984년 4월호).
- 전계원,「한국 테니스의 발전사 ②」,『테니스저널』, 테니스저널사, 1976년 6월호
- _____,「한국 테니스의 발전사 ③」,『테니스저널』, 테니스저널사, 1976년 7월호.
- 조선일보60년사사편찬위원회,『조선일보60년사』, 조선일보사, 1980.
-「지하철 5호선」・「여의도역」(https://ko.wikipedia.org/).
- 진현서관 편집부 편,『최신판 도설 테니스 백과사전』, 진현서관, 1979.
- 청오(靑吾),「우이동의 앵화 앵화의 한 아버지는 조선」(『조선일보』, 1933년 5월 2일, 조간 3면).
- _____,「조선 각지 꽃 품평회: 요새에 피는 팔도의 꽃 이야기」(『별건곤(別乾坤)』, 제20호, 1929년 4월호).
- 최영정,『코스에 자취를 남긴 사람들』, 국민체육진흥공단, 2000.
- 한국방송공사편,『한국전통차문화자료전』, 한국방송공사, 1983.
- 한국차인연합회 홈페이지(www.teaunion.or.kr).
-「競技発祥から日本人 チャンピオンが誕生するまで」, 日本ゴルフ協會,『Golf Journal』 vol. 67, 2001(http://www.jga.or.jp/jga/html/about_jga/vol67/index.html).
- 京城ゴルフ倶樂部,「會員名簿」, 1939(「사업상황의 건(경성골프구락부)」, 한국 국가기록원 소재).
- _____,「第十五回事業報告書」, 1939(위와 같음).
-「京城ゴルフ研究会生る」,『鮮滿體育界』, 제2권 제1호, 1923. 2.
- 亀岡栄吉,『四季の朝鮮』, 朝鮮拓殖資料調査会, 1926.

- 「國民精神總動員朝鮮聯盟實踐要目」, 森田芳夫, 『朝鮮における国民総力運動史』, 国民総力朝鮮聯盟, 1945.
- 大島勝太郎, 『朝鮮野球史』, 朝鮮野球史發行所, 1932.
- 大塚常三郎, 「ゴルフを通じて観た人生」, 『鮮滿體育界』, 제1권 제2호, 1922. 12.
- 渡邊彰, 「朝鮮の茶業に就て」, 『朝鮮』, 1920. 8.
- 上田常一, 「京城の桜の来歴」(上), 『京城日報』, 1933. 4. 27, 조간 3면.
- 「生れ出た製茶業 附. 移入茶の取引狀況」, 『京城日報』, 附錄『産業第一 24』, 1926. 2. 28, 4면.
- 百瀬敏夫, 「昭和六年の流行りもの：ベビ―ゴルフ」, 『市史通信』 21, 2014.
- 森秀雄編, 『伸びゆく京城電気』, 京城電気(株), 1935.
- 善積三郎編, 『京城電気株式會社二十年沿革史』, 京城電気(株), 1929.
- 「お茶百科」(http://www.ocha.tv).
- 李王職編, 『(李王同妃兩殿下)御渡歐日誌』, 李王職, 1928.
- 日本プロゴルフ協會(監修), 『現代ゴルフ全集1』, 東京, 中央公論社, 1959.
- 「日本テニスの歴史」(일본테니스협회홈피, https://www.jta-tennis.or.jp).
- 「座談会 お茶と半島の生活」, 『綠旗』, 1941. 12.
- 「全國 歷史の古い名門ゴルフ場ランキング」(https://www.100yardage.com).
- 諸岡存·家入一雄, 『朝鮮の茶と禪』, 東京, 日本茶道社, 1940.
- 「朝鮮ゴルフクラブメンバ―リスト 1929. 12」, 『ゴルフア―』, 제3권 제1호 부록(「下村宏文書」, 517号, 일본 국립국회도서관 소재).
- 「朝鮮ゴルフクラブメンバ―リスト 1931」, 『ゴルフア―』, 제4권 제1호 부록(일본 국립국회도서관 소재).
- 篠田治策, 『歐洲御巡遊隨行日記』, 大阪屋號書店, 1928.
- 『中等家事敎科書』, 卷一, 朝鮮總督府, 1941.
- 中央公論社編, 『現代ゴルフ全集(1)=Modern golf』, 東京：中央公論社, 1959.
- 豊田鉄騎, 『星霧十五年』, 帝國地方行政學會, 1926.
- 「花見の季節」『京城新報』(1909년 4월 25일, 2면).
- 'History of the Cherry Trees'(https://www.nps.gov).
- 'History of the Cherry Blossom Trees and Festival'(https://nationalcherryblossomfestival.org/about/history).
- "Memorandum for the Study of Acculturation", American Anthropologist, XXXVIII(1936), pp. 149-152.

- 「Miniature golf」(https://en.wikipedia.org/wiki/Miniature_golf).
- 데이비스컵홈피(https://www.daviscup.com).
- 미국테니스협회홈피(https://www.usta.com).

저서

- 강준만·오두진,『고종 스타벅스에 가다-커피와 다방의 사회사』, 인물과 사상사, 2005.
- 김경우,『중국차의 이해』, 월간 다도, 2005.
- 김명배,『다도학』, 학문사, 1984.
- 류건집,『한국차문화사 하』, 이른 아침, 2007.
- 류순열,『벚꽃의 비밀』, ESSAY, 2012.
- 리차드 러트,『풍류한국』, 신태평양사, 1965.
- 박성호·박성표,『예나 지금이나』, 그린비, 2016.
- 손정목,『서울 도시계획 이야기 2』, 한울, 2003.
- 손환,『한국 골프의 탄생』, 민속원, 2021.
- 여연,『우리가 정말 알아야 할 우리차』, 현암사, 2006.
- 이기윤,『다도열풍』, 보림사, 1987.
- 이학래,『한국체육백년사』, 한국체육학회, 2000.
- _____,『한국체육사연구』, 국학자료원, 2003.
- 장인성·김동명 역,『국제문화론』, 풀빛, 2004.
- 최규용,『금당다화』, 금당다우, 1978.
- _____,『현대인과 차』, 국제신문출판국, 1981.
- 최길성 편,『일제시대 한 어촌의 문화변용』, 상, 아세아문화사, 1992.
- 최범술,『한국의 다도』, 보련각, 1975.
- 황용수 역,『구한말 40여년의 풍경』, 대구대학교 출판부, 2006.
- 高崎宗治,『植民地朝鮮の日本人』(이규수 역,『식민지 조선의 일본인들-군인에서 상인, 그리고 게이샤까지』, 역사비평사, 2006).
- 權錫永,『からまいあい重なりあう歴史 ―植民地朝鮮の文化の力学』, 北海道大学出版会, 2021.
- 金誠,『近代日本·朝鮮とスポーツ 支配と抵抗, そして協力へ』, 東京, 塙書房, 2017.
- 守屋毅,『喫茶の文明史』, 東京, 淡交社, 1992.

논문

- 강영조, 「근대 부산에서 벚꽃 명소의 입지적 특성과 성립 시기에 관한 연구」, 『한국조경학회』, 44(5), 한국조경학회, 2016.
- 강찬호, 「문헌을 통해 본 우리나라 커피의 역사-개화기와 일제시대를 중심으로」, 『관광연구』, 28(3), 대한관광경영학회, 2013.
- 강혜경, 「효창공원의 역사적 중층성과 상징성을 이용한 스토리텔링」, 『The Journal of the Convergence on Culture Technology (JCCT)』, Vol.5 No.1, 국제문화기술진흥원, 2019.
- 곽애영·곽형기, 「한국 개화기 기독교계 학교의 체육활동 연구」, 『체육사학회지』, 제16호, 한국 체육사학회, 2005.
- 권보드래, 「1910년대의 새로운 주체와 문화-『매일신보』가 만든, 『매일신보』에 나타난 대중」, 『민족문학사연구』, Vol. 36, 민족문학사학회, 2008.
- 김경남, 「일제강점 초기 자본가 중역겸임제에 의한 정치 사회적 네트워크의 형성」, 『한일관계사연구』, 제48집, 한일관계사학회, 2014.
- 김경한·김근종, 「한국 커피전문점의 발전사-개화기부터 1945년 이전까지」, 『호텔관광연구』, 15(4), 한국호텔관광학회, 2013.
- 김봉섭, 『한국 근대 스포츠의 전개 양상-1880년~1940년 간 근대 스포츠의 도입·수용·확산』, 용인대학교 대학원 박사학위논문, 2003.
- 김수자, 「제1공화국 시기 창경원의 탈식민성의 불완전성과 공원 기능의 확대」, 『사림』, 제56호, 수선사학회, 2016.
- 김승, 「한말·일제하 김해지역 민족운동과 사회운동」, 『지방사와 지방문화』, 17(2), 역사문화학회, 2014.
- 김승수, 「축제 참여 동기가 만족 및 행동의도에 미친 영향 연구-2011 한강 여의도 봄꽃축제를 중심으로-」, 『한국엔터테인먼트산업학회논문지』, 제5권 제3호, 한국엔터테인먼트산업학회, 2011.
- 김용선, 「지역축제 활성화를 위한 탐색적 연구 : 여의도 벚꽃 축제를 중심으로」, 연세대학교 행정대학원 석사학위논문, 2005. 2.
- 김영미, 「식민지기 '오락 부재(不在)' 담론의 양상」 『사회와 역사』, 112권, 한국사회사학회, 2016.
- 김완석·정지선, 「회원제 골프장에 대한 중과세제도의 위헌성」, 『세무학연구』, 제33권 제4호, 한국세무학회, 2016.
- 김정은a, 「한일 상춘문화와 근대-벚꽃의 상징 변화를 중심으로」 『일본연구』, Vol. No.

22, 고려대학교 글로벌일본연구원, 2014.
- 김정은b, 「일제강점기 창경원의 이미지와 유원지 문화」『한국조경학회』, 43(6), 한국조경학회, 2015.
- 김재영, 「1920년대 김제지역의 청년운동」, 『전북사학』, 제34호, 전북사학회, 2009.
- 김해경, 「벚꽃을 통해 본 근대 행락문화의 해석」『한국전통조경학회지』, Vol. 29. No.4, 한국전통조경학회, 2011.
- 김해경, 「효창공원의 장소성 형성과 변화 해석」, 『서울학연구』, 제39호, 서울시립대학교 서울학연구소, 2010.
- 김현경·곽형기, 「일제강점기 골프에 대한 신문기사 연구」, 『한국체육사학회지』, 제14권 제3호, 한국체육사학회, 2009.
- 김현숙, 「창경원 밤 벚꽃놀이와 야앵」『한국근현대미술사학』, 19호, 한국근현대미술사학회, 2008.
- 김현아, 「일제강점기 일본인의 다원 경영에대한 고찰-오가와 다원과 오자키 다원의 비교를 중심으로-」, 『차문화·산업학』, 제56집, 국제차문화학회, 2022.
- 문만용, 「소메이요시노, 왕벚나무, 벚꽃놀이-역사·문화와 과학의 관계 맺기-」, 『비교일본학』, 34집, 한양대학교 일본학국제비교연구소, 2015.
- 박소현, 「제국의 취미-이왕가박물관과 일본의 박물관 정책에 대해」『미술사논단』, 제18호, 한국미술연구소, 2004.
- 박순희, 「한국다도에 있어서 일본 녹차의 수용과 정착-덖음녹차를 중심으로」, 『일어일문학』, 53, 대한일어일문학회, 2012.
- _____, 「한국다도에 있어서 일본 다관의 수용과 정착-횡수형 다관을 중심으로」, 『동북아문화연구』, 24집, 동북아시아문화학회, 2010.
- 박문호, 「우리나라 녹차산업의 경쟁력 제고방안」, 『농촌경제』 제26권(1), 한국농촌경제연구원, 2003.
- 박영준, 『광복 이전 동아일보사 주최 전조선여자정구대회에 관한 역사적 연구』, 중앙대학교대학원 석사학위논문, 2015.
- 박정희, 「일제의 차연구 사업과 목적」, 『차문화·산업학』, 제2권 2호, 국제차문화학회, 2007.
- 성주현, 「일제강점기 진위청년회의 조직과 활동」, 『역사와 교육』, vol. 28, 역사와 교육학회, 2019.
- 손환, 「재일본동경조선유학생학우회의 스포츠 활동에 관한 연구」, 『체육사학회지』, 제13호, 한국체육사학회, 2004.

- ____,「조선체육회의 설립과 활동에 관한 연구」,『한국체육학회지』, 제47권 제3호, 한국체육학회, 2008.
- 손환·하정희,『구한말 근대스포츠의 도입과정에 관한 연구』,『한국체육사학회지』, 제21권 제2호, 한국체육사학회, 2016.
- 신용철,「골프 역사와 골프장 입지에 관한 연구」,『한국사진지리학회지』, 제20권 제4호, 한국사진지리학회, 2010.
- 심재욱,「1910년대 朝鮮貴族의 實態 -『每日申報』기사를 중심으로 -」,『사학연구』, Vol., No. 76, 한국사학회, 2004.
- 유윤철·진윤수,「프로골퍼 연덕춘의 생애와 체육활동에 관한 연구」,『체육사학회지』 17권 1호, 한국체육사학회, 2012.
- _____,「한국 남자프로골퍼의 해외투어 출전사」,『한국체육사학회지』, 제25권 제3호, 한국체육사학회, 2020.
- 이가람·최흥희,「그들만의 리그, 한국 골프 도입의 역사적 배경」,『골프연구』, 제16권 제3호, 한국골프협회, 2022.
- 이규수,「재조일본인 연구과 식민지수탈론」『일본역사연구』, 제33집, 일본사학회, 2011.
- 이병원,「식민지기의 음악적 문화변용: 총체적, 비판적 시각으로 본 견해」,『동양음악』, Vol. 27, 서울대학교 동양음악연구소, 2005.
- 이순우,「효창원(孝昌園), 아주 오래 지속된 공간수난사의 이력」,『내일을 여는 역사』, 74호, 내일을여는역사재단, 2019.
- 이형식,「중간내각 시대(1922.6-1924.7)의 조선총독부」,『동양사학연구』제113집, 동양사학회, 2010.
- 장기용,「현행 골프장업 관련 조세제도의 헌법적 평가와 개선방안」,『국제회계연구』, 제51집, 한국국제회계학회, 2013.
- 장신,「대정친목회와 내선융화운동」,『대동문화연구』제60집, 성균관대학교 대동문화연구원, 2007.
- 정건,『한국 초기 테니스의 보급과 발전』, 경북대학교 교육대학원 석사학위논문, 2011년.
- 정미량,「일제강점기 재일조선유학생의 체육활동에 관한 고찰」,『한민족문화연구』, 제27집. 한민족문화학회, 2008.
- 정은희,「일제강점기의 차산지에 관한 연구」,『일본근대학연구』, 제17집, 한국일본근대학회, 2007.
- 조상우,「영친왕의 골프 활동에 관한 연구」,『한국응용과학기술학회지』, Vol.37, No.4, 한국응용과학기술확회, 2020.

- _____,「일제강점기 골프구락부의 성립과 조선골프연맹의 창립 및 활동」,『골프연구』, 제9권 제3호, 한국골프학회, 2015.
- 조상우·강승애·곽성연,「원산의 골프 도입과 발달에 관한 사회사적 연구」,『한국여성체육학회지』, 제26권 제4호, 한국여성체육학회, 2012.
- 조상우·곽성연,「대한민국 정부 수립 후 정권별 골프정책」,『한국체육과학회지』, 제22권 제6호, 한국체육과학회, 2013.
- 조상우·신용호·곽성연,「일제강점기 경성골프사」,『한국체육학회지』, 제52권 제5호, 한국체육학회, 2013.
- 조상우·정동구,「한국 골프코스 도입에 관한 사회학적 연구」,『한국체육학회지』, 제51권 제5호, 한국체육학회, 2012.
- 조성운,「1910년대 식민지 조선의 근대 관광의 탄생」,『한국민족운동사연구』, 56, 한국민족운동사학회, 2008.
- 최성환,「1920년대 목포청년운동과 지역엘리트의 성격에 대한 연구」,『순천향 인문과학논총』, 35(1), 인문학연구소, 2016.
- 한승백,「도시 공간 테니스장의 사회적 생산과 소멸에 관한 연구」,『한국스포츠사회학회지』, 26(1), 한국스포츠사회학회, 2013.
- 홍선표,「일제하 미국 유학연구」,『국사기관논총』, 96, 국사편찬위원회, 2001.
- 南宮吟皓,『日本統治期朝鮮における新聞社主催朝鮮女子庭球大會(1921-1941)に関する研究』, 日本筑波大学人間総合科学研究科博士論文, 2007.
- 鈴木正,「テニスの起源と発達について」『一橋大学研究年報 自然科学研究』13, 1971.
- 川本理絵,「近代日韓における女子茶道教育 ―その背景と関連性―」,『일어교육』, Vol. 41, 한국일본어교육학회, 2007.

초출일람

자연경관에서 인공시설로「식민지 조선에서의 벚꽃의 문화접변-우이동의 벚꽃구경에서 창경원의 벚꽃놀이로-」(『한일관계사연구』, 제62집, 2018. 11.)

닫힌 공간에서 열린 거리로「벚꽃의 문화접변-창경원 벚꽃놀이에서 여의도 벚꽃축제로-」(『한일관계사연구』, 제66집, 2019. 11.)

끊어진 전통에서 새로운 근대로「식민지기 차(茶)의 문화접변」(『한일관계사연구』, 제31집, 2008. 12.)

외국산 인스턴트에서 국내산 수제로「음다의 문화접변-커피에서 녹차로(1970~1990년대)-」(『차문화·산업학』, 제49집, 2020. 9.)

딱딱한 볼에서 말랑말랑한 공으로「식민지기 테니스의 문화접변-경식정구에서 연식정구로-」(『한일관계사연구』, 제74집, 2021. 11.)

열도와 반도에서 국제무대로「테니스의 문화접변-연식정구에서 경식정구(테니스)로(1945~1970년대)」(『한일관계사연구』, 제79집, 2023. 2.)

정치에서 스포츠로「내선융화구락부에서 골프구락부로-식민지기 고급사교구락부의 문화접변-」(『한일관계사연구』, 제82집, 2023. 11.)

폐쇄적 소수에서 개방적 다수로「골프의 문화접변-사교에서 스포츠로(1948~1980년대)」(『한일관계사연구』, 제84집, 2024. 5.)

국경을 넘는 문화
벚꽃·녹차·테니스·골프의 문화접변

초판 1쇄 발행 2025년 7월 10일

지은이 김동명

펴낸이 주혜숙
펴낸곳 역사공간
등록 2003년 7월 22일 제6-510호
주소 04000 서울특별시 마포구 동교로 19길 52-7 PS빌딩 4층
전화 02-725-8806
팩스 02-725-8801
이메일 jhs8807@hanmail.net

ISBN 979-11-5707-272-9 03910

· 책값은 뒤표지에 있습니다. 잘못된 책은 바꾸어 드립니다.
· 이 책은 저작권법에 의하여 보호를 받는 저작물이므로 무단 전재와 복제를 금합니다.
  이 책 내용의 전부 또는 일부를 재사용하려면 반드시 역사공간과 지은이 양측의
  서면 동의를 받아야 합니다.